U0928654

早期中美贸易关系与政策研究

（1784～1894）

许晓冬　著

经济科学出版社

图书在版编目（CIP）数据

早期中美贸易关系与政策研究：1784～1894/许晓冬著．
—北京：经济科学出版社，2015.5
ISBN 978-7-5141-5482-5

Ⅰ.①早… Ⅱ.①许… Ⅲ.①中美关系-双边贸易-
贸易史-研究-1784～1894 Ⅳ.①F752.771.2

中国版本图书馆 CIP 数据核字（2015）第 032333 号

责任编辑：王长廷 刘 莎
责任校对：隗立娜
版式设计：齐 杰
责任印制：邱 天

早期中美贸易关系与政策研究（1784～1894）
许晓冬 著
经济科学出版社出版、发行 新华书店经销
社址：北京市海淀区阜成路甲 28 号 邮编：100142
总编部电话：010-88191217 发行部电话：010-88191522
网址：www.esp.com.cn
电子邮件：esp@esp.com.cn
天猫网店：经济科学出版社旗舰店
网址：http：//jjkxcbs.tmall.com
北京密兴印刷厂印装
710×1000 16 开 12.5 印张 250000 字
2015 年 5 月第 1 版 2015 年 5 月第 1 次印刷
ISBN 978-7-5141-5482-5 定价：48.00 元
（图书出现印装问题，本社负责调换。电话：010-88191502）

前　言

研究国际贸易关系可以是多维度的，本书从时间的角度即历史的角度来研究国际贸易，研究的主要对象是早期的中美贸易关系与政策，对于早期的时间界定是1784~1894年。

在太平洋的东西海岸矗立着两个大国，西岸的中国——最古老的东方古国，拥有着五千年的文明史。东岸的美国建国仅有二百多年，却是世界上最发达的国家。自中美通商以来，两国关系交往密切，时至今日，中美两国互为第二大贸易伙伴，在政治、经济、文化等领域的交流非常广泛。中国是四大文明古国之一，历史绵长悠久，也曾经一度成为世界文明的中心，但进入19世纪，中国进步的车轮被世界资本主义的浪潮所淹没，特别是1840年的鸦片战争，中国政治腐败、经济衰弱的趋势使它不再是先进国家的代表。中国具有传统优势的商品在19世纪末已不再具有竞争力，取而代之的是西方的工业制成品，中国从政治上沦为半殖民地半封建社会，又在经济上成为列强国家的工业原料的供应市场，中美商品结构的巨大调整，对外关系的变化是一个重要原因。

中美两国自通商至今已经有230年的历史，本书截取的时间起点是1784年，这一年“中国皇后”号抵达广州，揭开了中美关系发展的序幕。而此时，清政府已经实行一口通商政策，也正是由行商管理对外贸易的第28年。中美间开始在经济、文化等多领域开展交流，并在不同时期显现出不同的特点。中美关系的重要转折发生在鸦片战争后签署的《望厦条约》，鸦片战争之前，中美之间的通商是以平等的身份进行的，美国在中国的利益仅限于商务领域。之后，美国从聪明谨慎的老实从事正常贸易的弱者变成了敢于从事鸦片走私猖狂贪婪的强者。海外扩张弥补了空虚的财政，美国作为中国的第二大贸易伙伴国开始觊觎更多的经济利益。1844年的《望厦条约》既是中国衰落也是美国开始强大的重要标志，此条约奠定了中美正常外交关系的基础。在经历了《天津条约》与门户开放政策后，美国真正形成了独立的对华政策。研究终结于

1894年，20世纪70年代美国经历了第二次工业革命，大量资本已经从中国抽离，并迅速地投入到国内工业生产中，中美两国传统的贸易优势在逐渐削弱。本书将重点放在中美两国100多年的贸易关系研究的基础上，探索如下几个问题：

首先，自1784年美国独立至1894年，两国贸易结构的演变。“中国皇后”号来华奠定了1840年之前中美贸易发展的基调：民间平等的商务关系。这一时期中美贸易发展最显著的特点是中国商品对美国人的吸引力远远超过美国货对中国的吸引力，反映在商品结构上便是中国传统商品：茶叶、生丝、土布的大量出口及大量顺差。对于美国而言，工业化尚未成熟，对中国的出口商品的变动频率非常强，有价值的本国商品有限，美国不得不通过三角贸易获得大量银元抵销进口，直到鸦片逐渐替代白银为止。这一时期，美国对华贸易的结构较为被动。鸦片战争后，中美商品结构发生了重要的变化，许多在今后成为双边贸易主要品种的商品出现在其中。茶与生丝作为传统商品依然在美国从中国进口的名单中出现，但茶叶的地位已经大不如前，数量与价值已经大大减少，而一些新的商品如帽子材料、化工产品、植物油、羊毛、糖等一个接一个进入到名单中。在美国向中国出口的名单中除了棉制品外，还增加了烟草与矿物油。美国从进口绵制品到出口绵制品，中美贸易结构出现了本质的变化。中国的进出口商品日益由美国资本的需要来决定，中国逐渐成为美国商品的销售市场和原料供应地。

其次，中美贸易政策也是研究的一个范畴。这些政策体现在双边谈判的条约及双方的贸易制度演变中。在清建立初期，延续的是明朝的朝贡贸易制度，康熙统一中国后，1684年在江、浙、闽、粤设四大海关，开展对外贸易，1757年，四口岸仅保留了广州一口通商，政府招募十三行来管理对外贸易。广州一口通商并由行商来管理对外贸易的特殊制度一直维持到鸦片战争爆发。中美民间平等的通商关系在鸦片战争后被打破，美国借英国的手获得了《望厦条约》的好处，在《望厦条约》的内容中，美国获得了协定关税的权利，这是对中国关税主权的剥夺，同时扩大了领事裁判权，使领事的治外法权从刑事扩展到民事。同时获得了美国公民在五口居住、租地等权利，特别是对基督徒可以建教堂，大大鼓励了美国基督徒在华的传教活动，鸦片战争后美国基督徒人数快速增加。《望厦条约》的签署使中美半个世纪平等的民间商务关系向不平等的外交关系转变。顾盛所说的，我们都应该感谢英国，因为是它打开了中国的大门，而现在英国及其他各国也必须感谢美国，因为我们将这个门户开放得更加宽阔。《天津条约》是美国借第二次鸦片战争提出的第二个对华不平等条约，最惠关税待遇、领事裁判权的重新确定、传教士的传教自由都比《望厦条约》有过之而无不及。19 世纪末，帝国主义加紧了对中国的瓜分，美国因美西战争的牵绊没有参战，但为了获得战争的好处，1899 年，美国提出了“门户开放”政策，这一政策的提出改变了美国跟随英国“分取杯羹”传统政策，取而代之的是对华积极扩张的侵略权益的独立政策。从美国与中国签署的不平等条约可以看出，美国外交政策的成熟及美国的利己主义。

最后，中美贸易关系与美国海外扩张。美国能够在“二战”后成为世界一极，其经济实力远超过其他早期的英、法、俄等殖民国家，美国的发展与早期对华贸易之间到底存在什么样直接或间接的关系？在中美通商后的半个世纪，美国对华贸易居中国对外贸易的第二位，取代早期葡萄牙、荷兰等对华贸易国的地位，仅次于英国。在华的美国洋行诸如普金斯洋行、旗昌洋行、琼记洋行等都在中国积累了巨大财富，在 19 世纪 30 年代，美国旗昌洋行几乎垄断了对华贸易，甚至可以与英国的东印度公司相抗衡。随着南北战争的结束，美国国土的扩张，及加利福尼亚金矿的发掘，大量的海外商业资本回流投入到美国国内的工业发展及修建铁路，美国对华贸易无疑为美国的经济增长提供了资本保障。美国的殖民扩张也与对华贸易有着紧密的关系，打开日本的门户，开辟通商口岸，美西战争的爆发，美国对菲律宾的占领，美国的出发点无一不是以这些国家为据点，使它们变成对华贸易的中转站，太平洋航运中的加煤站、海军基地。而这一战略是受了大航海时代海外殖民思想的感染，葡萄牙对印度航线的开辟及美洲新大陆的发现，其推动力都是亚洲的财富，通过对商业史的回顾，谁控制了东方贸易，谁就拥有全世界的财富。因此，美国部分的领土扩张及外交政策的实施与中美贸易有着直接或间接的关系。

中美两国历史学家在中美交往的不同阶段根据不同的需要曾做过一定的研究，但中西方在一些问题上的观点存在差异，资料与数据也有偏差。更多的研究停留于历史过程的记录，而对中美早期双边贸易的专题研究涉足不深。本书在前人已有的研究成果基础上，对 1784 ~ 1894 年这一百多年的中美经贸史作具体的研究，对不同时期中美贸易的特点、进出口商品结构的变化、贸易平衡、贸易政策对双边关系的影响等都做了专题性的研究，同时苦力贸易、鸦片贸易、驻华官员及传教士与中美贸易关系、行商与美商的关系的分析也从不同角度丰富了中美贸易关系的研究。

前事不忘，后事之师，在世界政治经济格局发生深刻变化的今天，冷静地深思过去中美贸易走过的艰辛历程和所经历的风雨，才能客观地评价彼此的得失，对于促进两国进一步友好地发展经贸关系，推动亚太经济的增长与繁荣是具有积极意义的。同时将过去中美两国贸易发展历程如实反映出来，让今人很好地总结中国对外贸易的经验与教训，对我国目前经济的发展及中国改革开放具有积极的借鉴作用。

作者

2015 年 1 月

目　　录

第1章

导　论

1.1　研究对象与选题意义

本书选择早期中美贸易为研究课题，主要出于以下几点考虑：

第一，在18世纪末至19世纪末这段时期的中国海外贸易中，中美贸易是重要的组成部分。美国海外市场扩张的速度远远超过欧美其他国家，在1892年就超越了老牌的海上强国，在对华贸易中仅次于英国。中美贸易是连接欧洲—美洲—东亚的重要环节，中美贸易结构的变化对两国经济实力产生了重要影响，中美贸易是中国对外关系的重要组成部分，对研究19世纪中国海外贸易关系、外交关系具有重要意义。

第二，理清美国对华贸易政策的基本走向。鸦片战争之前的中美贸易关系以民间通商为主，美国的东亚政策还不具体，也正因为极少的政府干预，民间的贸易关系极其兴盛，美国成为中国的第二大贸易伙伴，同时这第一桶金也为在独立后经济处于困顿的美国带来了曙光并引领着美国国内大工业的发展。鸦片战争后的中美贸易关系，是在资本主义蓬勃发展、清朝却在苟延残喘的背景下实现的。半殖民地半封建性质的中国与西方国家的平等经济往来很难延续，自然在中美双边关系上存在众多的不平等关系。这个阶段可以清楚地看到美国的对华政策的脉络以跟随英国《南京条约》的《望厦条约》为探路，再升级到中美《天津条约》，并在清朝奄奄一息时提出了门户开放政策，这形成了美国对中国经济侵略的清晰路线。因此，这一百多年的时间跨度可理清条约制度下美国对华贸易政策的变迁。

第三，早期中美贸易中的热点专题值得研究，比如鸦片走私、美商与行商的关系、传教士与中美贸易、苦力贸易等。美国在对华贸易初期，一直是谨慎、老实地从事正常贸易，取得了华商的好感。中美贸易的顺差始终在中国方面。最开始美国还绞尽脑汁通过三角贸易获得西班牙银元弥补巨大的贸易逆差，但后来就开始追随英国进行鸦片的走私。鸦片走私无法统计，但对有关材料的梳理，美国在鸦片走私中占总额的1/3，仅次于英国。以往总将鸦片的罪恶加之于英国的头上，实际上“后起之秀”——美国一点都不输于英国。鸦片贸易从根本上改变了中美贸易的商品结构及利益格局。此外，关于影响中美贸易的人物，很少有人研究。本书将这些人分成三类：在华的驻华领事与大使、美国商人及传教士。如果有人曾经研究这些人的在华行为，可能更多局限于政治与文化领域，比如对传教士的研究，更多是从文化、教育等角度，但本书研究的角度是从这些人与美国对华贸易政策的关系、传教士的鸦片观、传教士与美国商业扩张的关系等角度，这些内容的研究，增加了中美贸易研究的视角，将影响中美贸易的因素及美国对华政策制定的研究变得更加完整。

中美贸易关系一直是国际关系领域研究的重点论题，在当代，中美之间无处不在的紧密关系影响着两国乃至世界。以史为鉴可以知兴替，研究最发达的资本主义国家与最大的发展中国家在一个世纪之前双边经贸往来，对研究中美当代的贸易关系及中国发展对外贸易具有一定意义。

1.2 研究内容与框架

本书在结构上共分7章。第1章为导论。第2章为通商关系形成前的中国与美国；第3章为鸦片战争前的中美贸易关系（1784～1840）；第4章为条约体制下的中美贸易关系（1841～1894）；第5章美国海外扩张中的亚太因素；第6章为中美贸易关系的践行者；第7章为结语。

第1章，导论。首先介绍了本书研究的对象与意义；其次，阐述了研究的内容与框架；再次，介绍了本书的研究方法并在吸收前人的研究成果上进行了文献综述，最后阐述了本书的创新与不足之处。

第2章，通商关系形成前的中国与美国。这部分是本书研究的历史背景。分别介绍了18世纪末中国对外贸易及管理制度和美国早期对华贸易的背景。中美贸易的开端是在欧洲的海上贸易扩张、中国朝贡贸易衰落、美国独立等一系列背景下开展的。明朝及清早期建立的是一个依靠自身文明与自然经济维持的朝贡贸易体系，而欧洲国家已形成了通过依靠国家暴力维持商业垄断的贸易体系，这一体系的本质就是以强欺弱，征服与占有。朝贡贸易的衰落是政府控制力与西方商业扩张博弈的结果。中美贸易的开端正是中国的控制力减弱，从贸易上体现的最显著特点就是一口通商下的十三行制度。美国方面，1783 年，美国完成了独立革命，但独立之后的美国危机重重。国内市场的狭小、英国对经济的封锁、国内财政岌岌可危等一系列困境逼迫着年轻的美国人向海外扩展。美国在独立后的第二年就派商船赴华开展商务关系，虽然商船的发起是以个体商人为始，但美国政府却在全程中给予了莫大的支持，这正反映出刚刚独立后的美国开拓海外市场的急切希望。

第 3 章，鸦片战争前的中美贸易关系（1784～1840）。这一章分析了美国商船“中国皇后”号来华至鸦片战争爆发时期的中美贸易发展。首先，重现了“中国皇后”号来华的始末，中美两国首次通航对双边贸易具有深远的影响。接着，分析了在 1840 年之前中美两国进出口商品结构，中国输美的具有代表性的商品：茶叶、土布、生丝与丝绸、瓷器。但随着工业革命的兴起与周边国家的竞争，传统商品的优势在逐渐减弱。在美国对中国商品输出方面，主要是两大类商品：第一类是以本国或以美洲为基地的特色商品，或是从欧洲运来的工业制成品，即西方商品。第二类是美国进入广州前经停大西洋、印度洋沿岸各港搜集的各种商品，即东方商品。19 世纪 20 年代之前，以皮毛、人参、毛织品为代表的西方商品在对华出口中占主要地位，但随着资源的枯竭、美国对华不断增长的贸易逆差，美国不得不将目光投入到东方商品上。通过贸易平衡的统计，1840 年之前，除个别年份外，美国一直处于入超的地位，而弥补的方法是通过迂回的三角贸易获得硬币及对华的鸦片输出。

第 4 章，条约体制下的中美贸易（1841～1894）。这一阶段明显的特点是中美之间确定了条约关系，并通过条约制度来规范不平等的经济关系，重点分析了中国与美国之间的关系如何从平等迈向不平等，不同阶段的条约对两国产生的影响。另外，以《天津条约》为界，分析了前后两个阶段中美之间的贸易关系，其中还涉及几个若干的专题内容，如五口通商、鸦片贸易、苦力贸易等。

第 5 章，美国海外扩张中的亚太因素。这一章试图分析美国海外扩张与中美贸易、亚太经济的联系。美国自 19 世纪中期开始掀起了大陆扩张的狂潮，其领域一度扩展到太平洋西岸，随之而来的便是大陆扩张走向海外扩张。门罗主义、“天定命运”及太平洋帝国扩张的思潮推动着美国海外扩张的步伐，打开日本门户，获得亚洲的第一个补给站、经过半个多世纪对夏威夷的经济控制到占领、以古巴民族战争为由挑起美西战争试图占领菲律宾，这一系列的军事行为无一不与亚洲的经济利益、特别是中美贸易息息相关，而美国垄断资本的集聚为美国称霸亚太奠定了基础。

第6章，中美贸易关系的践行者。对中美贸易关系产生影响的有三类人：美驻华官员、美商及传教士。本章首先介绍了美国领事与公使及各个时期美国派驻中国的使团在华的行为及美国对华政策的执行情况。美国驻华公使在中国代表本国签署了多项不平等条约，秉承着美国政府的对华政策，争取有利于美国的最大利益。其次介绍了美商与中国行商的关系，这一关系是中国一口通商时期所特有的产物。鸦片战争后，广州十三行退出历史舞台，美商在中国各港口愈加活跃，上海港成为美商对华贸易的集中地。最后介绍了传教士与中美文化、经济关系。传教士不仅在西方文化、教育、出版等领域在华产生重要影响，同时对中美贸易协定、鸦片走私、美国对华政策等领域都产生了直接或间接的影响。美国在华三类人相互依存、共同合作，贯穿于美国对华贸易与外交关系的各个阶段，是美国对华政策的诠释者。

第7章，结语。将1784~1894年这110年的中美贸易发展分为三个阶段。归纳了中美贸易发展的主要特点，肯定了1840年前平等的中美商务关系，揭示了清政府政治体制腐朽所带来的经济衰弱的必然性，中美两国在19世纪末进出口商品结构的调整正是在这样的背景下展开的。同时指出美国的领土扩张与海外殖民与中美贸易有着紧密的关系。中美贸易关系对美国对亚洲政策的形成有着直接或间接的影响。

1.3 研究的方法

本书的研究对象是早期中美贸易关系与贸易政策（1784~1894）。在研究的过程中，注意以史料来论证史实。这些史料贯通海内外，有官方的文件、著作及相关的史料汇编。通过历史唯物主义与辩证唯物主义相结合，整体研究与个案结合，纵向研究与横向对比相结合，政治、经济、文化等多学科综合研究的方法来论证史实。此外，中美贸易的研究需要数据的支持，本书在史学资料的基础上将两国贸易发展过程、贸易结构变迁通过数据进行了一定的量化分析。

1.4 文献综述

改革开放二十多年来，中美贸易迅速发展，相互成为最重要的贸易伙伴。关于中美贸易、中美关系的研究成为极其热烈并成果丰硕的领域。但对早期中美贸易关系的研究却因为种种原因而不充分。在新中国成立之前，尚没有一部关于具体论述中美贸易关系的著作。相比国内在中美贸易领域研究的贫瘠，美国史学界却百花齐放，无论对早期中美关系还是鸦片战争后的中美关系、美国来华传教士的研究都超越了中国的史学界。由于自1784年“中国皇后”号来华至19世纪末中美之间的贸易往来频繁，时间跨度长，不同阶段贸易商品种类各异、十分繁杂；不同阶段中美贸易关系受世界经济格局的宏观背景及双方国家贸易政策的影响不同，在不同时期展现出的贸易关系与贸易特点也大不相同。作者秉承着客观、兼收并蓄的求是原则，参阅了中外史学家关于中美贸易关系领域的研究成果。相比早期对中英贸易的研究，中美贸易相对屈于弱势，关于此类研究资料虽非浩瀚如海但也十分庞杂，与本书所涉及的时间跨度与研究范畴完全一致者也尚未发现。目前可以搜集到的文献多集中于描述第一次鸦片战争之前的中美关系，而系统地研究通商后中美贸易的发展变迁及第一次鸦片战争后到门户开放前的中美贸易关系尚没有详尽的文献，正因如此，对中外文献的梳理工作就变得相当困难。作者在写作前参阅的书籍达150本之多，全部都是原版书籍与打印版，参阅的期刊不下万页。由于资料的繁杂及研究角度的不同，作者将文献做出如下归类，更鲜明的观点在正文中有更详细的引用。

第一类是外国学者编著的史料。

在学术界产生影响的作品多数来源于美国的专家、学者。其中泰勒·丹涅特的《美国人在东亚》与赖德烈教授的《早期中美关系史（1784～1844）》最具有代表性。泰勒·丹涅特是美国资产阶级历史学家与教育家，专门研究近代亚洲问题，它所叙述的时间范畴是19世纪，研究的落脚点是站在华盛顿的方面，而不是北京和东京的方面，观察美国在这一时期对亚洲的政策起源与发展。书中强调美国在东亚政策具有统一性，美国对华政策是美国远东政策不可缺少的一部分。丹涅特承认美国很早就从事鸦片走私的交易，但却极力通过举事实撇清与英国鸦片贩子的区别，这是自相矛盾的。除此之外，丹涅特将早期的美国亚洲政策说成是“纯粹的消极”，将中美条约签署前的关系界定为“没有政治意义”这种说法在史学界引来不同的反响。这部专著参考资料囊括了领事书信、外交公函、训令、国会档案等珍贵文件，在最后一章甚至将所有文件做了归类与评述，向人们展示了史学研究中资料运用的重要性。

《早期中美关系史（1784～1844）》是美国基督教会历史学家赖德烈教授在博士毕业八年后出版的一部著作。书中以美国独立为开端，以《望厦条约》签署为终结，研究了最初60年的中美关系发展。书中详述了美商如何开辟中美贸易的路线，美国传教士在中国的传教过程，美国的巡洋舰如何开进中国内河，美国派专使来华谈判订约建交。从中可以清晰地感觉到中美贸易是与宗教宣传、武力威胁、强迫外交相辅相成的。书中以极大的篇幅说明美国的贸易扩张为传教士打下了基础，而传教士也服务于美国的对华政策。作者是站在资本主义的角度，把欧美资本主义的扩张说成是西方文明或基督教事业的发展，企图否认在经济上、政治上的侵略本质。此外，赖德烈教授还以称赞的口吻肯定《望厦条约》的历史作用，称这个条约“是一个很有声誉的作品”①。全书载满各项参考书目，几乎每一页都有脚注。

《中华帝国对外关系史》（以下简称《关系史》）一书是美国资产阶级历史学家马士最具有代表性的著作之一。马士在中国海关任职30多年，是总税务司的主要助手，曾直接参加过多项外交活动。此书共分三卷，时间跨度从1834～1911年。全书引用了大量原始资料，包括档案文献、海关数据，史料价值十分珍贵。他的研究摆脱了传统研究中外关系的模式，把中国同西方国家的交往置于中心理论框架中。书中多次可见其代表英国官方及赫德观点的言论，同时对文献的参考也有相当大的倾斜。在第一卷中涉及美国事件的资料只有七种，而且都不是当时的，取材主要来源于英国蓝皮书与其他英国资料，被丹涅特批评“这是研究美国政策一个极不可靠的指南”②。但马士在论述中国近代史时所做的大部分结论还是被中外史学家所认同，著名汉学家费正清教授就是在马士的影响下完成了博士论文《中国沿海的贸易与外交》，马士与宓亨利所著《远东国际关系史》也是在《关系史》的基础上加以扩充的。马士的《关系史》数据统计翔实，虽然研究的重心不是中美关系，但包括大量中美贸易的统计材料，是研究中美贸易商品结构的重要的依据。

《东印度公司对华贸易编年史》是马士的另一部著作，书上详尽地记载了自1635～1834年期间英国对华贸易的情况，而“事实上是广州与伦敦之间的

① 赖德烈．早期中美关系史（1784～1844）［M］．北京：商务印书馆，1962：136.

② 泰勒·丹涅特．美国人在东亚［M］．北京：商务印书馆，1962：584.

贸易”①。因此是研究早期中英贸易史的珍贵资料，特别是对研究广州十三行、中英贸易史，具有极重要的价值。虽然是以中英关系为研究对象，但对于影响中美关系的重要事件及1834年之前每年的中美贸易额、进出口商品都有详细的记录。

研究美国经济发展史方面，福克纳所著《美国经济史（上下卷）》、加里·M·沃尔顿的《美国经济史》、斯坦利·L·恩格尔曼的《剑桥美国经济史（上中下卷）》都是以时间为序，将美国经济发展分为不同阶段，详细分析在不同时期农业、工业、金融等行业变迁。在研究中国史方面，费正清等所编《剑桥中国晚清史》是介绍晚清时代政治、经济、文化发展的代表作。剑桥系列历史丛书在学术界有一定的影响，它们在一定程度上代表了西方中国史研究的水平和动向。

在研究中美贸易领域，美国学者杜勒斯（Foster Rhea Dulles）的*The Old China Trade*是研究中美通商关系为主题的著作。他着眼于两国的经济关系，对早期美国商人在广州的经济活动进行了详细描述，全书通篇都是在讲贸易问题，对政治、文化的论述不多。他运用第一手资料分析两国贸易关系，对之后学者的研究产生了深远的影响。尽管美国学者的研究是在态度严谨、资料翔实的基础上进行的，但是却很难看到对中国史料的引用与参考。站在美国资产阶级的立场并以本国的历史资料进行评判很难避免主观性与片面性。

此外，还有美国基督教徒创办的报刊及著作。裨治文于1832年创办的《中国丛报》及卫三畏编写的《中国总论》详细记录了中国的政治、经济、文化、宗教和社会生活等诸多方面的内容，是美国了解中国的重要窗口。

第二类是中国学者的著述、史料等。

在研究中美关系方面，中国的研究成果比较少，资料来源以西方为主。仇华飞的《早期中美关系研究（1784～1844）》就《望厦条约》签署前的双边贸易、传教士、领事裁判权等领域做了研究，在贸易方面关于茶叶、皮毛、鸦片走私等及传教士与中美关系的互动方面已经超越了前人。对于美国人的鸦片观，作者指出要区别对待，并非所有的美国商人都从事于这项非法交易。美国政府对鸦片贸易的政策也根据中国对外政策的调整而改变，并非一成不变。乔明顺先生撰写的《中美关系第一页——1844年〈望厦条约〉签署的前前后后》深入分析了《望厦条约》签署的全过程，包括派使来华的曲折经过、美国政

① 马士．东印度公司对华贸易编年史（1635～1834）第1卷［M］．广州：中山大学出版社，1991：5.

党之间针对访华的分歧、国务院对华政策的走向，是研究中美外交关系建立过程中重要的参考资料。关于在条约后中美贸易的走向，作者分析尚浅，提到传教士在华的种种活动，却未深入探讨传教士与《望厦条约》的关系及条约对传教士在华行为的影响。此外，李长久与施鲁佳主编的《中美关系二百年》、陶文钊的《中美关系史》与《中美关系史话》也是研究中美关系的重要文献。

系统而完整地介绍美国外交政策史的专著是杨生茂主编的《美国外交政策史1775～1989》，该书探讨了自新中国成立以来，美国是如何在对外政策中实现其国家利益的，指出了美国的对外政策是以本国国家利益至上的，从没有真正的利他主义和国际主义。我国台湾学者李定一的《中美早期外交史》介绍了1784～1872年中美两国从平行的通商关系向不平行的外交关系转变的过程，特别对于两次鸦片战争后中美两国的条约订立过程有着详细的论述，是研究两国外交关系始建的重要资料。

在史学方面，清朝梁廷枏所著的《粤海关志》叙述了1838年（道光十八年）以前广东海关沿革、通商情况及行政制度，是研究鸦片战争前夕广州与中外关系的史学著作。黄绍湘所著《美国通史简编》运用了历史唯物主义基本原理，按照美国历史发展的客观进程，记录了自17世纪北美殖民地时期至20世纪50年代美国的历史，重点分析了美国的诞生、成长、发展和衰落的历史趋势。黄绍湘另一部著作《美国早期发展史》记录了自1492年哥伦布发现北美大陆至1823年美国约三百年的发展史。全书以美国资本主义的发展为线索研究了北美殖民地的历史背景、殖民地社会结构、美利坚民族形成、美国独立革命、独立后的经济困境等，是研究美国走上资本主义发展道路的重要史料。改革开放之后，由中国美国史研究会编写的多卷本《美国通史》是当代研究美国历史的代表作，全书共分六卷，以美国独立战争爆发前的北美历史为起点，终结于第二次世界大战后50年。全书的主要特点是：实事求是地论述史实，理论联系实际，纠正了一些对美国历史错误与模糊的认识；全面论述美国历史，而并非只局限于美国的政治、经济史。在研究中国经济史领域，主要代表性的研究文献有全汉升的《中国经济史论丛》、汪敬虞《中国近代经济史1895～1927》、严中平《中国近代经济史1840～1894》等。此外，澎泽益主编的《中国近代手业工史料》及严中平的《中国棉纺织史稿》都是研究中国手工业发展的重要史料。

此外，还有很多资料涉及中美关系的若干领域，如中美条约、广州行商制度、鸦片走私、苦力贸易、美国基督教在中国的发展等。

关于两次鸦片战争期间中美签署的条约的详细内容参见王铁崖主编的《中国旧约汇编》，该书以时间为序，编纂了中国自1689年起至1949年中国与国外签署的各项条约。中英文相互对照，是研究中外条约的最原始档案。

梁嘉彬的《广东十三行考》是目前中外研究广州"十三行"最具代表性的著作。他研究了"十三行"的起源与广东对"十三行"的沿革，细数当时所有行商的发展轨迹，对行商的制度变迁、行商与海关的关系、行商的鸦片观、行商在中西方文化方面的交流、行商的衰落等内容进行了详细的论述。作者认为广东的"十三行"发展历史是在朝贡体制向条约体制转变的过程中展开的，行商的发展与"夷务"紧密联系在一起，特定历史条件下产生的官办商营的"十三行"既显赫又摆脱不了悲凉的消亡命运。

梁碧莹《龙与鹰——中美交往的历史考察》研究了美国对华贸易的起源、中美茶叶贸易、传教士与中美关系、中美苦力贸易等若干问题。作者认为中美两国的交往是以两个独立国家平等互惠为起点的，在19世纪30年代之前，两国的关系是平等的关系。但两次鸦片战争之后，美国从追随英国变成主动出击，"门户开放"政策的提出标志着美国对华政策的新阶段。

潘序伦的博士论文《美国对华贸易史1784～1923》研究了过去150年美国对华贸易的发端、扩张、衰退与复苏的过程，书中以大量历史文献与统计图表作分析，而对商业实践一笔带过。关于贸易史料还有张晓宁的《天子南库——清前期广州制度下的中西贸易》、武堉干的《中国国际贸易史》、陈重民的《中国进口贸易》、杜廷绚的《美国对华商业》。

以美国经济侵略为主题的资料主要有卿汝辑的《美国侵华史》、刘大年的《美国侵华史》、钦本立的《美国经济侵华史》，作为新中国与美国建交之前的研究中美关系的作品，用批判的口吻将中美关系认定是美国资产阶级的侵略史，具有鲜明的政治色彩。

关于传教士与中美经济关系的论述国内研究中美关系的学者很少涉及，有讨论者多局限在中美文化领域。传教士与美国对华政策的关系是个很有争议的问题。王立新所著《美国传教士与晚清中国现代化》中认为传教士与美国对外政策是不冲突的，并不是说美国政府利用传教士运动达到某种具体的政治目的，也不意味着传教士就是受美国政府派遣来华为政府服务的，（通商在前，传教在后）从长远来看海外传教运动符合美国的国家利益，与美国对外政策的总目标一致。[①] 顾长声在《传教士与近代中国》中谈到，鸦片战争起涌入中国传教士已看不出“高僧”的形象，大多是从事侵略活动的伪善者。对于传教士在中国扮演的角色还是应该一分为二的，鸦片战争后传教士承担起美国政府的排头兵作用。

最后，外交档案、经济史方面的统计资料汇编及论文集。《筹办夷务始末》是清政府官修的对外关系档案资料汇编，夷务之兴始自道光朝，而办理得失全在奏章，书中包括了当时清政府对外交涉的档案，如内阁、军机大臣所奉谕旨，内外臣僚奏章以及皇帝的朱批、中外往来之照会、书札等。关于中美贸易统计数据方面：严中平的《中国近代经济史统计资料选辑》、姚贤镐的《中国近代对外贸易史资料（1840～1895）》等都是本书贸易统计中重要的参考。许多研究中美贸易、中美关系的论文选编到论文集中，如中国美国史研究会的《美国史论文集》、中美关系史丛书编辑委员会主编的《中美关系史论文集》（共三辑）、汪熙主编的《中美关系史论丛》等。这些论文集针对中美两国发展过程中的新旧问题从不同角度展开讨论，引起了学术界更深层次的思考。

在这里，作者对以上的中外学者、书中文献的引用学者及未列明但给予作者启发的所有学者表示感谢。

1.5 创新与不足

1.5.1 本书的创新点

将一段中美贸易史描述清楚即便不是重大创新也是一项重要的贡献。本书的贡献主要体现在对中美贸易关系与政策的系统研究上。梳理与澄清事实，将早期中美贸易演变过程描述清楚，在学术上是有价值的。中外对当代中美关系的研究较多，而对早期中美关系的研究非常有限，多数着眼于鸦片战争前中美通商关系的发展，在贸易领域的专题性研究相对较少。同时，中国对中美早期关系的研究又远远落后于西方。美国东亚政策的形成始自《望厦条约》，鸦片战争后至19世纪末，中美贸易关系的分析尚存在空白，自然无法理解美国之

① 王立新．美国传教士与晚清中国现代化［M］．天津：天津人民出版社，1997：61.

后对华的贸易政策的走向。同时，对于文献的研究可发现，贸易数据的统计过少，鸦片战争后双边贸易的新变化很少论及。对于作者来说，在双方一定的政治、经济、文化背景下，将中美贸易关系置于一个完整的框架下分析，将两次鸦片战争前后中美从平等的通商关系向正式的外交关系转变这一过程说清楚是一件有意义的事情。

1.5.2 本书的不足之处

本书以中美早期贸易关系作为切入点，研究前后一百年的双边贸易关系。期间中外史料瀚如烟海，虽然作者尽其所能找寻珍贵文献，但依旧是冰山一角，大量的文献很难有机会阅读到。特别是早期的官方文件与19世纪出版的专著。即便是找到相关文献，也很难全面掌握作者的观点，在提炼与资料挖掘上存在欠缺。此外，本书未作计量分析，但尽可能选取数据、图表分析，中外资料来源不同，数据的选取上会有一定的偏差。

第 2 章

通商关系形成前的中国与美国

在中美通商前后，中国正处于清朝的专制统治下，自古以来“天朝上国”的形象就在历届皇帝心中根深蒂固。为显示大国神威，在明朝时制定了“非入贡，即不得互市”的制度，政府建立“市舶司”管理有限的朝贡贸易。但随着明政府的衰落与大航海时代的来临，朝贡贸易制度日渐衰落，私人贸易日渐繁盛。1684 年，清政府调整了早期所延续的明朝时的闭关政策，开放了江、浙、闽、粤四大海关，中外海上贸易交流空前繁盛。1757 年，为了阻止洋船撇开广州北上，清政府又宣布关闭其他三个海关，只留下广东，中国进入了一口通商时代。所谓一口通商实际上四大海关各有分工，对西方而言是广东“一口”。除了琉球自始至终都在福建进行朝贡贸易外，到中国贸易的东洋、南洋、西洋各国基本上都是在广州下货贸易，而对于出口贸易而言，四大海关仍旧发挥其作用。

封建王朝重儒轻商的思想与天朝大国的体面让政府官员不屑与商人直接交往，这种矛盾最后通过一种折中的以商制夷的方式体现出来——清政府招募有实力的商家组建“十三行”管理对外贸易。“十三行”的商行数量各个时期有增有减，这一称呼只是“沿明之习”。当 1784 年“中国皇后”号来华时，也正是清政府一口通商、由公行垄断贸易之时。在随后的 80 年中，“十三行”继续独揽对外贸易经营权，直到第二次鸦片战争退出历史舞台。整个 18 世纪对华贸易的主要国家是英国、法国、荷兰、丹麦、瑞典，18 世纪末至 19 世纪初，英国东印度公司凭借着英国政府授予的对外贸易的垄断权成为中国的第一大贸易伙伴。

与中国不同的是重商主义思想主导下美洲殖民地从一开始就要发展成一个巨大的繁荣的商业帝国。殖民地既是母国所需要的商品的生产者，同时又是母国货物与劳务的购买者。英国需要广袤的土地与农产品，而殖民地的拓荒者也希望得到先进国家的工业制成品，这种紧密的关系决定了殖民地必然变成活跃的商品集散地。在发展商业方面，美洲殖民地特别受到了地理环境的恩赐，新英格兰和中部殖民地的沿海一带，有着星罗棋布的海港，这对发展航运事业与对外贸易有着重要的作用。殖民地的贸易对象主要是英国与西印度群岛和欧洲南部。殖民地土地与资源丰富，但劳动力不足，是原料与制成品的供给者。英国对于国内亟须的殖民地生产的商品给予积极的鼓励政策，而对于那些易于与英国产生竞争的产品则给予限制，这种畸形的管理制度让殖民地在夹缝中生存，并凭借智慧与冒险精神扩展了著名的“三角贸易”，即将与英国具有相同竞争的商品运到西印度群岛与欧洲南部去交换，并将交换后的商品卖给英国购买殖民地所需的工业制成品。在高压下不得已的迂回交易让殖民地找到了应付逆差的希望。独立后的美国面临着通货膨胀、财政危机、贸易封锁、同盟背离等一系列问题，以农业为生、工业发展薄弱的北美人民在经济生活方面陷入困境。如何恢复经济，发展工业生产，积累雄厚的物质基础走上资本主义道路，海外市场的拓展是灵敏的美国商人最先想到的，茶叶、丝绸这些曾经由英国转运而被美国人熟识的商品让美国人对中国充满了希望。

2.1　中国对外贸易及管理制度

在“中国皇后”号来华的一百年前，正值康熙盛世，清政府开放海禁，并建立粤、闽、江、浙四大海关开展对外贸易。而就在乾隆二十二年（1757年），清政府宣布只允许广州一口通商，并由“十三行”垄断对外贸易的经营权。明清以来，为维护政权的稳定，历届统治者都在闭关与开放之间徘徊，中美贸易的创始与发展无一例外要受到中国特定政治、经济环境的约束。

2.1.1　明朝海禁与朝贡贸易

正如许多新政权的创立之初为促进经济的繁荣，采用“休养生息”的政策，明朝也不例外。但在经济得到恢复发展时，明朝却未完全推行积极的对外贸易政策，在洪武、永乐和嘉靖年间，都有不断重复的海禁令。[①] 如“片板不

① 刘军．明清时期“闭关锁国”问题赘述［J］．财经问题研究，2012（11）：22.

许下海”、“禁濒海民私通海外诸国”、“禁民间番香番货”。明朝实行海禁的根本原因有两个：第一就是封建制度经济形态下的特有思维。在自然经济主导下，统治者安乐于自给自足的自然经济形态，沾沾自喜于“万国来朝”的雄壮盛况。第二就是从政权巩固考虑。明朝初年，既有元朝残余力量的威胁，也有南海日本倭寇的骚扰，为防止国内与海外勾结，明朝前期都延续了海禁政策。在明朝实行禁止私人海外贸易的同时却极力想得到世界的认可，便积极推行“朝贡贸易”政策，所谓“朝贡贸易”即派使臣广加招徕，要周边国家臣服并“称藩纳贡”，各国也利用进贡的机会，与明朝进行物品的交换活动。①明成祖永乐三年（1405 年），政府在广州设立怀远驿，怀远驿是承担着接待暹罗、占城、西洋各国贡使前来朝贡的专门机构。同时为管理朝贡贸易，明政府在进贡船舶经常出入的口岸——广州、泉州、宁波设置粤、闽、浙三个市舶司。兴于唐、发展于宋元的海外贸易管理制度——市舶制度在明代得到继承与发展。清取代明朝统治后，仍旧沿袭了“对渡口岸”的传统。但清时代的世界经济格局与明朝时已有天壤之别，世界航线的开辟，东西方经济、文化的交流空前繁盛，世界市场商品需求的旺盛，海上贸易以激流勇进之势冲击着封闭的中国，这一切仅通过对渡口岸进行的市舶贸易已经远远满足不了欧洲、东南亚国家与中国的贸易需求了。

2.1.2 广州通商制度的形成

清朝前期，政局不稳，广东仍处于平南王尚可喜、尚之信父子的统治之下，福建的厦门被郑成功的反清军队所控制，为了肃清反清势力，从 1655 年开始，先后五次颁布禁海令，但私自出海的贸易却屡禁不止。1683 年，我国台湾纳入清朝版图，康熙完成了统一中国的大业。为了恢复沿海萧条的经济形势，清政府下令解除自明朝以来实施 300 年的禁海令，开放沿海耕地，实行复界与展界。1684 年，清政府在江、浙、闽、粤设立四大海关开关征税。开放海禁后，西洋船舶与中国的贸易往来主要穿梭于四大通商口岸之间，经济、文化等方面的交流达到了空间的繁荣。“开海贸易于粤、闽一带民生有益，民用充阜、财货流通，各省俱有益。”② 由于开放海禁，前来贸易的西洋、南洋

① 晁中辰．明代海禁与海外贸易［M］．北京：人民出版社，2005：50.

② 陈国栋．东亚海域一千年——历史上的海洋中国与对外贸易［M］．济南：山东画报出版社，2006：197.

各国不再以贡舶贸易形式，清早期规定的对埠口岸已无例可循，洋船贸易可以在四个海关之间游弋，但必须先得到粤海关的同意。乾隆二十年，发生了洪任辉事件，英国商人洪任辉经过广州到宁波贸易，这让一直担任起管理所有西洋各国贸易的粤海关紧张起来，其他洋商照此做必定会影响到粤海关的税收。而粤海关一直被冠以“天子南库”之说，是供给军饷与清廷开支的重要来源。在之后的几年中，尽管政府增加了宁波海关的关税，但前来造访的英国商船屡禁不止。英商反复北上引起了清政府的警觉。乾隆二十二年（1757 年），清政府将四口通商变为一口通商——所有开展对华贸易的国家的商船只准在广州登陆，并由清政府的代理机构广州十三行行使对外贸易的专营权。一时间，中西文化与经济交流的中心聚集到了广州，这是清代外贸史上具有划时代意义的转折点。

在清政府四口通商之后，被压抑的中西方商品的交易达到空前的繁盛，大量的西方商船频繁地来往于各港口。由于在明朝及清政府的前期，对外贸易没有延续的对外开放政策，在清政府四口通商后，因缺乏必要的贸易制度与管理经验，各港口常出现拥堵与混乱的现象。这一局面让清政府在管理对外贸易中陷入困境。由于英吉利、法兰西、葡萄牙的商船较多，在广东、福建有许多商家在办理欧商的过程中取得了外商的依赖，在当地形成专业，包办欧商贸易，并担保这些商人在中国能安守本分。1686 年，广东政府招募有实力的十三家商号组建“十三行”。“十三行”并非清政府独创，实际上它沿袭了明朝“牙行”的做法——由一些商人承销货物，充当对外贸易的中间人。其名称是约定俗成的广州对外贸易洋行的统称，并不反映实际行商的数目。“十三行”是清政府唯一承认的对外贸易机构，外商进出广州的货物必须经过“十三行”之手，由行商代为报关、缴纳关税，行商从中抽取手续费。“十三行”虽然是清政府所认可的对外贸易垄断机构，但却没有实实在在的管理对外贸易的权利，它是清政府在调节闭关锁国政策与外国通商压力的矛盾下的权宜之计。在特定的历史条件下，“十三行”制度推动了对外贸易的繁荣和社会的发展。① 当 1784 年“中国皇后”号来华时，也正是清政府一口通商，由“十三行”垄断贸易之时，在随后的 80 年中，“十三行”继续独揽对外贸易经营权，直到第二次鸦片战争退出历史舞台。

① 王询，许晓冬. 清代广州通商及其十三行制度［J］. 大连：东北财经大学学报，2013（6）：5.

2.1.3 西方殖民者东来与中外贸易

15~16世纪，随着地理大发现与新航线的开辟，西方世界掀起了一浪高过一浪的航海热潮。从此，亦商亦盗的西方殖民者穿梭于世界各地，自然也来到了中国。在美国与中国通商之前的两百年，葡萄牙人最先来到中国沿海，以海盗般的劫掠行径与贿赂手段获得了在澳门设点贸易与居住的权利，明朝末年，葡萄牙人视澳门犹如海外殖民地，极力要获得自治权。继葡萄牙人之后，西班牙、荷兰人紧随其后，两个海上霸主因在中国争取通商利益而反目成仇，1642年，荷兰人将西班牙人赶出了中国台湾地区，将台湾据为己有，直到1662年郑成功收复台湾。1637年英国人也曾来到中国沿海经商，并曾炮击虎门炮台，对中国进行了第一次经商贸易的尝试。1670年，英国东印度公司与统治台湾的郑氏政权订立了贸易协议，在台湾和厦门之间通商。但总体来看，英船在明代来华较少，英国真正唱主角的时代是清朝之后。

1684年开放贸易口岸后，中国与西方国家的交流更加的频繁。除了曾经以朝贡贸易形式维持着与中国的关系的东南亚国家外，更多的欧美国家与中国建立起直接的贸易关系。自康熙二十四年（1685）到乾隆二十二年（1757）的七十多年中，前来中国的欧美商船有312艘，船的吨位一般达到300吨左右，最大的为480吨。① 即便是在广州一口通商后，来华的船只总数也未受到影响。1789年，英国来华船只数占外国商船总数的82%，在中国对外贸易中占绝对优势。18世纪末，中国输往海外的商品品种与数量都较前代有明显增加。出口欧美、东南亚各国的商品主要以生丝、茶叶、丝织品、土布、瓷器为主，与美国的贸易是通过英国东印度公司中转的，而美国十三州殖民地商人也只能通过英国将北美的土特产，如人参等运到中国销售。

2.2 美国早期对华贸易的背景

自1784年美国商船“中国皇后”号来华至1840年鸦片战争，这段时期中美两国初步建立贸易往来。美国在独立后的第二年便以积极、主动、友好的姿

---

① 夏秀瑞，孙玉琴. 中国对外贸易史（第一册）[M]. 北京：对外经济贸易大学出版社，2001：365.

态与中国交往，早期的贸易往来两国秉承着平等互利的原则，后期美国的鸦片走私影响了中美贸易关系，商品结构发生改变终究是对经济利益决定政治决策的最好诠释。

2.2.1 北美殖民地的成长与商业发展

在中国对外贸易史的长河中，1784～1894年这段时间对中美来说都是重要的拐点，在这之前，新大陆的发现与航海路线的开辟，葡萄牙、西班牙、荷兰这些曾经游走在欧洲文明圈边缘地带的国家陆续登上历史舞台，在世界历史变动的关键时代扮演着重要角色。殖民地国家在追求经济独立与政治的独立的进程中不断与宗主国进行着斗争，美国就是重要的代表。

在美国取得独立前的一个多世纪，欧洲正发生着海上霸权的更迭。16世纪中期，葡萄牙和西班牙经过对外残酷的殖民掠夺，相继成为西欧的殖民强国与海上霸主。但这两个国家的封建势力顽强，海外扩张所得的金银财富都用于支付贵族们奢侈的消费而流入英国、荷兰等国家。英国从15世纪末就开始通过圈地运动获得原始积累，并走上了对外扩张与殖民掠夺的道路。17世纪初，英国同法国、西班牙、荷兰、瑞典展开了争夺海上霸权的斗争，并逐一击败了昔日强劲对手，获得了对北美殖民地的统治权。从1607～1776年，英国在北美建立起13个殖民地。美国的历史就是从英国在北美建立殖民地开始的，是和西欧殖民主义各国之间海外扩张相伴随的斗争相联系，随着争夺的展开与终结，北美殖民地也发生着显著的变化。

在美国取得独立战争胜利之前，遭受到了英国严厉的经济封锁与掠夺。17世纪50年代，英国颁布了航海条例，条例规定必须使用英国船运载货物（殖民地建造的船只也包括在英国船只的范围之内），进行海外贸易，这个条例的实施，使英国统治者进一步控制了北美殖民地的经济。1660年，为了进一步控制掠夺，再行颁布了航海增补条例：殖民地不论输入和输入的商品，都必须用英国船只装载；指定许多商品必须先运输到英国，首先满足英国工业生产的需要，其余产品在付了转口税后，再转销欧洲各国；列举了多项指定物品，如糖、烟草、原棉、染木等只能运往英国与英国属地。高压政策从客观上反而鼓励了北美新英格兰殖民地的运输业、造船业和工业的发展，他们通过航海条例，压制荷兰商人进行海上贸易的机会，乘机夺取了荷兰商人占有的西印度群岛和北美殖民地的市场。他们利用自营的商船，将西印度群岛的糖和南部殖民地的烟草运到中部殖民地，并把这些原料产品直接运到欧洲换取工业品，回程中，新英格兰商人并不在英国停留缴纳转口税，而是采取走私的方式，将欧洲工业品直接运回殖民地出售，牟取暴利，英格兰和中部殖民地的主要港口陆续成为走私贸易的重要集散地。走私贸易又助长了奴隶贸易的兴盛，波士顿、费城、纽约都成为贩卖奴隶的中心。

英法七年战争之后，英国确立了海上霸权，美国开始以更强大的暴力压榨殖民地人民，1763 年，宣布阿巴拉契亚山脉以西的土地是皇室产业，禁止北美殖民地人民在此居住，这引起了居住在东部饱受压迫的新欧洲移民的愤怒，也成为今后反英斗争的原因之一；1764 年颁布了食糖条例，这个条例增加了征收进口税的商品种类，并制定严格的法律取缔走私。而新英格兰在很大程度上是靠与西印度群岛进行走私贸易繁荣起来，这项政策，扩大了英国的财政收入，却使殖民地的走私贸易陷入绝境；1765 年，英国颁布了印花税条例，规定在殖民地的一切新闻报纸、小册子、执照、商业文件、文书等都必须加贴印花，收取几英镑不等的税。如此之多的损害北美殖民地经济利益的做法促使北美各阶层反抗英国的斗争一浪高过一浪。将美国向自由的路上靠近的最重要的事件就是“波士顿倾茶”事件，源起于英属东印度公司获得了茶叶经销的垄断权，但经营不善，濒临倒闭，英国政府为了挽救这一境况，特别通过了茶叶条例，允许该公司在北美倾销茶叶，东印度公司出售的茶叶价格是走私茶叶的一半，严重干扰了市场，引起殖民地走私商的愤怒，在费城与纽约，商人们组织茶党在 1773 年将东印度公司的茶叶倒入海中，掀起了殖民地独立战争的序幕。

2.2.2 美国独立后的经济困境

1783 年，美国人民经过艰苦卓绝的斗争终于取得了独立战争的胜利，英国政府被迫签署“凡尔赛条约”，象征着美国终于脱离了英国的殖民统治，一个新兴的国家正在崛起。但新诞生的美国国土面积仅有 32 万平方公里，13 个州，200 万人口。殖民时代，英国不断地对北美人民进行欺压与搜刮，将北美作为自己廉价的原材料供应地及商品的销售市场。独立后，美国的经济面临众多严峻的现实。

首先，国内最紧迫的是财政问题。虽然独立战争取得了胜利，但却耗尽了人力与物力。战争期间，美国大举外债，到 1783 年外债总额达 800 万美元，内债总额近3 000余万美元。[①] 国库空虚，财政状况岌岌可危。在1775～1783年间，战争经费是通过发行纸币提供的，共发行了接近4亿美元（票面价值）的大陆货币、中央政府军需粮券及各州的货币等用于支付战争开销。由于乱发纸币，一段时间内，各种票据同时使用，在流通领域造成极大混乱。高额的发行量又导致了恶性通货膨胀，物价暴长，人民生活水平直线下降。恶性通货膨胀使人们对政府的金融管理失去了信任。联邦政府此时非但无法解决战争带来的财政困难，连这台国家机器转动下去的费用都很难保证了。因为美国独立战争的产物——联邦政府在成立时就考虑到一方面要联合各州共同对敌，另一方面还要保证他们在政治和经济上有相对的独立主权，因此这一矛盾的思想必然体现在《联邦条例》中。《联邦条例》中规定，联邦政府“要在十三个州中至少获得九个州的同意，方能具有宣战、订立条约、铸造货币、发行纸币、举债、购买战船的数目、征集陆海军士兵数量的权力。联邦政府没有向各州直接征税的权力，只能根据需要，向各州募捐款项。”[②] 国会没有独立的收入，要想获得资金只能依靠各州的征集。但在这一问题上，美国领导人之间产生了分歧，一派主张与各州共命运，将偿还债务的希望寄托于各州，但更多人希望尽快建立一个能够统治各州的强有力政府，依靠各州归还债务最终将阻碍政治权力的平衡。

政治上的独立并没能缓解复杂的经济难题。经济封锁与贸易限制让已陷入困境的国家更加举步维艰。这个年轻的国家突然发现，当身处英国殖民帝国之外，自身经济上的独立性岌岌可危，即使是战时那些与法国及西班牙看似坚实的贸易联盟也开始崩溃。在美国独立之前，北美殖民地隶属英属殖民地体系之内，他们将粮食和原料运到西印度群岛去，得到英国的信用付款，然后用这笔款项换取制造品与日用品。殖民地的贸易伙伴中，英国是接收殖民地出口货物的主要海外地区，自殖民地出口的56%及进口的90%来自英国。其次是西印度群岛（向其出口及进口占26%和18%）和南欧。[③] 从英属13个殖民地海外市场的力量均衡中发现，南部地区对英国贸易占绝对统治地位。而中部殖民地在英国、南欧及西印度群岛之间较为均衡。新英格兰最重要的贸易伙伴是西印度群岛。从航运路线来说，无论是英国船只还是殖民地的船只都未能在所有的贸易线路上取得绝对优势，比如英国的船只控制了南方殖民地区的贸易，但是

---

① 中美关系史丛书编辑委员会主编．中美关系史论文集［C］．重庆：重庆出版社，1985：65.

② 黄绍湘．美国通史简编［M］．北京：人民出版社，1979：77.

③ 杨生茂．美国外交政策史1775～1989［M］．北京：人民出版社，1991：42.

新英格兰的船只则在新英格兰——西印度群岛这一贸易路线上占优势。正如英国船主迈克尔·阿特金斯在1751年写给他的一个殖民者同事的一封信说：“北部殖民地的商人包揽了西印度群岛的生意，欧洲人在粮食和木材商品上没有机会和他们竞争。你们在时间安排上更准确因而运到市场上就更便宜。”① 殖民地独立之后，英国取消了美国曾经享有的一切在经济领域的优惠待遇。首先，曾经以低廉的价格向北美供给的商品价格大幅上升。此外，在1783年，英国国会颁布新法令，对美国运往英国的货物征收高额关税。更为严厉的是根据《航海条例》，美国船只不允许与英属西印度群岛进行直接贸易，只允许其他国家的商船运载美国的烟草、粮食和其他出口产品到这些地方。在这一禁令下，美国商品在西印度群岛的价格上升了300%。在美国丢失传统市场的同时，英国货趁机涌入了美国市场，而且使原来依靠向西印度群岛运销木材、烟草等物资换取外汇，再向西欧购物的美国缺少向欧洲进口商品所必需的金钱。在英国的贸易封锁与限制的同时，曾经有着共同反英目的，在战时与美国结成“统一战线”的西班牙与法国的立场突变。西班牙收回曾赋予美国同古巴、波多黎各以及伊斯帕尼奥拉岛直接进行贸易的战时特权，同时还恢复了对殖民地贸易限制的传统政策，只允许其从西班牙进口商品。法国出于自身利益的考虑，将美国商船排除于法属殖民地和本国港口之外，并对美国的咸鱼和肉征收高额关税，而这些产品又是完全禁止进入英属岛屿地区的。同时，美国因不再受英国旗帜的保护，在东边和地中海一带，美国船只还面临着巴巴里海盗的骚扰。

此外，受殖民压迫，殖民地经济体系较为单一。北部工业发展薄弱，缺乏独立的工业体系，人均工业化水平远远低于西欧的英法等国，也低于中国，城乡居民的生活必需品不能自给。南部的种植经济生产力水平低。刚刚经历过战争洗礼的美国满目疮痍。“这里穷困逼人，没有制造业，又被禁锢在一片不生产很多主要食品而面积又很有限的地域里，更被代价很大的战争耗尽了财富，美国和经济上的自给自足真是相去天渊了。”因此泰勒·丹涅特在其书中提到“最初到亚洲去的美国人是因为他们不得不去——任何地方他们都不得不去。”②

通货膨胀、财政危机、贸易封锁、同盟背离等一系列在建国初面临的重重

---

① 加里·M·沃尔顿（Gary M. Walton），休·罗考夫（Hugh Rockoff）．美国经济史（第十版）［M］．北京：中国人民大学出版社，2011：80.

② 泰勒·丹涅特．美国人在东亚［M］．北京：商务印书馆，1962：4.

障碍，使以农业为生、工业发展薄弱的北美人民在经济生活方面遇到了严重困难。政治上的独立无法掩盖经济上的贫弱，资本主义发展需要资金，而推动大工业发展所需的大量的资本依赖传统农业与手工业是无法满足的。此外，新生的美国资源条件有限，国内市场狭窄，筹集资本进行大工业发展，走上资本主义道路缺乏物质基础，寻找和开拓海外市场，冲出英、法等国家的束缚，是美国从商人到政客共同的想法。

2.2.3 美国发展海外贸易的条件

美国开拓东方航线，既有不得已的苦衷又是自身发展资本主义、进行海外扩张的需要，虽然新生国家内忧外患处境艰难，但依旧存在着很多积极因素促成了美国与中国的通商往来。“发现美洲的最重要的直接动力，便是由于欧洲人想寻找一条通向东方的迅速而省费的航路。”① 哥伦布向西航行就是为了要寻找中国与印度群岛。正因如此，16、17 世纪的欧洲探险家们沿着北美洲的东海岸前进，他们相信通过大陆的一条西北航线可以到达这些国家。1600 年，一群商人在英国政府的支持下成立了名为“伦敦商人对东印度贸易联合体与管理者”的贸易公司，简称“英国东印度公司”。英国的殖民者通过东印度公司垄断了与东亚的贸易，运往中国的货物主要是北美洲的土特产人参，中国的茶叶也由东印度公司远渡重洋载入北美市场。因此，在美国与中国建立真正意义上的贸易关系之前，美国对中国市场并不陌生，通过间接贸易，美国已经认识到中国市场的魅力。新航线的开辟及英国东印度公司在亚洲获得的利益，让这个新兴的国家充满希望。

殖民地航运事业的发展为美国与中国通商提供了条件。与西印度群岛的贸易、渔业以及与葡萄牙和地中海的通商，曾经是北部殖民地的重要生活来源。安全的港口和富饶的海岸促进了沿海贸易的发展。从商品的货币价值来看，沿海贸易额要比与大不列颠或与西印度群岛的海外贸易额要小，但在实际交易上，沿海贸易却和这两个海外贸易的主要分支差不多。正如詹姆斯·谢泼德和塞缪尔·威廉森所表明的，“就在革命前，沿海贸易构成了海外贸易总额的约 1/3。和北部相比，南部的沿海贸易没有那么重要，但是即便如此，沿海贸易

① 福克纳．美国经济史（上卷）[M]．北京：商务印书馆，1989：43.

或许也贡献了南部进出货物吨位的1/5。"① 运输贸易和渔业的创造性发展，在很大程度上是一种商业成就。在海洋经济主导下，新英格兰和中部殖民地的沿海城市产生了足够的经济实力。比如到殖民地末期，新英格兰地区海运经济的发展速度虽然减慢，但在深度和效益方面都得到了持续发展。1772 年波士顿港运往外国港口的年均货物运输量是 42 506 吨，比 1714～1717 年的 20 927 吨增长了一倍，其贸易出口量已经超过了像纽伯里波特（Newburyport）、塞勒姆和马波海德这样的处于第二位的港口。切萨皮克北部的沿海地区与南部地区最明显的区别，就在于这些北部殖民地的商人卷入到完全意义的商业活动的速度：他们拥有轮船并经营航运，为其经销的商品提供银行和保险服务，为本地企业提供金融服务，并在许多不同的市场上大量买卖货物。除了进行保险业的本地承销之外，1675 年以前，波士顿已经发展了这些经济功能的大部分，到 18 世纪早期，这些功能在纽波特（Newport）、纽约和费城都很普遍了。到美国独立战争爆发时，上面提到的几个城市已经成为综合性的贸易中心（仓储和集散的中心）。

殖民地的本土商人在与英国、沿海的纽芬兰、长岛、切萨皮克、西印度群岛、欧洲的部分地区进行远洋贸易时，都显现出了卓越的勇气、冒险精神及非凡的经商才能。他们穿越战争不断的海域到其他国家市场上做着投机性的生意，一夜暴富的梦想催促着一群群的商人前赴后继。这些机智果敢的商人在与殖民地之间、英国、西印度群岛进行直接贸易之外，还发展了著名的各种各样的"三角贸易"。其中一种就是新英格兰和中部各殖民地向欧洲南部输入粮食、肉类、鱼和木材，然后把酒类、水果和其他商品装运到英国去换制成品。有人曾问过本杰明·富兰克林："宾夕法尼亚每年从英国进口 50 万英镑的货物而只向英国出口 4 万英镑的货物，你们如何能付清差额呢?" "差额的支付是通过我们的产品运到西印度群岛，在我们自己的岛上出卖，或是卖给法国人、西班牙人……在所有这些地方，我们要么得到货币汇票、要么得到适合于把钱汇到英国的商品。所有这些，连同我们的商人和船员们勤苦地从那些迂回的航行中用他们的船只获得的运费收入，最后一齐集中到英国，去清偿差额和不断地耗用。"② 正是这种灵活的"三角贸易"之后被淋漓尽致地运用在中美早期贸易中。

---

① E. R. Johnson et al. History of Domestic and Foreign Commerce of the United States [M]. Washington D. C.: Carnegie Institution of Washington, 1915: 171－172.

② 福克纳. 美国经济史（上卷）[M]. 北京：商务印书馆，1989：106.

将近一个世纪以来，东印度公司掌握了英国从好望角东至麦哲伦海峡的整个半球的贸易垄断权，美英和平条约签订后，这种情况已不再能约束美国，如果不利用这样的机会接近中国，美国的海外扩张的历史不免会平淡很多。独立战争前，北美殖民地商人通过在波士顿港口贩卖茶叶和购买从中国及印度走私过来的精美丝绸和经久耐用的棉布就认识了亚洲。革命结束后，这里的港口停泊着自由的船舶，无数经验丰富的水手和富有冒险精神的商人们熟悉殖民地时代英国船舶运来过亚洲产品行销的路线及市场，通过灵敏的商业嗅觉，他们相信中国可以接受美国的产品——人参，中国人作为药材之用的一种植物根。“在美洲贸易受限制的情况下，对于企业家说来，从事这种放在他们面前的投机买卖是很自然的事，并且这是有利可图的。”①

---

① 赖德烈．早期中美关系史（1784～1844）［M］．北京：商务印书馆，1962：8.

第 3 章

鸦片战争前的中美贸易关系：1784～1840 年

1784 年，美国以“新人”的姿态由商人自发组织了一次东方之旅，这次出发的目的地是曾经在殖民地时代就充满神秘气息的中国。“中国皇后”号开辟了中美贸易的新开端，直到 1844 年《望厦条约》签署，中美的民间商务关系持续了近六十年。这一时期，中国向美国出口的主要是茶叶、生丝、丝绸、陶瓷等传统商品，其中茶叶出口比重最大，占总出口 3/4。美国对华贸易更多的倾向是来采购商品，但由于银元的不足，美国通过三角贸易形式，变换东、西方商品种类维持着对华贸易往来。除个别年份，1840 年之前的中美贸易的出超都在中国一方，美国为抵偿贸易的差额开始对华输出鸦片，鸦片的输入将中美关系蒙上了阴影，中美关系的性质也发生着质的变化。

3.1 中美贸易第一页：“中国皇后”号来华

3.1.1 “中国皇后”号首航中国

1783 年 9 月 3 日，英美签署了《巴黎和约》，正式承认美国的独立，最后一批英国占领军离开纽约上船回家已经是 1783 年 11 月底的事了，但美国的船主和商人们早就将目光对准了亚洲，恢复对外贸易的工作已经提上日程。商人们对追求海外财富的渴望是极富感染力的，在这一追逐财富的热潮中，就包括了“中国皇后”号的远航。

是谁最先提议中国之行的已经不得而知了，但美国很多的商人与冒险家已经蠢蠢欲动。1783 年 12 月 18 日，两位波士顿商人向国会递交了一份请愿书，希望政府批准保护他们的商船驶往中国，并希望政府派一位驻华领事。很快，商人们的愿望得以实现，一艘名为“哈里特号”（Harriet），载重量为 50 吨的货船满载人参前往中国。在到达好望角时，船长哈雷特遇到了东印度公司的商船。英国人对于美国开拓东方市场的想法颇为震惊，出于担心自己的领地被美国人抢占便提出用双倍的茶叶换取船上的人参。“哈里特号”对远涉重洋的风险及中国市场的行情产生了担忧，以英国人的出价成交完成了半途旅行，失去了首航中国的机会。虽然对“哈里特号”远航的说法有不同的报道，但美国商人对最古老国家的探索没有停止，其中就包括来自康涅狄格州格罗敦的约翰·莱雅德。他在 1776 年曾跟随詹姆斯·库克船长的“坚定号”进行航海远行。这次环球旅行，途经中国的广州及好望角，他亲眼目睹广州及东南亚市场上水獭皮生产红火。曾立志要当一名传教士的莱雅德航行结束后便开始作为一个向美国商人说教的教士——劝说他们从事对亚洲的贸易，因为他看到在美洲西北海岸以六便士买进的皮张在广州可以卖到一百元的时候，这种贸易的前途的不可限量曾给了他深刻的印象。①

莱雅德不停地在纽约、费城、波士顿之间寻找资金来源。费城富商罗伯特·莫里斯与纽约丹尼尔·帕克公司各自承担了一半。莫里斯号称“美国独立战争的财政总监”，是时任美国财政部的最高主管，莱雅德远航的详细计划打动了这位当时在美国最富有、最有影响力的人物，得到莫里斯的支持，莱雅德已经成功了大半。另一个重要股东是帕克公司，登记的船主之一就是丹尼尔·帕克，负责提供船舶与船上的装备。战争时期，美国政府建造了很多私掠船，目的是骚扰英国的军舰和商船。和平年代后，这些私掠船已无用武之地，多数停泊在美国东部沿岸的各港口。这些私掠船船型多为单桅帆船、纵帆船和双桅帆船。船体坚固，速度快，适合海上航行数月时间。“中国皇后”号就是一艘 360 吨重的战争时期的私掠船，1783 年在全国著名的造船中心——波士顿改装而成。远航中国的耗资巨大，采购成本、装备与出航的开支达到 11.9 万美元，包含 2 万美元的银币，这是仅次于人参的重要物品。②

为了保证首航成功，莫里斯做了精心准备，他聘任有丰富航海经验的约翰·格林为“中国皇后”号船长，他在革命时期曾指挥过一艘奉命执行巡逻工作的武装民船。邀请善于与人打交道的山茂召作为他的商务总管（Supercar-

① 泰勒·丹涅特. 美国人在东亚［M］. 北京：商务印书馆，1962：3.

② 菲利普·查德威克·富斯特·史密斯. 中国皇后号［M］. 广州：广州出版社，2007：61.

go 或称“大班”）。山茂召参加过独立战争，曾是波士顿陆军少校，去广州前，曾受到华盛顿的表彰，称他是一位智、勇敢、杰出的指挥员。[①]“中国皇后”号会接触到中国各种官员和重要人物，因此在有关证书上空前绝后地写上了无数头衔：最高、最具权威的、高贵、显赫、庄严、可尊、可敬、聪明、慎重的君主、皇帝、国王、亲王、公爵、伯爵……不论僧俗，凡是看到或是聆听到这些特许状的人等。

1784 年 2 月 22 日，“中国皇后”号在欢呼和礼炮声中满载着从西印度群岛换来的西班牙银圆和美国、加拿大出产的人参从纽约起航，在威德角群岛停下做短暂补给后，绕过非洲的好望角，与法国商船相遇，依靠法国商船的引导于 8 月 28 日到达黄埔。这次航行最初载有 12 万美元的货物，包括 473 担人参（折合四十多吨）、2 600 张毛皮、1 270 匹羽纱、26 担胡椒、476 担铅、361 担棉花及 43 名船员。[②]“中国皇后”号抵达中国广州黄埔港（现今海珠区黄埔村）后，美国商人处处小心，秉承着谨慎与尊重中国法律的原则得到了中国官商的善待。在山茂召写给美国外交部部长约翰·杰的信中谈道：“在到达广州后的两天里，我们拜访了中国商人与几个欧洲商业机构的首领，尽管是第一艘到达中国的美国商船，但却得到了友好的接待。中国人花了点脑筋和时间辨别我们与英国人的区别，并称我们为‘新人’（New People），当我们从地图上告诉他们我们国家的位置与人口时，他们对中国产品未来的市场前景如此可观高兴不已”。[③] 从广州返航时，山茂召在广州为“中国皇后”号所购回程货物，计有：红茶 2 460 担、绿茶 562 担、瓷器 962 担、丝绸 490 匹、土布 24 担、肉桂 21 担。总计 99 676 美元，赢利 37 727 美元，占投资的 25%。除采购货品外，船上的船长、船员也都为自己购置了一批有中国特色的商品。格林船长购买了 300 条男用缎裤，女用长袖无指手套六百付、茶叶、漆器、象牙等。由于采购货物很多，超过了“中国皇后”号的承载能力，船方又在广州临时租赁了一条东印度公司的商船——“智慧女神”号。1785 年 5 月 11 日，“中国皇后”号安全抵达纽约，随后，“智慧女神”号也于 8 月 9 日抵达巴尔的摩。中美之间直接贸易的通道顺利打通了。满载而归的中国商品被争相购买，形成了

---

① Josiah Quincy. the Journals of Major Samuel Shaw, the first American consult at canton ［M］. Boston: Wm. Crosby and H. P. Nichols, 1847: 110 – 111.

② H. B. Morse. The Chronicles of the East India Company Trading to China, 1635 – 1834. Oxford, 1926: 95.

③ Chinese Repository vol 5 ［M］. Japan: Kraus Reprint LTD. VADUZ, Sept. 1839: 220.

美国历史上的第一次“中国热”。很多美国人因购入中国商品而觉得有身份。连华盛顿总统也禁不住诱惑，买了“中国皇后”号自广州带回的绘有美丽图案的特制中国茶壶，摆放在弗农山庄里。印有“中国皇后”号标记的瓷盘、广州“十三行”风光的瓷碗，以及中国人的画像至今在美国各地博物馆里还珍藏着。

“中国皇后”号首航成功的消息被各大报纸竞相报道。纽约《独立报》则称它是“一次远见卓识的、杰出的和成果丰硕的航行”。[①]《普罗温斯顿报》竟用了一栏又四分之一的篇幅刊登这一消息。美国国会也及时通报表扬说：“国会对于美国公民同中国第一次建立直接贸易关系的开始就获得如此好的结果表示满意。”[②] 同时这次成功的东方之旅也为参加它的成员们带来了极高的声誉，商务代理人山茂召在之后被任命为美国驻广州第一位领事。

3.1.2　“中国皇后”号首航成功的原因

“中国皇后”号首航中国是在美国政治独立，经济薄弱的情势下开展的海外贸易活动，一群拥有着智谋、胆量的美国人在缜密的计划中实现了开创新纪元的历史篇章。从天时、地利、人和的角度来说，这是一场注定的胜利。

1. 从贸易的视角来说，此次贸易之旅兼具多元性与传统性

首航中国在商品采购中具有一定的冒险和试探的性质。殖民地时代，从英国转运到美国的茶叶、丝绸等产品是美国人所熟悉的，也是此次贸易最热衷的目的，但用什么与中国人交换呢？美国的商品能否受到中国人的喜爱、有多少能顺利出手是本次航行的投资者深思熟虑的问题。莫里斯与山茂召等人在商品的采购上两国商品传统性与多样性的融合，每种货物采购的数量都适中，而且是两国消费者比较熟悉和喜爱的传统商品，这样的目的一是方便出手，增加资金的周转，二是通过试探性采购了解两国消费习惯，为今后的贸易往来积累市场与经验。

2. 政府、投资者、合伙人的支持

美国国会及纽约州对这次航行格外重视。临行前，纽约州州长乔治·克林顿为“中国皇后”号颁发了两份证件：出入港许可证和航海护照。在航海护照中，美国政府以友好、谦逊的语气希望“中国皇后”号所及之处，能得到

---

① 熊志勇．中国与美国：迈向新世纪的回顾［M］．郑州：河南人民出版社，1995：7.

② 仇华飞．早期中美关系（1784～1844）［M］．北京：人民出版社，2005：89.

帮助与援助“不要给他带来苦难、委屈、麻烦或障碍，在他需要时请给予满足。”① 之后，美国国会又为商船颁发了航海证书。“中国皇后”号船体是由费城富商罗伯特·莫里斯和纽约的丹尼尔·帕克公司联合投资装备。船长约翰·格林时年48岁，在独立战争期间曾任海军上尉，指挥过一艘奉派巡逻工作的武装民船，虽然文化程度不高，但却有着丰富的航海经验。陆军少校山茂召在服兵役期间，战功显赫，同时此人极具经商头脑，文笔流畅，在“中国皇后”号回归后，曾撰写《山茂召日记》在美国引起广泛影响。莫里斯是《独立宣言》起草者，1781年邦联政府成立，莫里斯担任第一届财政部部长，在当时是政权、财权亨通的大人物。莫里斯的这些经历使他在考虑这个年轻的国家的对外贸易时，比别人看得更远更宽，而他的远见成就了中美贸易的实现。

3. 造船技术的成熟

造船工业是美国发展海外贸易的重要基础。殖民地时代，海伦埠、波士顿、纽堡等地的造船业已经非常发达。因为移民到北美的清教徒中有很多熟练的造船业技工，再配上北美原始森林盛产的橡林与松木这些用之不竭的上等木材，造船业发展的速度一日千里。独立战争后，英格兰的造船业更加发达，甚至是儿童自幼都受到熏陶，十几岁即追随父辈出海航行，船坞就是他们的游乐场，只要经过努力，二十几岁出头就可能成为船长。18世纪70年代，英属北美殖民地建造的船只每年为300～400艘，英国船舶的1/3是在北美殖民地建造。“中国皇后”号是在全国著名的造船中心——波士顿改装的木制帆船，船长104.2米，宽28.4米，吃水深度为16米，总吨位是360吨。当船起航后，帕克在给保险公司的信中写道“这艘船是在波士顿修造的，监工是著名的派克先生，它参照的模型是一艘‘全国知名的船’。它比目前的任何一艘船都要好，作为一艘海船，无论行驶速度还是质量，它都是一流的，船体极为坚固——它的底部是在波士顿包的铜皮，外壳也同样结实，工艺水平绝对是全国最好的。此外，船上还配备了足够船员使用5个月的淡水和14个月的食物补给，有医生和全套医疗装备……总之，这是一艘可以航行到任何地方的大船。”② 相比美国18世纪初生产的船舶，“中国皇后”号已经是大块头了，早期美国船的特点是吨位小、速度快、成本低。一般只有50～90吨，是依据殖民地时代私掠船的需要而建造。到了19世纪美国才开始制造250～300吨的船舶，而且鲜有1 000吨的大船。相比英国来说，1800年商船的平均载货量已经

---

①② 菲利普·查德威克·富斯特·史密斯．中国皇后号［M］．广州：广州出版社，2007：65－67，26.

达到了 1 200 吨。可只有英船 1/3 大小的美国船是既安全又比较经济的。英国人曾称赞美国船只“造得如此奇妙，因而它们比许多兵船还要航行得高明，而且这些船长在十个月之内就能作一次从广州往返美洲的航行。”① 船小好调头，正因船体灵巧，造价低、船员少、管理费用低，小船往往创造出惊人的利润。“中国皇后”号利润率达 25%，1797 年，93 吨的“柏粹号”自纽约经南美达广州，再取道好望角返回纽约，环绕世界一周，仅费时 23 个月，船员 30 人，无一人超过 28 岁，此行获利 5.3 万美元，超过 40% 的利润。而诸如此类船小利丰的航行对美商来说很普遍。

4. 美国人的冒险精神

“中国皇后”号载运的货物大多成本较低，多数是通过向西北海岸和南大西洋的土著人以物易物方式获得。但从中国运回的商品则是价格高昂、内需旺盛的茶叶与丝绸等热销商品。在搜集与寻求向中国销售的物资时，除了筹备资金外，最重要的是就是吃苦耐劳与冒险精神，甚至为此失去性命。“早年在东方出现的美国水手的品格，在善意极受重视的年代里，却是美国贸易的一笔特殊的资产”。② 新大陆盛产西洋参，“中国皇后”号起航时，船上西洋参达到 30 吨，采购如此之多的西洋参不是易事，因为它们生长在北部和东部的山坡地带及偏僻的茂密丛林。除了西洋参外，真正让美国人在刀尖上疯狂逐利的是在西北海岸进行的皮毛收购。毛皮交易让陷入对华贸易逆差的美国商人获得巨大的成就感，但高额的利润也让美国商人经历着生死考验。在那些荒凉、暗礁丛生、悬崖峭壁边用小刀、步枪、毛毯等物件与印第安人换取各种物品时承受巨大的风险，经常有船员在血腥的皮货交易中成为牺牲品。

早期美国人的冒险精神从当时驾驶的船舶也可见一斑。独立战争前，为了应对英国的海上封锁，许多美国人建造船舶以备在海上劫掠敌船，这些船只非常“袖珍”，驾驶灵活，与年青并具有冒险精神的船员组合在一起，常常让驾驶着上千吨的英国人自叹不如。在这些小船上配备的航海设备和仪器又原始的条件下，能够在浩瀚的海洋上行驶数月，带回超额的利润，这是航海史上的奇迹，与这奇迹分不开的正是美国人的勇敢、坚强与敢于冒险的精神。

5. 美国商人的态度

美国人初来到广州，给中国人的感受是崭新的。独立之前，美国人长期遭受英国殖民主义者的欺压，他们渴求民主、自由与富足，独立后的美国人积极

---

① 赖德烈．早期中美关系史（1784 ~ 1844）［M］．北京：商务印书馆，1962：42.

② 泰勒·丹涅特．美国人在东亚［M］．北京：商务印书馆，1962：14.

将精力放在发展经济、拓展市场方面，所以初来乍到的美国人以谦逊的态度赢得了广州人对美商的良好印象。《山茂召日记》中曾有一段话描述了广州商人对英美商人截然不同的态度。山茂召在一次与一个中国人缔结一件买卖契约后，这个商人询问他："你不是英国人吧?"，山茂召回答："我不是。"对方说"你们和英国人从外表上看不出有什么区别，但英国人讨价还价时很蛮横，而你们则谦逊，所以你不会是英国人。我们很喜欢与你们国家交易。"[①] 初访中国的美国商人遵循着中国对外贸易的管理制度——广州一口通商下的行商制度，小心谨慎地行使着贸易、生活的权限。美国商人相信行商们"笃守信用、忠实可靠、遵守合约、慷慨大方"，并将自己的保商称为"我们的假教父"。英国商人在东印度公司强大的组织的庇护下在中国已经居于一个有利的地位，而对于资力薄弱的美国人实在没有办法太逞能，他们比英国的竞争者们更需要贸易方面的协调关系。作为单打独斗的"新国民"来说，虽然要被迫适应一个他们认为自尊自大、蔑视外国人的行商组织，但特殊的处境，使得他们成为一批惟和平是求的人们，而完全不同于荷兰、英国等前期的开拓者。

3.1.3 "中国皇后"号来华的意义与影响

"中国皇后"号首航中国的成功，使美国大西洋沿岸的商人为之兴奋，对那些勇敢冒险、富有激情的美国人是莫大的鼓舞。山茂召写了一份报告"供开国元勋们参阅"，报告中说，"我们与地球最东部成功地通航了，对于每一个热爱他的国家的人和那些与这个国家的贸易密切相关的人们来说，这是一件令人激动的事。"[②] 这次航行证明了独立后的美国不必再担心英国对东方贸易的垄断，他们完全依靠自己突破了英国的控制与阻挠，开辟出了一条金灿灿的海上通途。在与中国人友好相待、平等交易过程中，这个新生国家在外交和商业领域已经被东方大国——中国所认可，其政治意义与经济意义同样深远。

第一，首航的成功激发了美国人寻求发展与中国贸易的热情。此次航行成功后，一批批有梦想、逐利的美国商人纷至沓来。在丰厚的利润驱使下，大到上百吨、小到几十吨的帆船都在港口整装待发，急切地希望到中国装运茶叶。在1784～1888年的一百多年中，总计有1 100多艘美国船只来华，占到同期来华英国船舶的近50%，并超过所有其他欧洲国家船只总数的四倍。大西洋沿

① 汪熙．中美关系史论丛［C］．上海：复旦大学出版社，1985：14.

② 萧致治，杨卫东．鸦片战争前中西关系纪事［M］．武汉：湖北人民出版社，1986：237.

岸的几个重要商埠纽约、赛勒姆、波士顿、巴尔的摩、费城等直航广州的对华贸易圈逐渐形成，广州成了美国商人发迹的重要场所。以此为开端，美国人陆续在广州开办洋行开展对华贸易，柏金斯洋行、旗昌洋行，都是名噪一时享誉海外的商户。18 世纪末，美国对华贸易额已经轻松超过荷兰、丹麦、法国等国而跃居第二位，仅次于对华贸易有一百多年历史的英国。

第二，加强了中美两国相互了解，奠定了中美关系发展的基础。中美通商前，美国人对中国知之甚少，美国人对中国的认识来最初自源于东印度公司转售中国的特色商品。茶叶、丝绸、瓷器这些蜚声海外的商品早已将中国的美好形象传递给了北美人民，成为他们了解中国风土人情的最好媒介。但这美好的认识仅是一种模糊的感觉，不直观也不具体，甚至连格林船长也分不清印度人与中国人有何区别。在华盛顿总统眼中，中国人是穿着“奇特”的白种人，几年后，当人们提醒他中国人不是白种人时，竟使他大吃一惊。[①] 与美国领袖有着同样疑惑的还有中国人，即使与外国商人经常打交道的广州商人也不知道偌大的地球西半部还有个刚诞生不久的美利坚合众国。此外，美国人初到广州时，中国人也分不清美国人与英国人有何区别，仅从美国人谦卑的行为举止中感觉他们不是桀骜的英国人。尽管当时中国清政府对贸易还处于严格管制时期，但美国人的到来为清朝当时唯一通商口岸的广州带来了全新感受，欧美极富特色的商品和商人友好热情的姿态给中国商人留下深刻印象。“中国皇后”号的到来，加深了美国人对中国人“宽厚”、“平等待人”的印象。为今后两国进一步经济、文化交往奠定基础。

第三，对于美国而言，它是美国海外贸易扩张的重要开端。早期中美贸易对美国“西进运动”和在太平洋的扩张都产生了深远的影响。美国偏居大西洋一隅，第一艘赴华商船“中国皇后”号经大西洋，绕道好望角，越过印度洋，到达澳门，用 15 个月的时间成功完成了历史性远航。中美贸易的丰厚利润激励着美国商人寻找一条更捷径的道路通向中国。而“西北海岸”毛皮来源地的开辟让美国人看到了希望，同时也促使美国开拓西部及开辟一条经太平洋沿岸直达中国的愿望变成现实。因此，对华贸易成了美国“西进运动”的主要原因之一。为了寻找新货源，解决中美贸易的逆差，维持美国商人在广州的地位，美国商船遍布西北海岸、太平洋沿岸及各岛屿。很快，美国人发现了与中国人交换的替代商品——毛皮与檀香木。而在寻找新商品的路上，美国人

---

① 汤姆逊．美国在东亚的经验［M］．纽约：商务印书馆，1981：7.

同时进行着主权扩张。1787年“哥伦比亚号”与“华盛顿夫人”号两船到西部海岸寻找向中国交易的皮毛，但“哥伦比亚号”很不幸，在毛皮不景气时抵达波士顿，所获利润未达到预期，1792年，“哥伦比亚号”再次出航，发现了那条后来以它的名字命名的河流。① 耿德里克船长除了购得大量毛皮外，还购置了三块地皮作为中美贸易的商站，这就构成了后来美国政府对俄勒冈的占有所提出的基本权利主张之一，并使俄勒冈成为美国第33个州。当美国商船在夏威夷群岛上发现檀香木后，美国的利益被吸引到了北太平洋，捕猎鲸鱼代替了西北海岸的贸易，并且支持了美国在火奴鲁鲁（今夏威夷首府）的殖民地的发展，并将夏威夷变成了美国第50个州。到1832年，美国人已经访问过太平洋中大多数岛屿，久居或暂据为已有的已不下七处：1787年的散得维齿群岛，1788年的奴特加海峡，1791年的玛盔撒群岛，1797年的凡宁岛，1800年的斐支岛。总之，美国对俄勒冈领地的权利的主张，对阿斯托立亚的殖民统治（1811年），及对火奴鲁鲁口岸的开发都是以扩大对华利益为目标的，中美贸易的结果不仅使美国获得丰厚的收益，同时为美国的西扩奠定了基础。

3.2 中国商品输出统计分析

中国出口到美国的商品主要以传统商品为主，茶叶、土布、生丝、丝绸、陶瓷是美商采购的主要商品。其中茶叶的采购量是最大的，最高年份达到80%以上。但由于印度、日本茶叶的兴起及欧美咖啡消费的增加，中国茶叶的输出量在下降。随着欧洲工业革命，大机器对手工业的替代，美国纺织业兴起，曾经由中国出口到美国的土布已经转由美国输入中国，传统商品的优势与吸引力锐减。

3.2.1 茶叶

3.2.1.1 中美茶叶贸易的起源

中国向西方国家出口的商品中，最传统、最具代表性、所占比重最大的是

① 赖德烈．早期中美关系史（1784～1844）［M］．北京：商务印书馆，1962：28.

茶叶。北美人民最初认识到东方这一神奇的饮品还要归功于英国。英国人的饮茶记录可追溯到1615年。1660年，随着英王查理二世的复辟，他的妻子葡萄牙公主凯瑟琳将饮茶习惯带入宫廷，饮茶开始在英国上流社会流行。到18世纪中叶，茶叶已经不是权贵们的奢侈品，寻常百姓家已经将茶代水饮。恩格斯说过，到18世界中期，饮用中国茶已经成为伦敦街头劳动人民的习惯了。[①] 北美殖民地建立后，英国人的饮茶习惯也随之传入北美，据《茶叶全书》的作者威廉·乌克斯的记载，约在1670年，马萨诸塞殖民地已有人开始饮茶，1690年左右，有波士顿商人领取了出售茶叶的执照，成立了北美第一个出售中国茶叶的销售店。[②] 1720以后，北美开始正式进口茶叶，但当时北美殖民地的饮茶之风尚存在于上层社会，18世纪中叶后，饮茶习惯开始遍及北美社会各层。一位法国人曾在他的北美游记中写道："在北美殖民地，人们饮用茶水，就像法国人喝酒一样，成为须臾不可的饮料。"[③] 茶叶在北美的需求是惊人的，18世纪60年代，美国13个州每年进口的茶叶量已达120万磅。[④] 仅宾夕法尼亚一个殖民地从1750～1774年平均每年输入的茶叶就达4万磅。当时中国与美国的茶叶贸易由英国东印度公司所垄断，美国东印度公司的商船将茶叶从广州运抵英国再转运到美国，家门口的这笔数目可观的贸易被英国人所把握，不免引起殖民地商人的愤怒。此外，英法战争后，为了弥补战争经费支出，英国加强了对殖民地的掠夺，1767年开始征收茶税，每磅3便士，遭到殖民地人民的抵抗，他们宁愿购买荷兰来的走私茶，也不愿向英商低头，结果走私茶占了北美茶叶消费的90%。[⑤] 18世纪70年代，东印度公司经营不善，积压了1 800万磅的茶叶，为挽救东印度公司免于破产，英国于1773年颁布了《茶叶条例》，东印度公司可将茶叶倾销至北美，而禁止殖民地人民走私茶叶，同时又对北美的茶叶经销商课以重税，引起了北美人民的反抗。这一反抗以"波士顿倾茶"事件为高潮，揭开了北美独立斗争的序幕。当北美殖民地获得独立后，茶叶自然成为美国亟须贸易的首要商品。1784年唯一一艘美国商船"中国皇后"号采购回程货的项目中，茶叶就达3 022担，采购成本为66 100两，

---

① 齐文颖．中国皇后号首航成功的原因初步分析［C］．中美关系史论文集．重庆：重庆出版社，1988：22.

② ［美］威廉·乌克斯．茶叶全书［M］．北京：中国茶叶研究社，1949：28.

③ 齐文颖．中国皇后号首航成功原因初步分析［C］．中美关系史论文集．重庆：重庆出版社，1988：22.

④ 汪熙．中美关系史论丛［C］．上海：复旦大学出版社，1985：101.

⑤ 梁碧莹．龙与鹰：中美交往的历史考察［M］．广州：广东人民出版社，2004：52.

茶叶一项占总货款的92.1%。而同年英国散商来华的8艘商船也不过带走4 351担茶叶。[①] 美国对茶叶的旺盛需求在独立后得到了最大程度的释放。

3.2.1.2 茶叶贸易统计分析

中国对美出口商品以茶叶、生丝、土布、瓷器为主。北美市场上所有中国商品中，茶叶销量始终独占鳌头。"'中国皇后'号装载大批人参、皮毛等货由初到广东以购茶丝遂开中美直接贸易之纪元。"[②] 正如丹涅特所说，最初的美国商人与其说去销货，不如说去购货。而茶叶是其购货单中最重要的一项。"在美国每一条小河上的每一个小村落，连只可乘五人的帆船都在准备出发到中国装茶。"[③] 据统计，自"中国皇后"号驶华至18世纪末，中国输美的茶叶量每年为15 000担，19世纪前十年，每年平均为39 200担，1812～1815年爆发了英美第二次战争，受战争的影响，1810～1816年的七年中，茶叶贸易暂时下滑，每年的出口量约为28 000担。1817年，出现跨越式增长，达到169 143担，1836年，茶叶出口达226 849担，创历史之最，1836～1845年的10年中平均输入美国的茶叶达到128 000担，是18世纪末年平均进口量的8倍，是1784年的42倍（见表3－1）。

表3－1　中国对美国输出的主要商品及数量（1784～1845）

年份	茶叶（担）	土布（匹）	生丝（担）	丝绸（匹）	年份	茶叶（担）	土布（匹）	生丝（担）	丝绸（匹）
1784	3 022	864		290	1793	14 115	255 000	36	
1785	5 213				1794	10 187	220 000	3	
1786	8 864	33 920			1795	21 147	685 000		
1787	5 632				1796	25 843	475 000	97	
1788	8 916		256		1797	23 356	200 000	283	
1789	23 199		660		1798	42 555	1 530 000	61	
1790	5 575	166 700	184		1799	42 488	735 000		
1791	13 974		55		1800	35 620	6 366	35	
1792	11 038	27 400	25	155担	1801	40 879	1 400 000	138	

① 马士．东印度公司对华贸易编年史（1635～1834）第1～5卷［M］．广州：中山大学出版社，1991：417～418.

② 武堉干．中国国际贸易史［M］．北京：商务印书馆，1934：55.

③ 休斯．两洋通广州：早期中美贸易史话［M］．纽约：纽约出版社，1944：20.

续表

年份	茶叶（担）	土布（匹）	生丝（担）	丝绸（匹）	年份	茶叶（担）	土布（匹）	生丝（担）	丝绸（匹）
1802	30 132	750 000			1825	96 162	248 725	586	618 564
1803	17 789	630 000	11		1826	64 321	308 700	287	303 885
1804	54 902	2 648 000		9 385	1827	78 807	619 000	1909	420 494
1805	87 771	2 808 000	55	24 960	1828	73 883	353 000	220	211 310
1806	65 779	1 764 000	4	17 680	1829	66 204	305 568	380	169 391
1807	58 770	2 022 000	43	20 400	1830	54 386	125 774	639	261 117
1808	78 128	345 000	126	9 132	1831	83 876	122 285	459	265 117
1809	73 028	3769 000	144	53 273	1832	122 457	39 000	144	215 219
1810	21 643	2 048 000	178	77 710	1833	109 826	30 339 元	123 982 元	
1811	26 778	425 000	195	110 521	1834	122 153	46 845	79 000 元	1 010 158 元
1812	10 556	201 000	36	12 670	1835	108 144	6 443 元	4 000 元	927 017 元
1813	—	105 000	43	6 470	1836	226 849	49 906	125	800
1814	7 133			115 939	1837	127 400	35 990 元	99 000 元	2 104 981 元
1815	53 040	640 000	311	114 147	1838	108 163	27 049 元	16 000 元	965 572 元
1816	70 455	1 794 000	229	201 536	1839	70 141	2 379		987 183 元
1817	169 143	1 469 000	746	291 396	1840	150 087	2 000	142 000 元	780 000 元
1818	90 287	2 289 600	823	201 536	1841	86 728		166 000 元	287 000 元
1819	76 447	2 932 000	926	292 306	1842				
1820	40 153	1 761 528	250	281 187	1843	106 957	10	285 箱	4 担
1821	63 159	1 199 207	288	354 864	1844	155 676		84 箱	79 担
1822	84 778	2 522 000	158	375 340	1845	149 311	22 担	32	864 担
1823	76 142	536 000	47	348 670					
1824	103 061	721 000	146（1/2）						

资料来源：汪熙．中美关系史论丛［C］．上海：复旦大学出版社，1985：107.

茶叶贸易在美英第二次战争经历了短暂的不景气后，又恢复了激增的态势。战争时期的抑制性消费得到释放，1817 年茶叶进口比重一跃上升到 75.85%，1820 年之后，茶叶贸易理性回落到稳步增长的区间，1819 年为 37.18%，1824 年为 49.58%，1830 年为 62.45%，1835 年为 75.46%，1841 年增长到 83.89%。1835～1845 年，茶叶进口占中美贸易总额的比重达到近 75%（见表 3－2）。个别年份虽呈现下降的趋势，但茶叶在 19 世纪中国出口中始终占据着主要位置。当时输入美国的茶叶都是从中国东南各省包括福建、安徽、江苏、广东、湖南、湖北、河南及四川。[①] 在贸易名目上分为红茶与绿茶两大类，总计 13 个品种。其中红茶以武夷、功夫、小红种为主，绿茶以屯溪、雨茶、熙春、珠茶为主。1784 年“中国皇后”号采购的 3 022 担茶叶中，红茶 2 460 担、绿茶 562 担，当年美商从十三行采购的茶叶单价，武夷茶是 14. 50 两/担、屯溪是 25 两/担。[②] 由于红茶价格相对便宜，最低级的武夷红茶成为 18 世纪之前美商采购最多的茶叶。后来较高级的红茶小种开始占优势。进入 19 世纪，更高级的绿茶——熙春、雨前和副熙的采购量在增加，1810 年，红、绿茶的进口量几乎相等。[③] 1821 年进口红茶 20 191 担，绿茶 42 968 担，绿茶占总量的近 70%。[④] 1836 ~ 1840 年四个年度，美国进口的绿茶金额占茶叶总额的近 80%（见表 3 – 3）。美国人对绿茶采购量的增加反映美国人对茶叶购买力与需求档次在逐渐提升。

表 3 – 2　　1784 ~ 1840 年输美商品额及在中美贸易中所占比重　　单位：银元

年份	输美商品额				占比（%）			
	输美商品总额（M）	输美茶叶额（A）	输美丝绸、生丝（B）	输美土布（C）	A/M	B/M	C/M	$\frac{A+B+C}{M}$
1784	98 453	90 676	3 472	503	92. 10	3. 53	0. 51	96. 14
1792	440 653	165 440	96 528	19 028	37. 54	21. 91	4. 32	63. 77
1817	5 703 000	4 325 500	722 000 +	500 000	75. 85	12. 66	8. 77	97. 27
1819	8 182 015	3 041 942	3 228 570	1 334 060	37. 18	39. 46	16. 30	92. 94
1821	3 111 951	1 320 929	1 317 846	298 079	42. 45	42. 35	9. 58	94. 37
1822	5 212 536	1 858 962	2 389 210 +	758 371	35. 66	45. 84	14. 55	96. 05
1823	6 511 425	2 360 350	3 126 845	595 684	36. 25	48. 02	9. 15	93. 42
1824	5 618 502	2 785 683	2 430 865 +	117 015	49. 58	43. 27	2. 08	94. 93
1825	8 752 562	4 485 788	2 801 261	500 950	51. 25	31. 01	5. 72	87. 98
1826	7 422 186	3 740 415	2 932 830	274 970	50. 40	39. 51	3. 70	93. 61
1827	3 617 183	1 711 185	1 434 740	172 668	47. 31	39. 66	4. 77	91. 75
1828	5 339 108	2 443 002	2 241 990	304 674	45. 76	41. 99	5. 71	93. 46
1829	4 680 847	2 045 645	1 718 489	452 873	43. 70	36. 71	9. 68	90. 09

① 赖德烈. 早期中美关系史（1784 ~ 1844）［M］. 北京：商务印书馆，1962：72.

② 马士. 东印度公司对华贸易编年史（1635 ~ 1834）第一卷［M］. 广州：中山大学出版社，1991：418.

③ 仇华飞. 早期中美关系（1784 ~ 1844）［M］. 北京：人民出版社，2005：95.

④ 马士. 东印度公司对华贸易编年史（1635 ~ 1834）第四、五卷［M］. 广州：中山大学出版社，1991：5.

续表

年份	输美商品额				占比（%）			
	输美商品总额（M）	输美茶叶额（A）	输美丝绸、生丝（B）	输美土布（C）	A/M	B/M	C/M	$\frac{A+B+C}{M}$
1830	3 878 141	2 421 711	1 061 375	176 739	62.45	27.37	4.56	94.37
1831	3 083 205	1 416 045	1 382 463	87 184	45.93	44.84	2.83	93.59
1832	5 344 907	2 783 488	1 166 130	95 072	52.08	21.82	1.78	75.67
1833	7 541 570	5 483 088	1 387 064	30 339	72.70	18.39	0.40	91.50
1834	7 892 327	6 211 028	1 088 864	46 845	78.70	13.80	0.59	93.09
1835	5 987 187	4 517 775	930 677	6 443	75.46	15.54	0.11	91.11
1836	7 324 816	5 125 270	241 800	32 586	69.97	3.30	0.44	73.72
1837	8 965 337	5 893 202	2 203 515	35 990	65.73	24.58	0.4	90.71
1838	4 764 536	3 494 363	981 274	27 049	73.34	20.60	0.57	94.50
1839	3 678 500	2 413 283	978 183 +	2 379	65.60	26.59	0.06	92.26
1840	6 642 000	5 415 000	922 000	2 000	81.53	13.88	0.03	95.44

注：有“+”号者仅为丝绸的金额①。

资料来源：汪熙．中美关系史论丛［C］．上海：复旦大学出版社，1985：93.

表3－3　美国输入茶叶品种及金额（1836～1840）　单位：英镑

年份	茶叶品种	1836～1837	1837～1838	1838～1839	1839～1840	参考价格（两/担）
红茶	武夷	—	—	—	14 133	12～15
	功夫	168 800	63 600	243 467	306 606	22～28
	小红种	2 331 067	4 110 266	903 866	2 587 733	22～40
	白毫	106 934	212 400	9 467	105 200	45～75
	橙黄白毫	—	—	26 000	—	23～25
	乌龙	—	—	—	13 333	
	文山包种	309 600	514 667	467 600	569 200	
绿茶	屯溪	424 133	45 600	63 334	175 733	28～32
	雨茶	8 437 067	6 361 200	5 542 266	10 374 800	44～48
	熙春茶层	1 669 866	1 426 934	533 733	1 464 266	27～30
	熙春	1 332 400	874 133	554 534	1 100 533	46～55
	珠茶	1 038 667	922 000	849 067	1 475 200	59～62
	皇家御品	762 933	654 267	627 733	1 146 800	

① 注：原文中1784年茶叶额为91 805元，商品总额为90 676元，两者矛盾。作者依据马士《东印度公司对华贸易编年史》第一、二卷418页，将数据进行了调整。

续表

年份	茶叶品种	1836～1837	1837～1838	1838～1839	1839～1840	参考价格（两/担）
红茶总额		2 916 401	4 900 933	1 650 400	3 596 265	
绿茶总额		13 665 066	10 284 134	8 170 667	15 737 332	
茶叶总金额		16 581 467	15 185 067	9 821 067	19 333 597	
红茶占比（%）		17.6	32.3	16.8	18.6	
绿茶占比		82.4	67.7	83.2	81.4	

资料来源：Chinese Repository vol. 4 ［M］. Tokyo：Maruzen CO.，LTD.，1836：192.

从中国向欧洲各国出口茶叶贸易中美国所占比重的变化可以看出，美国自中国进口的茶叶从1784年首航的试探性采购向稳步增长式改变。1784年，中美茶叶贸易所占中国茶叶出口比重仅为1.5%，而当时英国与欧洲其他国家分别为46.6%与51.9%。之后，英国茶叶进口量始终保持首位，在中美通商后的十年间，美国一直排在英国与欧洲其他国家之后。但1795年之后，这一状况发生了根本的改变，当年，中美茶叶贸易占13.5%，英国占73.3%，其他欧洲国家占13.2%，除英国外，美国取代其他欧洲国家，成为茶叶贸易的第二大采购商，而这仅仅花了十年的时间。而进入19世纪初，欧洲的采购商慢慢退出市场，1801年，输入欧洲的茶叶仅占茶叶出口总额的0.5%，整个中国茶叶的出口市场被英国与美国占据，美国与英国茶叶采购的差距在减小。1784年，美国茶叶采购量是英国的1/30，1795年是1/6，1805年达到1/2（见表3－4），1839～1840年度美国茶叶进口量为19 333 579磅，同期英国进口量为25 962 919磅，美国是英国的近3/4。①

表3－4　中国向美国、英国、其他欧洲国家茶叶出口量及比重

年份	美国（担）	中美茶叶占茶叶总出口比重（%）	英国（担）	中英茶叶占茶叶出口比重（%）	其他欧洲国家（担）	中欧茶叶占茶叶出口比重（%）
1784	3 024	1.5	90 734	46.6	100 907	51.9
1786	8 864	3.7	157 291	65.0	75 941	31.3
1789	23 199	11.2	130 575	62.9	53 806	25.9
1795	21 147	13.5	114 654	73.3	20 699	13.2
1798	42 555	24.9	96 055	56.2	32 395	18.9

① Chinese Repository vol. 9 ［M］. Tokyo：Maruzen CO.，LTD.，1841：191－192.

续表

年份	美国（担）	中美茶叶占茶叶总出口比重（%）	英国（担）	中英茶叶占茶叶出口比重（%）	其他欧洲国家（担）	中欧茶叶占茶叶出口比重（%）
1801	40 879	15.5	222 037	84.0	1 391	0.5
1805	87 771	30.9	182 494	64.3	13 571	4.8
1810	21 643	9.3	209 744	90.7	0	0
1815	53 040	13.9	314 012	82.0	15 842	4.1
1819	76 447	25.3	226 132	74.7	0	0
1824	103 061	30.7	232 718	69.3	0	0
1830	54 386	17.8	249 187	80.9	4 000	1.3
1833	109 826	29.8	258 307	70.2	0	0

资料来源：依据马士《东印度公司对华贸易编年史》第一至五卷数据整理而成。

连年上升的茶叶交易并非全部来自于美国本土的消费，因为许多美国商要在采购茶叶后并非直接回国交易，而是辗转于世界各地出售茶叶，美国成为世界市场的中间商。欧洲战争时期，转运所占的比重较大，是当年进口量的1/3。1812年英法战争后，比例下降到1/4左右。这些国家和地区包括俄国、法国、直布罗陀、巴西，但运到荷兰与巴西最多。[①] 1819年，美国进口茶叶总量为76 449担，其中51 502担运往美国本土，占进口总量的67.4%，24 947担运往欧洲及其他地区，占总量的32.6%（见表3－5）。早期美商将中国茶叶输入国内及转运到欧洲各国，以便换取工业品输入国内或中国以抵消对华贸易逆差。[②] 而另一个原因则是由于咖啡在美国人休闲消费中的比重上升，导致茶叶需求下降，茶叶不得不另觅销路。1620年咖啡传入北美大陆，由于其独特的口感及提神的效果为很多美国人所喜爱。1818～1828年，美国对咖啡的消费量从每年12万担上升到了19万担。[③]

表3－5　　输美茶叶种类及消费去向（1819～1832）

年份	运往美国本土茶叶总计（担）	比重（%）	运往欧洲及其他地区茶叶总计（担）	比重（%）
1819	51 502	67.4	24 947	32.6
1821	50 001	79.2	13 158	20.8

① 赖德烈．早期中美关系史（1784～1844）［M］．北京：商务印书馆，1962：73.

② 仇华飞．早期中美关系（1784～1844）［M］．北京：人民出版社，2005：96.

③ 汪熙．中美关系史论丛［C］．上海：复旦大学出版社，1985：103.

续表

年份	运往美国本土茶叶总计（担）	比重（%）	运往欧洲及其他地区茶叶总计（担）	比重（%）
1822	74 480	87.9	10 298	12.1
1825	85 419	88.8	10 743	11.2
1826	60 773	94.5	3 558	5.5
1827	66 017	84.5	12 110	15.5
1828	50 747	68.7	23 136	31.3
1829	61 634	93.1	4 570	6.9
1830	38 135	70.1	16 251	29.9
1832	103 034	84.1	19 423	15.9

资料来源：依据马士《东印度公司对华贸易编年史》第一至五卷数据整理而成。

3.2.1.3 中美茶叶贸易发展的原因

茶叶能够成为中美贸易中举足轻重并在早期成为稳定的外销产品是由一定的内外因素促成的。

首先从中国方面来说，中国的茶叶历史悠久，蜚声海外，辽阔的产茶区域，众多品种的茶叶满足了不同人的需求品位，传统制作精良，质量优越，成为中国最传统、最具代表性的出口商品。在中美通商之前，茶叶通过英国、荷兰、法国、瑞士等国通过海路源源不断输入欧美地区，在中国出口商品中占优势地位。由于茶叶的热销，为清政府带了巨额的盈利，政府积极鼓励茶农从事茶叶的生产与流通。1757 年，为减少外夷对边境的干扰，清政府下令一口通商，但尽管如此，却保留了粤海关的职能，目的还是希望通过贸易能够扩大财政收入，而大量的茶叶出口是中国长期贸易顺差的保证。正如《海国图志》有语："贸易中货物之利于人，并利于税饷。舍茶税外，断无胜于此者"。[①] 茶叶贸易的重要性被清政府认识得非常清楚。除了政府的积极干预外，完善的茶业行销网络是茶叶贸易兴盛的重要保障。鸦片战争前，为了确保外销茶叶的供应，产生了两种制度确保了茶叶贸易运作的有效发挥。一是合约制度，二是预付款制度。由于茶叶从栽培到采摘周期长，一般需要四年之久，短时间内无法调整茶叶数量的多与少，因此，美商在采购茶叶前签订采购合同，保障了双方的利益，而这种合约制度早在 18 世纪 30 年代之前，欧商与行商在茶叶贸易中

① 梁碧莹. 龙与鹰：中美交往的历史考察［M］. 广州：广东人民出版社，2004：66.

就已经执行了。由于一口通商后，行商成为了清政府特许从事对外贸易的专业商人组织，行商自然垄断了茶叶贸易的出口经营权，茶叶批发商需要将商业转售行商，但在这之前，行商与茶叶批发商同样也需要签订契约，并支付大部分预付款。茶叶经销商又以同样的方式与产茶区的生产者签订契约并支付预付款。因此，国外商人与行商的茶叶交易中，为了保护中长期的茶叶供应，外商向所有行商预付货款已成为定例。① 通过契约与预付款制，茶叶供应稳定，满足了海外市场对福建茶叶日益增长的需求，而在这一制度下形成的茶叶栽培、制造、贸易的链条在19世纪前一直发挥着重要作用。

其次，从美国方面说，美国政府对从中国进口的茶叶实施的优惠政策起到了促进作用。“华茶之所以得享盛名，得力于美国之推销政策盖亦不小焉。”② 1791年，美国国会通过了保护对华贸易关税政策，外国船只运进的中国货每吨征税0.46美元，而美国船载运中国货进口每吨征税是外国船的1/4，仅为0.125美元，同时允许茶叶税延期两年征缴；1823年，美国对直接从东亚运来的茶叶第一次完全免税，对大部分中国货也同样降低关税，这个政策一直延续到1842年。③

3.2.2　土布、生丝、丝绸

土布是广州中西贸易的重要商品，在19世纪早期贸易中占有重要地位。中国出口的土布也称为“南京布”（Nankeens，即“紫花布”），虽然冠以“南京”两字，但实际上在中国很多城市都有生产。在江南地区的松江府、苏州府、太仓州、海门厅、通州等处历史地形成了全国最大的土布集中产区，苏松一带的棉布成为“衣被天下”的名品。这种布分为白色、棕色、蓝色三种。由于价格低廉、经久耐用，为欧洲和英国的任何棉布所不及。这种面料在英国曾经风靡一时，如果今天在伦敦博物院看到的19世纪30年代英国绅士的时髦服装正是中国的杭绸衬衫与紫花布的裤子。④

中国土布的外销历史悠久，早在16世纪后期，就有了中国土布远销南洋

① 张晓宁．天子南库——清前期广州制度下的中西贸易［M］．南昌：江西高校出版社，1999：85.

② 武堉干．中国国际贸易史［M］．北京：商务印书馆．1934：56.

③ 陶文钊．中美关系史话［M］．北京：社会科学文献出版社，2000：7.

④ 严中平．中国棉纺织史稿［M］．北京：科学出版社，1955：32.

群岛、日本等国。18世纪30年代，中国土布首次由英国东印度公司远销英国。50年代以后，西班牙、荷兰、法国、瑞典、丹麦等欧洲国家也开始行销中国土布。[①] 北美大陆在美国独立之前就有土布的输入，到了19世纪初美国已经成为中国土布在国外的最大主顾。当时有一个美国资产阶级学者曾说过，"18世纪乃至19世纪20年代，中国棉布的对外贸易，正和其后的情形相反。土布从中国流向西方，供给我们祖先以衣料"。[②] 美国商人不仅将土布行销到美国，而且也运销到中、南美洲乃至西欧。英国东印度公司曾记录"美国人用现款大量购买土布，公开在欧洲南部出卖，并非法地在西印度群岛销售，无疑是有利可图的，否则他们就会停止这种贸易了"。[③]

19世纪20年代以前美国纺织工业弱小，只能以棉花来交换质地坚牢的中国土布。1826年以前，美国是中国土布的头号买主。[④] 从表3－2得知，自1784～1840年，美国进口的中国棉布最多的年份是1819年，土布的进口额为133万余元，占总进口的16.3%，其余各年均在10%左右。而据英国东印度公司记载英、美、丹麦、荷兰、瑞典、法国、西班牙等国在19世纪前30年间从广州运出的土布年均达100万匹以上，最高峰同样出现在1819年，出口总量为330多万匹。在广州对欧美海上贸易的统计中，土布在茶叶、生丝与丝绸之后位居第三的地位。

美国虽然在购买茶叶和生丝方面落后于英国，但它对土布的购买（除个别年份外）却超出英国。对于已经与中国贸易百年的英国来说，美国的后来居上，作为新兴的工业化国家成为继英国后对华贸易的第二大国令世界惊叹。自1786～1833年，有四年采购的土布超过百万匹，分别是1798年153万匹、1804年123.5万匹、1819年293.2万匹、1821年132.4万匹，分别是同年英国进口量的4.6倍、3倍、6.8倍、2.4倍。美国占总量的58.4%，英国占34.7%，而其他国家仅占6.9%的出口比重。美国与英国几乎垄断了中国土布的出口贸易（见表3－6）。

---

①② 严中平．中国棉纺织史稿［M］．北京：科学出版社，1955：32，31.

③ 马士．东印度公司对华贸易编年史（1635～1834）第3卷［M］．广州：中山大学出版社，1991：179.

④ 陶文钊．中美关系史话［M］．北京：社会科学文献出版社，2000：9.

表 3 – 6　广州土布出口统计（1786 ~ 1833）　单位：匹

年份	美国	英国	其他国家	总计
1786	33 920	42 000	296 100	372 020
1792	69 600	74 500	258 100	402 200
1794	220 000	207 000	171 000	598 000
1796	475 000	144 200	201 000	820 200
1798	1530 000	332 300	262 700	2 125 000
1800	6 366	7 422	925	14 713
1802	750 500	204 500	95 000	1 050 000
1804	1 235 000	400 000	85 000	1 720 000
1806	525 000	260 000	75 000	860 000
1808	300 000	475 000		775 000
1810	6 391	3 981		10 372
1812	107 000	311 400		418 400
1814	547	7 088		7 635
1816		4 410		4 410
1817	586 000	643 000		1 229 000
1819	2 932 000	427 000		3 359 000
1821	1 324 000	552 000		1 876 000
1823	250 000	860 000		1 110 000
1825	721 000	496 000		1 217 000
1827	619 000	761 500		1 380 500
1829	350 000	705 000		1 055 000
1831	122 285	316 500		438 785
1833	30 600			30 600
总计	12 194 209	7 234 801	1 444 825	20 873 835
占比	58.4%	34.7%	6.9%	100%

资料来源：依据马士《东印度公司对华贸易编年史》第一至五卷整理得。

随着欧洲工业革命，大机器对手工业的替代，美国纺织业兴起，1833 年后，中国输出的土布在大量减少，出口到美国的不足 1%。在鸦片战争期间，出口到美国的土布仅占 0.01%，1845 年，出口美国的土布仅有 1 064 元，几乎可以忽略不计。相比纺织工业发达的英国来说，中国土布出口的困境早在 19 世纪初就已经出现了。1812 年，在东印度公司的记录上曾有这样描述“委托试销的印花布价值 4 774 镑，没有销路——花样不适合市场需求，而质量不值得公司推荐”。[①]“公司购入这种货物是上等的，而且常常是预付货款，但销售的结果是不能令人满意的”。1825年后，英国东印度公司支出的土布已经减少并在30年代停止了。

1831年之前，中国在棉纺织品贸易中始终保持出超的位置，只是出超量在与日俱减，直到1831年变为入超。这种入超在之后变成了一种常态。这是因为20年代后期，英国的棉布生产普遍使用机器，曼彻斯特的棉布终于在中国站稳了脚跟，英制的棉花布在广州成了有利可图的商品。风水轮流转，到鸦片战争时期，已经不再是中国土布出口到欧美国家，而是欧美的洋布输华了。

在封建社会的后期，中国的棉纺织业遭受到了来自欧美机器制造业带来的摧折，从而改变了封建手工业发展的原有路径。那么在封建经济制度下，中国如何保证生产相当数量并品质上乘、价值低廉的棉织品呢？鸦片战争前的中国社会是传统的农业社会，农业生产主要以家庭为单位。小农经济下，自给自足的生产方式对于传统中国来说是一种集约的生产方式。*Three Years Wandering in China* 的作者罗伯特·佛图安（Robert Fortuane）1844年在上海曾看到如下的情景：“各小农户，各乡居人家，都保留自家田地所产棉花的一部分以备家用。古时所习见而今日已被机器所代替的纺车和小手织机，遍布此地各乡村，随处可见。此等织机，都由妻女操作，有时不能做田野工作的老夫幼童也帮助工作。如果家庭人口多，且善于生产，除自家使用外，还能余布很多，便将剩余布匹送至上海或近郊市镇出售”[②]。“其售价之高出原料成本者亦微乎其微”。[③]在这种耕织相结合的小农经济体中，手工棉纺织事业是在农户家内部完成其全部生产工序的，从纺纱到织布，甚至连种棉、轧花、弹花，乃至各种生产工具的制造也包括在内，这一串生产工作全部由家庭成员来完成。这里没有劳动报酬，没有雇主与佣工，各种工具、消费的原料、成品及工作场所全部是生产者所有，不须依赖外人。正如马克思曾引述的一段话描述福建农家的工业生产布匹的情况，指出这种农家手工业生产的“生产者所用的成本只有原材料的价值”，“他生产这样的布匹，除原料的成本外，简直不费分文。他是在自己的家里与自己的妻女一同生产这种布匹，既不要额外的劳力，也不费时间”。[④]

① 马士．中华帝国对外关系史（第三卷）［M］．上海：上海书店出版社，2000：177.

② Robert Fortune. Three Years' Wanderings in the Northern Provinces of China［M］. London：John Murray，1847：251－252.

③ 严中平．中国棉纺织史稿［M］．北京：科学出版社，1955：35.

④ 马克思，恩格斯．马克思恩格斯全集（第2卷）［M］．北京：人民出版社，1972：6.

中国家庭内部的分工协作关系并不排斥商品的流通，而且从其内部就产生了商品化的必然性。这种生产模式已经形成了抗衡规模经济的一种制度安排，这种制度安排下产品的生产成本远小于具有诱惑力的洋布。中国小农经济与家庭制造业的联合、农民与手工业者一体的生产方式形成了对资本主义机器生产的有力抵抗。

中国的蚕丝事业发展历史悠久，宋代江南地区成为全国丝绸的重要产区，丝绸业在国民经济中的地位举足轻重。明清时期，丝织业发展迅速，全国形成了多个著名的蚕丝生产基地。其中太湖流域是丝与丝绸的重要产区，尤以浙江的杭州、嘉兴府、太湖为中心。除浙江外，江苏苏州和南京（江宁）等地的蚕丝生产和丝织也相当发达。苏州出产的“绫、锦、丝、纱、罗、绢……比层皆工织作，转贸四方”。“商贾载之遍天下”。[①] 此外，珠江三角洲成了仅次于长江三角洲的蚕丝生产基地，这为广州的生丝与丝绸的出口提供了充足的货源，并使广州在一口通商后成为丝绸出口最大的地区。明清时期外销的丝织品种类很多，主要分为绸、缎、绫、纱、绢、罗、丝、绒八大类，近60个品种。

丝绸是我国古代著名的外销产品，精致的丝织品早在汉代就已经蜚声海外。自16世纪60年代，生丝就已经作为原料外销了，菲律宾的西班牙人从中国把生丝运到南美的秘鲁、墨西哥，再转到欧洲。随着欧美商人进入中国，中国生丝开始销往欧洲及美洲各殖民地。至17世纪初，中国生丝在欧洲市场上的行情极负盛名。贩运中国丝织品的利润至少为100%，西方殖民者竞相从中国购买生丝、丝绸，贩运欧洲获取巨额财富。之后几百年间，中国的生丝以其丝质华丽、色白成为中国对海外输出的主要商品之一。

18世纪20年代之前的个别年份，丝与丝绸的出口是占据首位的，它的重要性也超过了茶叶，成为美国输入本国的首要商品。1824年之后，丝与丝绸的出口价值始终低于茶叶，但一直是重要的出口商品。自中国出口生丝与丝织品主要以英国与美国为主。至道光十年（1830年）广州出口的生丝达到708 300斤，其中南京丝337 300斤，广东丝占368 000斤。生丝的出口中英国东印度公司占第一位。自1785～1799年，每年平均出口生丝2 169担，而美国同时期仅为年均115担。进入19世纪，美国生丝的采购量也远低于英国，1823～1832年的十年中，美国平均每年的生丝采购量为240担，是英国的

① 张晓宁．天子南库——清前期广州制度下的中西贸易［M］．南昌：江西高校出版社，1999：93.

1/25（见表3－7）。英国生丝进口远超美国主要是因为英国产业革命对丝织原材料料需求旺盛。以至于英国首相迈尔本说："没有生丝，我们这一门极重要的、迅速增长着的制造业将大大地瘫痪了。"① 这使得生丝对英国的出口格外重要，而成品的出口则相对少很多。

表3－7 美国与英国生丝、丝织品进口的比较

年份	美国				英国			
	生丝		丝织品		生丝		丝织品	
	担	金额	匹	金额（元）	担	金额	匹	金额（元）
1823	—		350 000	1 828 094	3 211	1 369 151	21 000	168 793
1824	95	38 950	573 552	2 968 854	3 597	846 070	38 500	325 758
1825	545	250 700	619 614	2 550 561	6 985	2 068 250	33 712	269 694
1826	260	98 800	303 885	1 638 677	4 186	1 064 920	60 000	156 140
1827	267	67 510	420 494	1 957 350	3 570	1 145 220	40 000	200 925
1828	328	144 320	211 310	1 053 107	7 248	2 529 289	90 000	460 702
1829	374	138 700	186 653	991 135	5 990	1 879 880	80 000	439 675
1830	285	85 500	262 107	1 644 952	6 668	1 567 920	93 000	465 195
1831	109	40 330	268 677	1 668 382	8 451	2 654 688	49 500	247 861
1832	144	50 400	215 219	1 258 596	6 651	2 082 151	54 683	319 785
1833	—	—	—	—	9 920			

资料来源：依据马士《东印度公司对华贸易编年史》第一至第五卷历年数据整理得。

相比生丝进口的落后局面，美国在丝织品采购中独领风骚。1819～1835年，生丝与丝绸年均出口额占美国进口总额的35%。在1819年、1822年、1823年、1825年这几年中，生丝与丝绸的出口超过茶叶，在美国进口的商品目录中占第一位。1823年，美国采购的丝织品是英国的16倍，在之后的十年中，美国在中国的订购的丝织品都远超英国，在所有西方国家中排列第一（见表3－7）。但在1830年后，由于美国纺织工业的兴起以及日本生丝的竞争，生丝与丝绸的出口呈下降的趋势，美国市场中的中国丝绸优势逐渐丧失。1836年，输美的丝织品仅占美国进口总额的3.3%，其后的十余年，平均比重在16%以下。19世纪中期后，除了荷兰东印度公司还维持着对中国丝、丝绸的传统贸易外，欧美国家已基本上停止了进口中国的丝与丝织品。

① 张晓宁．天子南库——清前期广州制度下的中西贸易［M］．南昌：江西高校出版社，1999：99.

3.2.3　瓷器

瓷器也是广州出口的重要商品，它是盛装茶叶的器皿，因此它们随茶叶贸易的发展而发展，瓷器与茶叶混装成为西方各公司的通例。茶叶分量很轻，而瓷器很重，常作为压舱货。

中国是陶瓷的唯一生产国，精美的瓷器早在唐代就风靡世界，远销至日本、印度、波斯、埃及等国家。作为中国对外贸易的重要出口商品，瓷器与茶、丝并誉于世界，在国际市场中占有重要地位。宋元时期，中国瓷器已通过辗转贸易输入欧洲，但到明末清初，才开始大量的直接输出。17 ~ 18 世纪的中西贸易中，荷兰是中国瓷器的最大买主，在广州的购货数量元远超过英国、瑞典、丹麦商人。在荷兰东印度公司解散后，中荷贸易地位被中英贸易所代替。自 1760 ~ 1764 年间，英国东印度公司从广州所输出的瓷器总额达 6 万两以上，占其输出总额的 7.6%，1765 ~ 1784 年，年平均出口瓷器 9.3 万两，1785 年之后，出口量迅速增加，在 1820 ~ 1824 年达到最高峰，年均出口增至 40 万两。瓷器成为英国继茶叶、生丝后第三大重要商品。

16 世纪中期后，英国、荷兰、西班牙的商船载着中国特色商品进入北美大陆，中国瓷器成为贵族们显示身份的藏品。1784 年“中国皇后”号首航中国，回程货中采购中国瓷器 962 担。“中国皇后”号一到达纽约，立即刊登出售中国商品的广告，随即销售一空，乔治 · 华盛顿本人就购买了 302 件瓷器，代表着荣耀的中国瓷器也进入了普通美国人的家庭，此后，瓷器便成了美国最畅销的商品之一，源源不断，绵延近五十年之久。当时经营中国瓷器进口的主要港口有赛勒姆、波士顿、普罗维登斯、纽约、费城，此外，康涅狄格州的部分港口和巴尔的摩也有船只运输华瓷进口的记录。其中纽约最为著名，19 世纪初，纽约已成为了中国瓷器的最大销售市场。

广州一口通商时期，输入美国的中国瓷器因包装不同、各船所载不同、原始记录不完善等原因，数量很难统计准确。据外国学者估计，一艘船平均运载瓷器 200 ~ 250 箱，约有 150 ~ 200 担。[①] 1796 年美国商人运去的瓷器占运载货物量的 15%，1818 年这一比例增加到 24%。[②]

---

① 张晓宁．天子南库——清前期广州制度下的中西贸易［M］．南昌：江西高校出版社，1999：110.

② 陈雨前．中国陶瓷文化［M］．北京：中国建筑工业出版社，2004：198.

瓷器在西方被誉为“价值极高、价格不高的商品”。中国瓷器在美国能以广州价格的两倍价格售出，利润率极高。例如，1786 年，纽约一艘单桅小帆船“实验号”（Experiment），在广州采购的瓷器总价格是 650 英镑，运回国后销售获得了 1 300 英镑的收入。清花金彩茶具一件 9 分钱，青花餐具一件仅为 12 分钱。低廉的采购价格让美商赚得盆满钵满。在美国，商人及各阶层的人普遍经营和使用中国瓷器，1820 年，费城瓷器商人沃尔恩曾做过这样的描述：“中国瓷器迄今已取代了英国的器皿，高、中阶层人士无不使用，甚至最贫困的家庭也能夸耀他们经过一番劳作而得到的几件中国瓷器。当今的姑娘出嫁，几乎很少有不陪送中国茶具的。”① 因此，他认为中国商品（瓷器、丝绸、茶叶），已成为美国的必需品，重要性几乎与面包相同。19 世纪中期，中美瓷器贸易在迅速崛起之后又迅速衰落。1833～1834 年的贸易季度里，从广州返航的美国 43 艘商船中只有 4～5 艘装运瓷器，总数不过 1 322 箱，大部分商船已经不再购买华瓷。但到了18 世纪末，经历了 3 个世纪对欧洲瓷器的出口，商品的容量已经达到极限，再加上欧洲国家在中国先进技术的启示下，纷纷模仿景德镇瓷器的生产工艺，中国瓷器输出逐渐被美国本土生产所替代。

除茶叶、生丝、丝绸、土布、瓷器等重要出口商品外，中国的大黄、肉桂、生姜、麝香等货物也有部分出口，但比重不大，总计不超过 8%。

3.3 美国商品输出统计分析

美国对中国商品的输出分为两大类：第一类是以本国或以美洲为基地的特色商品，或是从欧洲运来的工业制成品，即西方商品。第二类是美国进入广州前经停大西洋、印度洋沿岸各港搜集的各种商品，即东方商品。由于对中国商品的热爱，美国不得不四处寻找与中国交易的商品与货币，但仍旧存在巨大的贸易逆差。美国并没有恣意地让逆差存在下去，而是通过鸦片的输入，反而从中国运走了大量白银，鸦片成了转变中美贸易关系与格局的关键商品。

① 张晓宁．天子南库——清前期广州制度下的中西贸易［M］．南昌：江西高校出版社，1999：111.

3.3.1 西方商品

自1784年中美通商后，人参、毛皮、五金、毛织品等西方商品成为美国输入具有代表性的商品。18世纪末至19世纪20年代间，人参、毛皮的出口量最大，随着人参市场的饱和及毛皮的稀缺，19世纪20年代后，输华的毛织品与金属制品数量在上升，初级产品相对下降。

3.3.1.1 人参

“中国皇后”号成功驶华打开了中美贸易的新局面，自此，驶向中国的美国船只络绎不绝。1789年，到达广州的美国商船有14艘，到1805年增为42艘，1801～1830年间，平均每年来往中国的船只数为26艘，鸦片战争前的十年中，平均每年35艘，但美国在广州贸易无限扩张的如意算盘在不久之后变得不那么如意，一项茶叶采购就足以抵消美国对华的全部出口，物产丰富的中国对西方产品的需求很有限。“曾经以装运一船大量的硬币来平衡贸易，可这种硬币的外流成为我们忧虑的原因。直到1825年或1832年以后，当中国养成了抽鸦片的习惯时，这种白银的流通才停止。”① 大量硬币流出使美国在支付方面捉襟见肘，美国自身没有大量金银矿，贸易所需货币多为从西班牙走私的银元，并且为偿付欧洲的期票所急用，与此同时需购买中国货的货币就变得不那么容易得到。这种窘迫的状况与美国要雄心勃勃打开中国市场的愿望形成反差。如果不能改变与中国的交易条件，美国在广州的市场将举步维艰。美国不得不去寻找被中国人接受的商品来弥补与中国巨大的贸易逆差。最终在美洲的西北岸找到了白银的代用品，这就是人参与皮毛。

选择西洋参成为销往中国的产品是因为这种“芬芳的草根”可以入药，它可以增强体质、延年益寿，健脑补血、开胃生津，总之它被中医看成是灵丹妙药，无所不能，是中国上层阶级权贵人士必需之物，最重要的这是为数不多的能引起中国人兴趣的商品。“在美国人足够多的海獭皮以及其他毛皮之前，他们没有其他商品可以拿到广州去交易赚钱”② 当时，美国享誉世界的商品有：腌鱼、朗姆酒、面粉、木材，但这些商品在中国市场根本无人问津。而在中国市场上受欢迎的产品，比如产自斐济的海参、产自夏威夷的檀香木等，美

① 赖德烈．早期中美关系史（1784～1844）［M］．北京：商务印书馆，1962：23.

② 菲利普·查德威克·富斯特·史密斯．中国皇后号［M］．广州：广州出版社，2007：31.

国人还闻所未闻。

人参的价值是很贵重的，当时在广州出售的美洲参是以“黄金来衡量”价值的。[①] 1785 年，美国人参在广州的价格是 55 元一担，到 1836 年和 1845 年价格上升到 60 元和 62 元。“中国皇后”号销往中国的西洋参，利润高达 500% 到 600% 。[②] 如此之大的利润促使美商千辛万苦地收集人参，人参一度成为对华出口的主要商品。“中国皇后”号起航时，船上所载西洋参达 40 多吨（473 担），18 世纪最后十几年间，运往中国的人参数量很不稳定，最高年份是 1789 年的 2 055 担，最低年份是 1796 年的 30 担，平均每年 400 多担，进入 19 世纪，这一数量突飞猛进，鸦片战争前，最高年份 1822 年输出 23 200 担，其余各年维持在千担或数千担不等（见表 3－8）。

表 3－8　　美国对华输入的主要商品及数量（1784～1840）

年份	人参（担）	皮毛（张）	棉花（担）	船只数	年份	人参（担）	皮毛（张）	棉花（担）	船只数
1784	473	2 600	316	1	1803	1 024	186 779	383	13
1786	340			5	1804	1 080	270 132	4 219	34
1787				2	1805	1 517	247 922	7 714	41
1788	1 065		545	4	1806	1 344	209 674		38
1789	2 055		17 411	14	1807	1 407	250 405	2 210	30
1790	399		1 432	3	1808		50 514	2 198	8
1791	51			3	1809	1 362	85 294	22 006	37
1792	44	91 687	4 926	6	1810	1 165	67 176	1 905	15
1793			9 396	7	1811	1 555	426 731	9 442	27
1794	50	43 770	4 964	7	1812	268	42 228	3 660	17
1795	92	7 477	10 412	10	1814	108	71 393		13
1796	30	19 846	1 500	13	1815	2 933	115 126	320	21
1797	90	29 172		10	1818	1 414	84 392	600	44
1798	177	102 257		13	1819	659	163 014	19 149	39
1799	532	35 234		18	1820		76 699	120	25
1800	887	415 107		23	1821		44 480	3 516	42
1801	933	444 087	1 873	31	1822	23 200	177 236	888	31
1802	2 228	388 746		20	1823		79 882	28	35

① 汪熙．中美关系史论丛［C］．上海：复旦大学出版社，1985：96.

② 菲利普·查德威克·富斯特·史密斯．中国皇后号［M］．广州：广州出版社，2007：33.

续表

年份	人参（担）	皮毛（张）	棉花（担）	船只数	年份	人参（担）	皮毛（张）	棉花（担）	船只数
1824	6 039	15 773	1 575	37	1833	4 079	45 872		43
1825	3 357	10 077	195	42	1834	1 333	11 389	194 000 元	36
1826	2 539	65 608	1 020	19	1835	2 166	61 000 元	230 000 元	43
1827	866	71 337	1 307	29	1836	3 422	10 716	182 000 元	42
1828	1 754	81 688		31	1837	1 597		231 000 元	29
1829	2 971	77 051		40	1838	501	56 000 元	563 000 元	18
1830	1 934	45 169	3 271	25	1839	2 397	19 000	262 000 元	35
1831	2 698	18 068	167	41	1840	255	27 000	383 000 元	
1832	3 058	24 579		41					

资料来源：汪熙，邹明德．鸦片战争前的中美贸易［C］．中美关系史论丛．上海：复旦大学出版社，1985：99．由马士《东印度公司对华贸易编年史》第一至五卷及张晓宁《天子南库——清前期广州制度下的中西贸易》资料整理得。

采购如此之多的西洋参不是件容易的事，西洋参多生长在美洲北部和东部的山坡地带，地处偏僻的硬木丛林中，因此增加了采摘的困难。“采摘后的新鲜西洋参要摊在地上晾干，一般需要两个月或者更长的时间，每天翻动一两次，以防止变质或腐烂。”① 商人们也历经艰辛，深入到印第安人村庄、猎人小屋和山谷农舍里购买人们所收集到的所有人参。② 为了保证人参的质量，还要将沙土和小石块等杂质去掉，精选出质量上乘的人参。但不幸的是，美国本土的西洋参供应并非用之不竭，而且“不久就看出中国对人参的需要是有限的，必须以大量货币弥补输出的不足。”③“投进贸易的3/5的茶叶和其他中国产品要用硬币支付的。”美商以货易货的想法彻底被失灵的支付手段摧毁。另外，美国从中国进口的主要货物茶叶也过剩了，因为美国船只从中国购回的茶叶大多是低档货，数量却很大，市场供过于求的状况迫使美国减少了对华贸易。1790年只有三艘商船来华，从广州运出的货物只有上一年的1/4。④ 茶叶供过于求的问题可以通过向欧洲的转口贸易解决，但如何发掘中国所需要的本土产品是美商最严峻的问题。如果美商如果无法解决支付手段的问题，美国与广州的贸易将受到极大的限制。

①② 菲利普·查德威克·富斯特·史密斯．中国皇后号［M］．广州：广州出版社，2007：36，35．

③ 赖德烈．早期中美关系史（1784～1844）［M］．北京：商务印书馆，1962：23．

④ 项立岭．中美关系史全编［M］．上海：华东师范大学出版社，2002：6－7．

3.3.1.2 皮毛

作为一种交换物品来说，人参在广州的价值和销售前景，很快被证明高估了，人参的出口并未随着中美贸易的扩大而迅速增长，但美国人买走的茶叶与土布的数量却在快速上升，美国人不断搜寻白银运至中国仍无法抵偿中美贸易的逆差，于是皮货贸易成了美国商人的新希望。“只要皮货的供应继续不断，采办的照旧轻微，它们应付美国对于易货物品的迫切需要，是绰绰有余的。”[①]皮货贸易的兴起为美国带来了新的希望，而希望的来源并非偶然。曾成功游说美国商人投身对华贸易的约翰·莱雅德1776年曾跟随享有盛名的库克船长考察努特卡海湾，位于加拿大不列颠哥伦比亚省温哥华岛以西，他发现这里的印第安人能够获取连英国人也没见过的上好毛皮，特别是毛中极品——有着闪亮棕色光泽的海獭皮。顺着努卡海湾向北航行，莱雅德又来到了阿拉斯加附近阿留申群岛的乌纳拉斯卡岛，这里，他发现了俄罗斯人的毛皮贸易据点，这些发现使敏锐的莱雅德意识到，美洲西北海岸蕴藏着巨大的财富。只等着有远见的人来开发。[②] 后来，莱雅德随船队到达广州，在他看见用6便士在西北海岸买进的皮张竟可以卖到100元时，更坚定了这种信念。回国后，他用四个月的时间写了一本书《库克船长的最后一次太平洋之行》。莱雅德过于乐观主义的精神，使人们不太容易相信如此咋舌的皮毛交易。直到1784年，《库克日记》的出版，让美国的政客、商贾对未来的贸易产生了深厚的兴趣。“好比是发现了一条新的黄金海岸，来自各个不同国家的人们都冲进这个有利可图的买卖中去了。”在库克船长访问西北海岸后不到十年之间，俄国、英国、葡萄牙、西班牙、法国、比利时、美国等不下七个国家都在那个地方有了代表。至此，莱雅德可以利用商人们的热情来“推销”他的计划了，他要寻找合适的船只，先到美洲大陆西北海岸从当地的印第安人手中获得土地建立贸易据点，接着就可以用廉价的生活必需品与当地土著人交换取得珍贵的皮毛，然后前往广州，通过贱买贵卖获得利益。这也是他能够成功游说美国商人，促成“中国皇后”号驶华的理由。

库克船长的日记、莱雅德振振有词的说教以及美国对广州贸易的捷报产生了积极的效果，美国的冒险者经多方探知，寻找到了通往西北海岸的路径。1787年，“哥伦比亚”号和“华盛顿夫人”号在波士顿整装待发，两艘船的主

① 泰勒·丹涅特．美国人在东亚［M］．北京：商务印书馆，1962：31.

② 菲利普·查德威克·富斯特·史密斯．中国皇后号［M］．广州：广州出版社，2007：17.

要目标就是去西北海岸捕猎海獭。1789年，满载皮货的“哥伦比亚”号驶往广州，将皮货卖掉，换回一船中国货，取道好望角，于1790年回到波士顿，这是环绕地球航行的第一艘美国船。① 这次航行开辟了中美贸易的另一条航线，即绕道南美合恩角——西北海岸——广州——好望角——美国。此后参加这项贸易的船只越来越多，1791年10月，有一艘美国船“马加勒特”号离开波士顿，当他于1792年春天到达美国西北海岸时，发现已经有28艘船在那里了，其中有6只是美国船。美国从事商业的船只的数目不断增加，直到1801年，居首位的一年，在沿海一带至少有14艘船。②

美国商船乐此不疲地穿梭于西北海岸根本动力是巨大的利润。据“希望”号船长的报告，美国商人用一个铁颈圈就可以向西北海岸的土著居民换取三张海獭皮，而在广州转售价为25美元。贸易与所投资本相比，利润实在优厚。对于1805年以前的整个皮货贸易的价值只能揣度。1800～1807年是美国输华皮毛产品的高峰期，每年平均输入广州的皮毛为30万张，1801年毛皮出口就达44万张（见表3－8）。自1805～1834年，由南太平洋运到广州的海豹皮不下180万张，按最保守的估计，也应值350万元，在同一时期运自西北海岸的水獭皮约在16万张，至少值400万元。③ 从18世纪末到19世纪30年代止，美国各种来路的对广州全部皮货贸易约为1 500万美元至2 000万美元之间。美国商人平均每年运往中国14 000张海獭皮，每张平均25美元，年值35万美元。在近30年的皮货交易中获得925万美元，利润高达40%以上。④ 这在当时对华贸易现金紧张的美国而言，实在是一项相当大的数目。虽然有些数据很难精确，但可以确定的是，在西班牙银元稀罕难得的时候，这项贸易对于这个年轻的国家是极其有价值的。⑤

几年中，美国开辟了三个供给毛皮的来源地：第一个是美洲的西北海岸，那里有各种皮毛，主要是海獭皮，需要通过与当地的印弟安人以物品交换得来。第二个福克兰群岛，靠美国西部海岸的一些岛屿和南洋一带，这里有海豹皮。第三个是北美内地的皮货贸易公司，收集好生皮后运往东部口岸，主要是纽约。这些来源地中，最先取得重要位置的就是美洲西北海岸，早在美国之前，俄国人和英国人就在此占据了有利地位，“中国皇后”号首次到广州时，当时的皮货有些是俄国人带去的，有些是欧洲人从美洲运去的。但俄国因所处

①② 赖德烈．早期中美关系史（1784～1844）［M］．北京：商务印书馆，1962：28，30.
③⑤ 泰勒·丹涅特．美国人在东亚［M］．北京：商务印书馆，1962：37，38.
④ 李长久，施鲁佳．中美关系二百年［M］．北京：新华出版社，1984：4.

地理位置原因，经营调度它的供应基地太远，而且只局限于陆路对中国通商，其便宜性差了很多。而英国商船因受到东印度公司的垄断，必须持特许经营证方可前往西北海岸交易，而且所载船货必须在中国出售，兑换成硬币回国而不是换回中国商品。这样，美国后来者居上，利用其有利的地理位置及自由的市场权利在皮货交易中很快占据有利地位。到南半球的福克群岛猎取海豹的事业几乎与西北海岸的贸易差不多同时，这一新局面的打开主要是源于在西北海岸与印第安人交换的困难及海獭皮资源日益缩减。1785～1786 年，一艘名为“国家”号的美国商船沿加利福尼亚海岸载了 13 000 件皮货运往纽约后，又转另一艘双桅方帆船“艾利奥诺拉”号运往加尔各答和广州。1793～1807 年间，单从马萨夫洛岛就有 350 万张海豹皮运到广州卖掉了。[①] 1808 年前的几年，是捕猎海豹的事业的最高峰，因为想不出保护海豹的方法，几十年之后，海豹几乎在这个岛上绝迹，广州的皮毛贸易也随之衰落（见表 3－9）。一方面，皮毛交易在血腥的猎杀中完成，无论是美国还是俄国都只在捕杀而不是畜养，十几年间海獭、海豹等珍贵动物毛皮资源已经接近枯竭；另一方面，为了竞争，各种来路的皮毛充斥广州市场，供过于求，价格已经降到了无利可图的地步，这加剧了皮毛贸易事业的衰落，皮货交易大幅度下降：各种皮毛从 1803 年的 163 260 张下降到 1836 年的 10 716 张。1836 年之后，美国的毛皮贸易基本中止了。[②]

表 3－9　广州进口的皮毛：水獭与海豹皮数量　单位：张

年份	1805	1807	1808	1809	1811	1812
水獭皮	11 003	14 251	16 647	7 944	9 200	11 593
海豹皮	183 000	261 000	100 000	34 000	45 000	173 000
年份	1813	1814	1816	1817	1818	1820
水獭皮	8 222	6 200	4 300	3 650	4 177	2 488
海豹皮	109 000	59 000	109 000	27 000	47 200	24 726

资料来源：赖德烈．早期中美关系史（1784～1844）［M］．北京：商务印书馆，1962：50.

① 赖德烈．早期中美关系史（1784～1844）［M］．北京：商务印书馆，1962：36.

② 项立岭．中美关系史全编［M］．上海：华东师范大学出版社，2002：8.

3.3.2 东方商品

美国输入的西方商品种类非常有限，由于人参的消费很难随着中美贸易额的增长而增长，各种皮货的收购又受到俄国人的竞争及皮毛资源枯竭的困扰，很快，以人参和皮毛作为硬币替代物的希望就将落空。美国不得不多方搜寻吸引东方的商品，为了获得销售茶叶与丝绸的利益不得不在赴华的途中停泊于太平洋、印度洋沿岸各港口收集有价值的东方商品。其中就有印度孟买的棉花、夏威夷的檀香木、印度的鸦片、斐济的海参、苏门答腊的胡椒、菲律宾的大米等。东方商品在美国对华出口目录中占1/3强的比重，有些年份与西方贸易平分秋色，甚至超过西方贸易。这也反映出独立后的美国经济还处于落后的阶段，商品市场还不发达，必须四处搜寻有价值的东西来抵偿到中国购货的成本。由于鸦片走私是很难统计的，实际的数据也许远远超过估算，特别在19世纪20年代后，美国紧随英国的脚步大量走私印度鸦片，以鸦片为代表的东方商品已经远超西方商品。1817～1845年，累计出口的东方商品为20 407 310元，占东西方商品总额的近35%。在19世纪30年代后，除了鸦片外，在东方商品名目中几乎找不到棉花、檀香木、胡椒等曾经热销的商品了（见表3－10）。

表3－10 美国输华商品中的东西方产品比较（1817～1845） 单位：元

年份	西方产品	东方产品	年份	西方产品	东方产品
1817	1 055 600	496 576	1832	2 404 033	503 903
1818	1 951 869	546 339	1833	2 907 936	500 000
1819	8 521 02	1 169 150	1834	256 000	755 000
1821	1 596 057	984 769	1835	336 000	1 533 000
1822	1 560 022	486 536	1836	1 697 195	1 517 531
1823	1 927 310	289 817	1837	319 000	312 000
1824	1 780 734	656 821	1838	656 000	861 000
1825	1 839 620	211 211	1839	430 000	1 103 000
1826	1 742 737	259 812	1840	469 000	541 000
1827	1 899 063	1 419 046	1841	715 000	485 000
1828	1 558 478	1 082 887	1842	738 000	707 000
1829	1 898 837	895 151	1843	1 755 000	664 000
1830	1 471 756	1 129 565	1844	1 110 000	647 000

续表

年份	西方产品	东方产品	年份	西方产品	东方产品
1831	1 930 143	453 542	1845	2 079 341	196 654
西方商品总计		东方商品总计		东方商品占比	
20 407 310		38 936 833		34.4%	

资料来源：根据马士《东印度公司对华贸易编年史》第一至五卷整理得。

3.3.2.1 棉花

棉花是鸦片战争前输入广州的主要商品，18 世纪初即有棉花的进口，1768 年印度棉花正式进口，价值达到 97 000 多两，1785 年之后数量急剧增加。① 棉花的进口国主要是美国与英国，广州进口的棉花，几乎全部来自于印度，就是美国商船输华的棉花也不例外。② 为方便美国在广州购进土布，转售比国内便宜的印度棉花是合算的。1800～1833 年运往广州的棉花如表 3－11 所示。

表 3－11　广州每年平均进口棉花数量（1800～1833）　单位：担

年度	英国输入棉花	美国输入棉花	英美输入棉花总量	美国占比（%）
1800～1804	193 550	935	194 485	0.48
1803～1809	332 751	6 826	339 577	2.01
1810～1814	267 275	2 323	269 598	0.8
1815～1819	357 036	3 894	368 830	1.06
1820～1824	261 123	1 245	262 368	0.47
1825～1829	429 406	504	429 910	0.12
1830～1833	452 954	860	453 814	0.19

资料来源：依据马士《东印度公司对华贸易编年史》第一至五卷整理得。

从表 3－11 中可看出，19 世纪最初 20 年中，广州每年输入的棉花总量年平均为 20 万担左右，而在 1825 年后，广州输入的棉花总量年均激增到 40 万担左右，其中以英国输入的印度棉花占比最大，年平均占 97% 以上，美国位

① 张晓宁．天子南库——清前期广州制度下的中西贸易［M］．南昌：江西高校出版社，1999：122.

② 严中平．中国近代经济史统计资料选辑［M］．北京：中国社会科学出版社，1955：9.

列第二，虽然偶有欧洲其他国家输入棉花，但数量极少，如1815年，荷兰输入520担棉花，[①] 其他年间很少有除英美之外的国家棉花的输入，因此可以忽略不计。这些棉花多用于在两广地区用作手工业纺织原料。土布大量出口欧美，与欧美国家源源不断地将原料输入广州有着紧密的关系，以英国和美国对广州棉布的大量出口可以证明，鸦片战争前，广东地区棉纺织业极度兴盛，而这是建立在国外稳定的棉花供应基础上，为适应外贸市场的需要而兴起和发展的。[②] 前文谈到19世纪20年代之前，美国是中国土布最大买主，但随着美国纺织业的发展，30年代后的美国土布进口量几乎为零，因为美国国产的粗白布与印欧花布质量好、价格便宜很快在东方取得了市场。1830年，广州进口贸易的货物统计中，西方商品增加了一项：棉制品。同年，美国输入的棉花价值39 252元，而输出棉制品价值达359 179元，占广州输入西方产品的20.6%。1838年，美国出口广州的棉制品打破了500 000元的纪录，[③] 从此不再是美国向中国出口原棉，而是出口棉制品了。

3.3.2.2 檀香木

美国商人最早的皮货交易来源于在太平洋西北海岸通过带去的商品与当地印弟安人交换的水獭皮。在换取毛皮的旅程中还有更多的意外收获。除了在福克兰群岛等地发现海豹皮，又在夏威夷发现了一种珍贵的木材——檀香木（檀香山即由此得名）。檀香木的发现好像是上帝对充满冒险精神的美国商人的意外垂怜，据说，最开始发现这种名贵的树种是将它视为燃料装上船，但到达广州后，商人们因为发现檀香木是与毛皮一样有利可图时喜出望外，于是到大西洋西北海岸收集皮货的商船又赋予了另一使命，即收集檀香木。1793年左右，波士顿的威廉·台维斯和约纳桑·温喜蒲两位美商在夏威夷取得了经营这种贸易的专营权。美国人通过廉价的纺织品、衣物、刀具、酒等与夏威夷人交换，据《旧中国贸易》的作者杜勒斯记载，在当地收购的檀香木价格仅是一美分一磅，而在广州出售的价格令人咂舌，竟达到每磅34美分，暴利程度可见一斑。由于檀香木获利丰厚，19世纪初，在斐济群岛以及南洋一带的许多岛上

① 马士．东印度公司对华贸易编年史（1635～1834）第3卷［M］．广州：中山大学出版社，1991：227.

② 张晓宁．天子南库——清前期广州制度下的中西贸易［M］．南昌：江西高校出版社，1999：123.

③ 泰勒·丹涅特．美国人在东亚［M］．北京：商务印书馆，1962：64.

都有美国人的身影。1804 年及 1806 年分别有“团结”号与“希望”号开往斐济岛，他们与当地人采集檀香木的合同，当地人负责将檀香木砍伐并搬运至海边装船，交易的等价物是各种各样的小装饰品。1821 年，美国商船输入的檀香木为 26 932 担，值 269 320 元，在东方产品占仅次于鸦片贸易，占 27.4%（见表 3－12）。但与皮毛交易一样的宿命，只砍伐不栽培的结果就是数量逐年减少，到 1833 年，这项贸易也停止了。①

表 3－12　美国输入广州的东方商品种类与价值　单位：元

年份	檀香木	锡、邦加	胡椒	棉花	鸦片	总计
1817	166 200					166 200
1819	101 228	141 750	39 352			1 009 858
1821	269 320	180 084				984 769
1822	139 408	110 699		9 876		486 536
1823	67 232	61 100		19 260	133 000	289 817
1824	66 942	76 076	357 700	31 500	287 700	656 821
1825	32 518			3 802		211 211
1826	83 500		28 800	14 280	29 500	259 812
1827	211 070	42 336				1 419 046
1828	127 442	12 600			816 725	1 082 887
1829	43 228	910				895 151
1830	39 000			31 759	806 820	1 129 569
1831	7 000	17 152		1 890	221 100	453 542
1832	28 000				228 000	3 590 455

资料来源：依据马士《东印度公司对华贸易编年史》第三、四、五卷整理得。

除了皮毛、棉花、檀香木之外，运往广州的还有海参、玳瑁壳、燕窝、大米等商品。但这些五花八门的商品都具有短命的特点，因为利润大，逐利之人争相采集，但多数商品是资源性商品，具有不可再生性，因此进入广州的商品名录中的时间都比较短暂或间歇性存在于交易中。而直到鸦片的走私可以替代大量的白银流失的时候，美国商人再也不需要在西北海岸与当地人周折换取稀奇商品，19 世纪初，美国开始输入鸦片从而使出口商品的清单变得简单了很多。

① 赖德烈．早期中美关系史（1784～1844）［M］．北京：商务印书馆，1962. ii.

3.3.2.3 白银

自16世纪葡萄牙人初到中国时起三百多年来，中国人民一直用自己勤劳的双手、精湛的技术为世界市场贡献自己的优良物产，先进的资本主义国家以至落后的殖民地，都乐于购买中国的茶叶、生丝、土布等价廉物美的货物。18世纪之后，欧洲主要海洋贸易国家纷纷投入到利润丰厚的对华贸易中，他们充分利用殖民地资源及国际海洋贸易网络，凭借殖民地白银及热带产品交换丝绸与茶叶。在鸦片没有染指中国之前，白银一直充当着维持这种中西贸易结构的最好媒介，直到鸦片的输入，广州贸易制度受到前所未有的冲击，也促使中国的海洋贸易畸形发展。

15～19世纪，没有哪个国家像中国一样需求白银，使中国通货发生从绸线到白银的革命依靠的是海外白银的输入。[①] 19世纪以前，欧美各国输入广东的商品以银元为最大宗，夷船来时，“所载货物无几，大半均属番银”。正如马克思指出：“在1880年以前，当中国人在对外贸易上经常出超的时候，白银是不断地从印度、不列颠和美国向中国输出的。”[②] 西方对华输出贵金属以交换中国商品的历史可以追溯到古罗马时期。当时地中海国家的商人通过中亚国家辗转进行对华贸易，用金银购买中国的丝绸。明代后，西班牙、葡萄牙从菲律宾和欧洲运来大量的白银，大部分在澳门购买中国商品，之后运往欧洲出售获利。荷兰的远东贸易也是通过白银在台湾和南洋各口岸购买中国商品。自隆庆三年至崇祯九年（1569～1636），每年葡萄牙人从欧洲运来近百万银元，其中一半是在澳门购进丝绸，67年间向中国输入3 350万西班牙银元，[③] 而同期西班牙人每年输入的白银也在130万元左右，所有国家输入总量至少7 500万元以上。[④] 17世纪30年代至18世纪末，银元一直是英国东印度公司输华的主要商品，从英国到中国贸易的商船所载银元与货物的比例是9∶1，在中国货的采购中，90%以上都是通过白银来支付。18世纪的100年中，英国输入广州的银元达到20 890美元。[⑤]

---

① 张晓宁．天子南库——清前期广州制度下的中西贸易［M］．南昌：江西高校出版社，1999：131.

② 黄启臣．清代前期广东的对外贸易［J］．中国经济史研究，1988（4）：77.

③ 庄国土．16～18世纪白银流入中国数量估算［J］．中国钱币，1985（8）：392－395.

④ 全汉升．自明季至清中叶西属美洲的中国丝绸贸易［C］．中国经济史论丛．香港：香港新亚研究所，1972：468－469.

⑤ 陈伯坚．广州外贸两千年［M］．广州：广州文化出版社，1989：219.

美国虽然是继荷兰、英国之后姗姗来迟者，但却是鸦片战争前对华白银输入最多的国家。在中美贸易早期，美国周旋于美洲、欧洲与亚洲各地收集可与中国交换的商品，诸如西洋参、毛皮与檀香木等，这些具有特色的商品最开始尚可以足够支付购买中国商品的货款。比如1784年来华的“中国皇后”号装载了棉花、铅、胡椒、羽纱、毛皮、人参等8万元的商品，售得款后从中国采购了茶叶、南京布、瓷器、丝织品、肉桂等价值7万元的货物，加上船钞与商馆支出的费用总计79 317元。[①] 但随着皮毛资源的枯竭，西洋参在广州的滞销，四处奔波采用迂回的三角贸易获得的各种稀奇商品很难一直保持稳定的收益，中国人自给自足的生产方式、勤俭朴素的优良传统也让美国的棉织品没有市场，以物易物的交换方式很难为继，19世纪后能够支撑美国人在中国购货的基础是源源不断从西方运来的西班牙银元——美国向中国进口货物中使用最多的硬币。大部分的硬币是从西班牙属西印度群岛、南美洲、葡萄牙和直布罗陀海峡流入。在汇票通行之前，硬币在整个支付中占总额的一半或是3/4，有时竟达750万元。[②] 相比早期烦琐的三角贸易，后期美国对华贸易的路径则清晰得多，即直接将欧洲产品换作西班牙银元，再购入中国商品，最后在本国与欧洲出售获利。

早期中美贸易，中国一直保持顺差的状况，白银一直是美国弥补贸易逆差、扩大对外贸易的基础。1803～1833年，美国输华的商品总额为50 294 001美元，白银为89 447 817美元，为商品总值的178%。[③] 自1805～1845年，美国输华的白银数量为8 893万元，平均每年输入228万元。1825前年，除个别年份，白银在总额中的比重达到60%～80%（见表3－13）。而在1821～1833年间，英国向中国输入白银为1 104万元，年平均输入110万元，仅为美国的一半（见表3－14）。美国的白银支出70%投在购买茶叶上，抱着到中国购茶愿望的美国商人不得不周转于各大港口交易，取得在中国购货的资金支持。[④] 1784～1845年间，美国从广州进口的商品总额每年平均为500万～600万银元，其中茶叶贸易一项即占总额的2/3，而茶叶贸易多为硬币支付，支付方式又为多为预付，这对本来就缺少硬币的美国来说是个浩劫。但随着鸦片贸易的

① 马士．东印度公司对华贸易编年史（1635～1834）第2卷［M］．广州：中山大学出版社，1991：416.

② 赖德烈．早期中美关系史（1784～1844）［M］．北京：商务印书馆，1962：67.

③ 陶文钊．中美关系史话［M］．北京：社会科学文献出版社，2000：8.

④ 马士．中华帝国对外关系史（第一卷）［M］．上海：上海书店出版社，2000：89.

扩大，1826～1827年流向美国的白银首次超过了输入中国白银总值，美国净出口白银总额为217万元，到1833～1834年增至551万元，美国从净出口国变成了净进口国。

表3－13　　美国输入中国商品总额与白银数量（1805～1845）　　单位：元

年份	商品值（除鸦片）	白银数	白银在总额中所占比重（%）	年份	商品值	白银数	票据	白银在总额中所占比重（%）
1805	1 150 358	2 902 000	71.61	1826	1 973 049	1 841 168	400 000	48.27
1806	982 362	4 176 000	80.96	1827	2 518 109	2 450 000	500 000	49.31
1807	908 850	2 895 000	76.11	1828	1 824 640	732 200	657 300	28.64
1808	409 850	3 032 000	88.09	1829	2 291 088	1 123 644	393 650	32.91
1809	1 021 600	70 000	6.41	1830	2 064 501	183 655	1 168 500	8.17
1810	568 800	4 723 000	89.25	1831	2 162 585	667 252	24 801 871	23.58
1811	1 257 810	2 330 000	64.94	1832	2 679 936	2 480 871	667 252	48.07
1812	837 000	1 875 000	69.14	1833	2 907 936	682 519	4 772 516	19.01
1813	1 453 000	616 000	29.77	1834	1 010 583	379 000		27.27
1815		1 214 220		1835	1 868 580	1 391 000		42.67
1816	605 000	1 922 000	76.06	1836	3 214 726	463 970		12.61
1817	1 221 800	4 545 000	78.81	1837	600 591	155 000		20.51
1818	1 475 828	5 601 000	79.15	1838	1 516 602	729 000		32.46
1819	1 761 960	6 297 000	78.14	1839	1 533 601	987 000		39.16
1820	1 465 500	2 569 500	63.68	1840	1 009 966	477 000		32.08
1821	2 165 676	4 612 000	68.05	1841	1 200 816	427 000		26.23
1822	2 046 558	6 292 840	75.46	1842	1 444 397	506 714		25.97
1823	2 084 127	4 096 000	66.28	1843	2 418 958	572 000		19.12
1824	2 149 855	6 524 500	75.21	1844	1 756 941	1 125 000	4 240 301	39.04
1825	2 050 831	4 523 000	68.80	1845	2 275 995	772 253	5 352 033	25.33

资料来源：庄国土．茶叶、白银和鸦片：1750～1840年中西贸易结构．［J］中国经济史研究，1995（3）：71．李定一．中美早期外交史［M］．北京：北京大学出版社，1997：12．同时依据马士《东印度公司对华贸易编年史》整理得。

表3－14　　英、美两国白银输入统计（1821～1833）　　单位：元

年份	英国	美国	年份	英国	美国
1821	47 000	4 612 000	1825	5 705 200	4 523 000
1823	1 076 386	4 096 000	1826	4 019 000	1 841 168
1824	63 356	6 524 500	1829	35 000	502 900

续表

年份	英国	美国	年份	英国	美国
1830	55 000	806 820	1832	7 500	228 000
1831	16 000	221 100	1833	20 500	500 000

资料来源：依据马士《东印度公司对华贸易编年史》历年资料整理得。

进入19世纪后，建立在对华输出白银基础上的中西贸易格局很难为继，根本原因是白银产量的下降。几十年掠夺性的开采使美洲白银产量锐减，秘鲁、墨西哥、智利、布宜诺斯艾利斯等矿区不再有以前的盛况。18世纪支撑西方对华贸易的美洲白银产量到19世纪30年代，尚不到18世纪后期产量的40%。[①] 白银供给不足使欧洲大陆国家陆续退出了对华贸易，将地盘留给了英国和美国。因染指鸦片贸易，英美无须再将白银输入到中国，前期输入中国的白银又不断回流到英国与美国，中国从贸易顺差变成了逆差。1827年，英国汇票替代了硬币，1831～1840年间，美国输华白银数量比前十年减少了38%，1833年，硬币仅占英国汇票的1/7。由于购买汇票比运输白银节约成本，靠硬币度日的美国人找到了希望，鸦片与汇票成为传统贸易之后让英美扭转不利贸易格局的救命稻草。

3.3.3 鸦片贸易

鸦片是又叫阿片，俗称大烟，源于罂粟植物蒴果，鸦片最开始于唐代经阿拉伯人传入中国，明代开始作为药材批量进口，它具有镇痛、止泄的作用。17世纪中国沿海地区部分居民开始吸食鸦片，葡萄牙人以澳门为基地，将印度麻洼鸦片运往广州及福建沿海，乾隆三十二年（1767年）以前，输入中国的鸦片每年约为200箱。但当时“吸食者不过粤之广州，闽之台厦，即此数处，亦不过十一之于千百。夷船挟此来，未获大利”。[②] 18世纪中期后，英国对华贸易迅速扩大，但由于购买商品的数量远远超过运往中国的数量，甚至仅采购茶叶一项就超过了英国输华商品额，贸易逆差在急剧上升。尽管英国东印度公司将白银源源不断地输入广州，但资金的周转依然紧张。1786年，东印度公司高级职员华生上校提出，通过鸦片走私来平衡中英贸易逆差，这一建议很快被

①② 张晓宁．天子南库——清前期广州制度下的中西贸易［M］．南昌：江西高校出版社，1999：141，143.

董事会采纳。于是英印政府开始在其管辖区内强迫种植鸦片，之后用以较低的价格从种植者手中购买鸦片，再批发给有鸦片经营权的散商。这些散商在广州出售过鸦片后，将货款交给公司，公司支付散商伦敦汇票，散商们就可以在伦敦将汇票兑换成现金。鸦片走私是极端暴利的行当，据马士的东印度公司对华编年史记载，每箱鸦片重 140 磅，采购成本为 200 ~ 250 元，在付清全部运费后，每箱所得利润为 400 ~ 500 元，其售价三倍于成本。英印政府基本上垄断了印度境内的鸦片生产与运输，从本质上改变了多年对华贸易逆差的窘境，又鼓励了生产者、散商们参与到鸦片的生产与销售的各环节。进入 19 世纪 20 年代以后，鸦片输入几乎是直线上升。1800 ~ 1821 年间，鸦片每年输入总数为 4 494 箱，1821 ~ 1822 年猛增到 5 959 箱。1822 ~ 1823 年再增为 7 773 箱，1823 ~ 1824 年又达 9 035 箱，1824 ~ 1825 年是 12 434 箱。1829 ~ 1835 平均每年达到 18 712 箱。尤其进入 19 世纪 30 年代，10 年之中几乎翻了两番，到 1838 年，年输入竟高达 35 500 箱。英国是孟加拉鸦片在中国市场的最大供应者。

1784 年来中国的第一艘商船“中国皇后”号的管货员也是之后担任美国驻广州领事的山茂召就曾说贩卖鸦片是“有利可图的”，“中国是很好的鸦片市场”，“鸦片走私可以非常安全”。① 一方面鸦片走私的强大利益，另一方面白银的锐减，西方商品在东方越来越找不到市场，逐渐扩大的贸易逆差等不利局面，美商必须迅速找到在中国立足的商品。1807 年，英国开始从广州运出白银。扭转被动局面的英国人让美商格外愤怒，“鸦片贸易不但使英国人有足够的钱购买茶叶，而且使他们能把美国人运到中国的白银运回英国。”② 美商在急切地寻找扭转乾坤的机会。

自 1773 年英国东印度公司就垄断了产地在印度的鸦片贸易，美商的鸦片走私必将受到英印公司的制止。但善于冒险并在世界各地寻找利益的美国人在被关闭了一道门之后，却意外打开了一扇窗口，东方不亮西方亮，美国商人在地中海地区发现了质量不如印度的鸦片。1803 年美国驻土耳其士麦那的领事发回国内的贸易报告中写道：“土耳其和有很多产品，可供美国国内消费和对外推销之用。”③ 土耳其鸦片在中国称为“小土”，以区别于印度鸦片的大土。虽然质量稍次，但价格便宜，有些还被掺入“大土”中，仍被瘾君子所接受。

---

① Josiah Quincy. the Journals of Major Samuel Shaw, the first American consult at canton [M]. Boston: Wm. Crosby and H. P. Nichols, 1847: 238 - 265.

② Foster Rhea Dulles. The Old China Trade [M]. Boston: Houghton Mifflin, 1930: 147.

③ 泰勒 · 丹涅特. 美国人在东亚 [M]. 北京：商务印书馆，1962：101.

美商向中国输入鸦片的时间应该在嘉庆十年（1805）年左右，也许更早就开始了。当时有三艘双桅方帆船满载124包另51箱烟土从士麦那结关出口先运抵美国，再从美国装船到广州。从此之后，土耳其鸦片成为美国输华的大宗商品。到1819年为止，土耳其鸦片基本上被美国所垄断。

自嘉庆十年至二十三年（1805～1818年）美国输华的鸦片量逐年上升，只在1808年，因拿破仑战争美国实施禁运法令和1812年英美战争而中断，1817年，美国将鸦片采购拓展到波斯湾，由于新货源的发掘，第二年有更多的商行跟进到波斯湾，鸦片的数量大大的增加了，成本也比土耳其鸦片便宜，在广州出售后的纯利超过土耳其鸦片25%。[①] 由于新领地鸦片的输入，美国在华贩运鸦片的数量大大增加，依据英国东印度公司驻广州大班统计，1817年美国输入中国的鸦片是448箱，1818年则为807箱。但据该公司委员会在1819年向公司的报告中指出，1817年度，美国运华鸦片达1 900箱，下一年度则“更不止此数”[②] 前后数据不统一，也许是前者仅仅是土耳其鸦片的数量，而后者还包括了波斯湾鸦片。美国输入鸦片的速度与规模之大已有超越英国之势了。《旧中国贸易》的作者杜勒斯在书中谈道：“鸦片贸易在19世纪二三十年代中，事实上比合法贸易更容易做。除了付给不法官史的钱以外，根本不需要纳税。而且鸦片出售的货款是预付并现钱交易的，所以它稳可以获得优厚的利润。”[③]“这种买卖的确是外国人最易做，也最惬意做的，他卖出是愉快的，收款是平和的，就像这种麻醉品的特性一样，一切都是愉快舒适的。”[④] 在利益的趋势下，不论是美国的洋商或是个人都积极从事着这项“愉快”的买卖。仅以1817～1818年这两个年度统计来说，美国输入的鸦片占各国运华鸦片总数的42%。由于鸦片属于违法商品，海关难以统计，但保守估计1806～1834年间，美国向中国输入的鸦片至少有16 305箱（见表3－15）。而马士在《中华帝国对外关系史》中记载：“广州鸦片进口数量从1811～1821年平均每年4 494箱增加到1821～1828年每年平均9 708箱，”[⑤] 对比之前，前者的统计还是有明显的遗漏。

---

① 绍溪．19世纪美国对华鸦片侵略［M］．三联书店出版社，1952：22.
② 马士．中华帝国对外关系史（第三卷）［M］．上海：上海书店出版社，2000：339.
③ 林坚．中美贸易二百年（1784～1999）［M］．厦门：厦门大学出版社，2003：6.
④ 亨特．广州番鬼录 旧中国杂记［M］．广东人民出版社，2009：77.
⑤ 马士．中华帝国对外关系史（第二卷）［M］．上海：上海书店出版社，2000：205－206.

表3－15　美国输华鸦片数量（1806～1839）　单位：箱

年份	数量	年份	数量	年份	数量	年份	数量
1805～1806	102	1813～1814	—	1821～1822	500	1829～1830	715
1806～1807	180	1814～1815	—	1822～1823	226	1830～1831	1 428
1807～1808	150	1815～1816	80	1823～1824	140	1931～1832	402
1808～1809	—	1816～1817	750	1824～1825	411	1832～1833	380
1809～1810	32	1817～1818	1 900	1825～1826	—	1833～1834	963
1810～1811	—	1818～1819	2 000	1826～1827	56	1834～1835	—
1811～1812	200	1819～1820	200	1827～1828	1 000	1835～1836	—
1812～1813	100	1820～1821	30	1828～1829	1 256	1836～1837	743
						1838～1839	—

资料来源：绍溪．19世纪美国对华鸦片侵略［M］．北京：三联书店出版社，1952：33.

美国在鸦片贸易中虽不占有先机，却失之东隅，收之桑榆，土耳其鸦片的独占、波斯鸦片新货源的发现使英国东印度公司的孟加拉鸦片受到较大威胁，英国东印度公司坐不住了，由于公司无法通过低价战略来与美国竞争，因为英国东印度公司的鸦片是由公司拍卖给私商，公司无法控制鸦片的价格，1819年，公司决定采取大规模增产的方式抵制美商的竞争，受印度鸦片增产的影响，美国的鸦片走私受到较大影响，“比1815～1818年这四个年度大为减少。”① 虽然美商贩运土耳其鸦片受到暂时的挫折，但英国东印度公司为了争夺竞争市场，在1822年准许美国商船在印度与广州间自由贩运并修改了拍卖规程。自此，美国鸦片贩子除了独占土耳其鸦片、波斯鸦片外还可以将商船自由行驶在加尔各答和广州的航线上了。

美国人参与鸦片贸易程度之深决非统计数字可以说明，表3－15的统计数据是不完整的，个别年份是有遗漏的，毕竟走私行为无法给出完整的统计，但其业务增长的速度、范围及获得的利益与英国相比都有过之而无不及。在中国进行鸦片走私的美国商人都发了横财，正如丹涅特在书中提到的经营鸦片贸易的商人在中国两年就积累了很多的财富，“足够他永远离开中国去享福了。”② 类似商业大亨也层出不穷，普金斯、罗塞尔、福勃斯、约翰·顾盛等都凭借着

① 绍溪．19世纪美国对华鸦片侵略［M］．北京：三联书店出版社，1952：26.

② 泰勒·丹涅特．美国人在东亚［M］．北京：商务印书馆，1962：103.

鸦片积累的充分的商业资本慢慢退出对华贸易，参与到本国的工业生产中，这些人的后代在19世纪中后期成为美国国内日益著名的商业领袖。这种商业利益的来源是与现银的进口减少、广州白银外流相关联的，在1816 ~ 1829年之间，每年平均输入的白银都在400万元左右。而在1836年之后，美国对华白银输出不到100万元。鸦片贸易避免了现金的需要，他们以伦敦汇票作为抵偿，并用这样得来的汇票代替现金以购买他们的回程货，这为本不阔绰的美国早期开创者带来了福音。但鸦片走私破坏了中国的购买力和消费力，白银的流出造成物价的上涨，激起人民的恶感。但是当美国商人资本还是比较小的时候，能为购买中国货物提供的现银较少的时候，鸦片贸易，就像奴隶买卖一样，成为许多后来美国大资本家立业的基础。

鸦片战争的本质是中西贸易结构的矛盾，是资本主义的商业自由对广州贸易制度的冲击。鸦片——战争——赔款——口岸开放的路径中，我们不仅仅看到是西方要求贸易上的平衡，更多则是制度的稳定与公平的章程，这同时也包含在公平环境中对人身的尊重。在清政府的上谕等文件中，不免会对外国人称为番鬼、外夷、野蛮人等词汇。美国旗昌洋行的亨特就在回国后写出了回忆录，名为《广州番鬼录》，自嘲中国人对外人的称呼。虽然清政府在1792年就颁布了禁烟令，但鸦片在中国屡禁不衰，在皇上的圣旨和当局的行文下有完备的贿赂制度。在英国与美国人的眼中，他们相信政府有权力对经济行为做出约束，并按照自己的政府与观点提出章程范围，来限制它的口岸商务，而特别是有关防止走私的律例。作为外国人是不应该提出抗议，不致使自己受到因利益动机而斥责的危险。但是在中国，“由政府作为它的指导和法则来进行解决，当外国人要求废除可恶的不公正的规条时，它最低限度是要公平的，而且是相互的，因此我们的责任，是反对全部早已对贸易过于禁闭与压迫的所有限制性的改革，即使这种性质是出于自由来往的政府核准的。”① 但持这种观点的英国人和美国人所谓的“公平”、“公正”的前提是错误的，鸦片走私本身就是非正常交易，它扰乱了正常的市场秩序，繁荣的商品经济因鸦片而衰落，不管从道德上还是从经济层面都不在制度约束的层面。

---

① 马士．东印度公司对华贸易编年史（1635 ~ 1834）第3卷［M］．广州：中山大学出版社，1991：318.

3.4　中美贸易平衡

3.4.1　贸易额

18世纪60年代之后，中外贸易迅速发展，到1845年，西方国家对中国进出口总额从银550万两上升到1845年的6 041万两，近九十年增长了11倍。[①] 伴随贸易的增长，西方国家对华的贸易地位也发生着变化。老牌资本主义国家西班牙、葡萄牙、荷兰在对华贸易中的比重逐渐下降，而英国在对华贸易中的份额在18世纪60年代已经上升到80%的份额。[②] 就在老牌殖民地国家与中国的贸易额萎缩的时候，刚刚经历独立战争的美国对华展开了突飞猛进的贸易攻势，对华贸易比重直线上升。1784年，中美贸易开端之年，美国对华出口13.6万两，进口7.2万两，贸易总额近21万两。出口占欧美海上总出口的6.5%，进口占欧美海上总进口的1.4%，中美贸易总额占欧美对华贸易总额的2.9%（见表3－16）。1789年，在广州还只有四艘美国商船，1805年、1806年、1807年三年就已经达到了41、38、30艘，1805年，美国船舶吨位达到了12 792吨，占欧美国家总吨位的22%，这与动辄上千吨的英国商船相比，已经是较大的比重了（见表3－17）。来华商船多，贸易量也水涨船高，这三年的中美贸易总额分别是628万元（456万两）、528万元（384万两）、438万元（318万两）[③]。1812年的美英战争，中美贸易出现暂时的停滞，美国商船担心被英国人劫持而减少了对外贸易，1812～1815年，来华美国商船总计51艘[④]，贸易总额248万元（折180万两），三年的贸易总额不及战前1811年的1/2，1809年的1/3。战争之后，中美贸易恢复并呈现跨越式增长，1818年，中美贸易首次突破了1 000万元大关，除1819年、1824年、1825年、1832年、1833年、1836年，中美贸易均在1 000万元之上，其余各年总额约在500～900万元左右浮动（见表3－18）。

---

① 夏秀瑞，孙玉琴．中国对外贸易史（第一册）［M］．北京：对外经济贸易大学出版社，2001：521.

② 张岂之．元明清史［M］．台北：五南图书出版公司，2002：68.

③ 1银元＝0.7264两。

④ 马士《东印度公司对华贸易编年史（1635～1834）》的统计数量与Foster Rhea Dulles的*The Old China Trade*有差异，后者统计数为17艘船。

表 3-16　英国、美国等西方国家对中国输入与输出的总值与比重（每年平均数）　单位：银两

年份	欧美海上输出总值	欧美海上输入总值	英国				美国				其他国家			
			输入	占总输入比重	输出	占总输出比重	输入（出口）	占总输入比重	输出（进口）	占总输出比重	输入	占总输入比重	输出	占总输出比重
1780~1784	5 064 166	2 103 781	1 301 931	61.9	2 083 346	41.1	136 454	6.5	71 767	1.4	665 396	31.6	2 909 053	57.5
1785~1789	8 454 720	4 489 527	3 612 763	80.5	5 491 508	65.0	123 164	2.7	325 988	3.9	753 600	16.8	2 637 224	31.1
1790~1794	7 348 420	5 876 663	5 007 691	85.2	5 843 714	79.5	181 096	3.1	440 978	6.0	687 876	11.7	1 063 728	14.5
1795~1799	7 937 254	5 908 937	5 373 015	90.9	5 719 972	72.1	374 124	6.3	1 390 680	17.6	161 798	2.8	817 602	10.3
1800~1804	10 391 797	8 727 364	7 715 556	88.4	7 556 473	72.7	828 326	9.5	2 036 448	19.6	183 482	2.1	798 876	7.7
1805~1806	11 168 783	12 348 319	11 474 509	92.9	7 400 223	66.2	767 775	6.2	3 391 560	30.4	106 035	0.9	377 000	3.4
1817~1819	13 770 740	9 053 298	7 646 777	84.5	8 060 271	58.5	1 184 551	13.1	5 710 469	41.5	221 970	2.4	—	—
1820~1824	14 678 252	7 952 488	6 525 201	82.1	9 816 066	66.9	1 427 287	17.9	4 862 186	33.1	—	—	—	—
1825~1829	14 390 108	9 161 314	7 591 390	82.9	10 215 565	71.0	1 534 711	16.7	4 116 182	28.6	35 213	0.4	58 361	0.4
1830~1833	13 443 641	9 192 608	7 335 023	79.8	9 950 286	74.0	1 766 692	19.2	3 321 296	24.7	90 893	1.0	172 053	1.3

资料来源：依据严中平．中国近代经济史统计资料选辑［M］．北京：中国社会科学出版社，1955：4．资料整理汇编。

表 3－17　　欧美来华商船数及吨位（1805～1833）

	英国			美国				其他国家	
	公司船只	私商船只	吨位总计	船只	占比	吨位总计	占比	船只	吨位总计
1805	17	36	40 000	41	40.6	12 792	22.1	7	5 000①
1806	19	60		38	31.9			2	
1807	14	37	40 303	30	37.1	8 280	17.1		
1812	23	13		17	32.1				
1814	22	23		13					
1815	24	23	50 000	21	28.8	7 213		5	
1816	28	39		17				3	
1817	16	39	43 200	33	37.5	12 028	21.8		
1818	16	35	49 000	44	46.3	15 410	23.9		
1819	24	17	39 679	39	48.8	13 641	25.6		
1821	21	36	49 870	42	42.4	14 782	22.9		
1822	19	21	35 804	31	43.7	11 297	24.0		
1823	21	24	47 000	35	31.3	13 635	22.5		
1824	21	30	49 000	37	42.1	14 435	22.8		
1825	22	39	54 300	42	40.8	16 153	22.9		
1826	34	51	74 000	19	17.0	7 034	8.2	8	4 730
1827	28	42	62 500	29	28.7	12 470	16.3	2	1 500
1828	20	53	68 209	31	26.5	12 500	13.8	13	9 750
1829	25	47	53 700	40	31.0	16 000	20.1	17	10 000
1830	22	50	54 940	25	23.0	10 000	13.6	12	8 400
1831	25	68	61 398	41	27.7	16 400	19.3	14	7 200
1832	23	67	59 439	62	35.8	25 000	26.3	21	10 700
1833	25	82	64 493	59	31.2	24 000	24.6	23	9 200

资料来源：依据马士《东印度公司对华贸易编年史（1635～1834）》历年数据汇编。

表 3－18　　美国输入、输出商品额及中美贸易差额（1784～1845）　　单位：元

年份	美国输华商品额			中国输美货物总额	中美贸易总额	中国对美贸易平衡顺差（＋）逆差（－）	美国对华白银输入	美国输华伦敦汇票
	商品额	鸦片额	货物总额					
1784	189 519		189 519	99 676	289 195	－89 843		
1792	152 522		152 522	440 653	593 175	＋288 131		

① 马士《东印度公司对华贸易编年史（1635～1834）》第三卷第 2 页仅记录丹麦船吨数为 1 600 吨，总数为约数。

续表

年份	美国输华商品额			中国输美货物总额	中美贸易总额	中国对美贸易平衡顺差（+）逆差（-）	美国对华白银输入	美国输华伦敦汇票
	商品额	鸦片额	货物总额					
1795	519 617		519 617	1 144 163	1 663 780	+624 545		
1801	877 276		877 276	4 558 356	5 435 632	+3 681 080	1 383 000	
1804	653 818		653 818	3 842 000	4 495 818	+3 188 182	2 207 400	
1805	1 150 358		1 150 358	5 127 000	6 277 358	+3 976 642	2 902 000	
1806			982 362	4 294 000	5 276 362	+3 311 638	4 176 000	
1807			908 850	3 476 000	4 384 850	+2 567 150	2 895 000	
1808			409 850	808 000	1 217 850	+398 150	3 032 000	
1809		21 664	1 021 600	5 715 000	6 736 600	+4 693 400	70 000	
1810			568 800	2 973 000	3 541 800	+2 404 200	4 732 000	
1811			1 257 810	2 771 000	4 028 810	+1 513 190	2 330 000	
1812			837 000	620 000	1 457 000	-217 000	1 875 000	
1813～1815			451 500	572 000	1 023 500	+120 500	1 214 220	
1816	550 840	54 160	605 000	4 220 000	4 825 000	+3 615 000	1 922 000	
1817	1 221 800	330 376	1 552 176	5 797 500	7 349 676	+4 245 324	4 545 000	
1818	1 951 869	546 339	2 498 208	9 057 107	11 555 315	+6 558 899	7 369 000	
1819	1 761 960	100 000	1 861 960	8 182 015	10 043 975	+6 320 055	6 297 000	
1820			1 465 500	4 088 000	5 553 500	+3 941 500	2 569 500	
1821	2 165 676	415 150	2 580 826	6 851 920	9 432 746	+4 271 094	4 612 000	
1822	2 046 558	178 500	2 225 058	7 524 492	9 749 550	+5 299 434	6 292 840	
1823	2 084 127	133 000	2 217 127	5 677 149	7 894 276	+3 460 022	4 096 000	
1824	2 149 855	287 700	2 437 555	8 501 121	10 938 676	+6 063 566	6 524 500	
1825	2 050 831	264 480	2 315 311	8 952 562	11 267 873	+6 637 251	5 705 200	
1826	1 973 049	29 500	2 002 549	4 363 888	6 366 437	+2 361 339	1 841 168	400 000
1827	2 518 109	8 008 000	3 318 109	6 143 360	9 461 469	+2 825 252	2 450 000	500 000
1828	1 824 640	816 725	2 641 365	4 552 200	7 193 565	+1 910 835	732 200	657 300
1829	2 291 088	502 900	2 793 988	4 099 589	6 893 577	+1 305 601	1 123 644	393 650
1830	2 064 501	806 820	2 871 321	4 263 551	7 134 872	+1 392 230	183 655	1 168 500
1831	2 162 585	221 100	2 383 685	5 857 732	8 241 417	+3 473 047	667 252	
1832	2 679 936	228 000	2 907 936	7 960 559	10 868 495	+5 052 623	682 519	4 772 516
1833	2 907 936	500 000	3 407 936	7 541 570	10 949 506	+4 133 864	682 519	4 772 516
1834			1 010 588	7 892 327	8 902 915	+6 881 744	279 000	
1835		50 925	1 888 580	5 987 187	7 875 767	+4 118 607	1 391 000	
1836	2 938 850	275 921	3 214 726	8 025 869	11 240 595	+4 811 143	463 970	

续表

年份	美国输华商品额			中国输美货物总额	中美贸易总额	中国对美贸易平衡顺差（+）逆差（-）	美国对华白银输入	美国输华伦敦汇票
	商品额	鸦片额	货物总额					
1837		52 221	600 591	3 965 337	4 565 928	+3 364 746	155 000	
1838			1 516 602	4 764 536	6 281 138	+3 247 934	729 000	
1839			1 533 601	3 678 500	5 212 101	+2 144 899	987 000	
1840			1 009 966	6 642 000	7 651 966	+5 632 034	477 000	
1841			1 200 816	3 985 000	5 185 816	+2 784 184	427 000	
1842			1 444 397	4 934 645	6 379 042	+3 490 248	606 714	
1843			2 418 958	4 385 566	6 804 524	+1 966 608	572 000	
1844	1 320 170	234 520	1 756 941	6 686 171	8 443 112	+4 929 230	1 125 000	4 240 301
1845			2 275 995	7 285 914	9 561 909	+5 009 919	772 253	5 352 033

资料来源：依据汪熙，邹明德．鸦片战争前的中美贸易［J］．中美关系史论丛．上海：复旦大学出版社，1985：93；李定一．中美早期外交史［M］．北京：北京大学出版社，1997：12；马士《东印度公司对华贸易编年史（1635～1834）》历年数据汇编。

1830～1833年间，对华贸易总额年平均已经上升为508万两银，50年间，增长了24倍。对华输入占欧美对华总输入的19.2%，对华输出占欧美对华总输出的24.7%，在所有西方国家对华贸易总额中所占的比重上升到了22.5%，而英国占到了76.4%，其他欧美国家仅占1%。1795年之后，美国对华贸易总额超过除英国之外的欧美国家，成为英国在中国最重要的竞争对手。

中美贸易总额上升较快并且数额较大的主要原因是中国出口量远大于进口量。在上文谈到的贸易额达到1 000万元以上的各年，中国出口额均在800万元左右，进口量只有100万～200万元之间，较高的出口权重拉升了中美贸易总额。1836之后，中国出口产品中茶叶与土布的销量在下降，中国出口额只有300万～400万元左右，加之鸦片的输入，中美商品贸易额在缓慢下降，1840年，中美贸易额为765万元（折合555万两），其中美国出口101万元（折合73.4万两），进口664万元（折合482.5万两），这一水平与1805年的贸易额相接近。

3.4.2 贸易差额

自1784年“中国皇后”号驶华至鸦片战争前后，除个别年份如1784年与1812年之外，中国在中美贸易中一直保持着顺差的地位，并且顺差的数额迅速上升，从1792年顺差28万元至19世纪40年代500万元，贸易差额上涨了近18倍。在贸易额较大的年份，贸易差额也是巨大的，1818年、1819年、1824年、1825年、1834年贸易差额均在600万元以上。鸦片战争前的四十年间，中美贸易差额年平均为321万元左右。中国一直保持顺差并且顺差额较大主要的原因是进出口的不平衡。中国对美输出的商品总额远远超过美国对华的商品输出，中国出口额约为进口额的3倍，最高年份1834年，中国出口额是进口额的7.8倍。中国对美国的单项商品输出就可以抵消美国对华的总输出。例如1817年美国输华商品（包括鸦片）总额为1 552 176元，美国进口总额5 797 500元，进口是出口的3.7倍。而同年中国输美的茶叶值4 325 500元，仅茶叶一项就抵消美国输华总值，并产生270多万元的顺差。至1832年，美国输华商品（包括鸦片）总额为2 907 936元，当年输美茶叶额为5 925 541元，茶叶出口额相当于美国对华输出的两倍。这样的顺差状态一直保持到19世纪40年代中期。

巨大贸易差额的平衡来源于三种商品：贵金属、汇票、鸦片。在中美贸易早期，对华贸易逆差的支付主要依靠墨西哥银元，通过著名的三角贸易的一角，将美国的商品运到西印度群岛交换银币运往中国购入茶叶，银元成了平复中美贸易逆差的最主要工具。1804～1826年，美国出口到广州的银元达7 721万元，年平均336万元，同时期中美贸易逆差累计为7 473万元，年平均差额为324万元。1827年，英格兰汇票兑付开始代替贵金属，以英格兰的美国货物换回外汇比从西班牙人手中换取银元更加划算，在1827～1833年间，美国人用将近1 200万美元的英国汇票支付广州的贸易逆差。1831～1840年间，美国输入的现金银比十年前减少了80%。最后，平衡贸易逆差的是鸦片，但鸦片的统计是不完整的，美国出口到中国的鸦片多数通过走私的方式，1827～1830年，美国人每年贩卖的鸦片达1 200～1 400担。① 依据马士《东印度公司对华贸易编年史》中对鸦片价格的统计，孟加拉鸦片价格较高，每箱约在800～1 200元之间，土耳其鸦片价格较低，每箱价格约在600～800之间②。按此计算，美国每年输入的鸦片价值约在几十万元至一百万元之间，虽然所占的份额较小，但毕竟为美国缓解了硬币输入不足的困境。在1820年之后，皮毛、檀香木等商品输入减少，而美国棉花尚处于幼稚时期，不断增加的鸦片输入成为平衡贸易逆

① 一担=100市斤，即50公斤，约合133.33磅。

② 这是1826～1828年的价格。1821年，土耳其鸦片最低每箱650元，最高每箱1 250元。孟加拉国鸦片每箱最低1 650元，最高每箱2 040元。

差的稳定渠道。

3.4.3 贸易比重

18世纪末至19世纪初，中美贸易占美国对外贸易总额约为2%，鸦片战争前后，这一比例上升到4%左右（见表3－19）。而同期，中美贸易约占整个中国对外贸易的15%～32%（见表3－20）。中美贸易在各自对外贸易中不同的比例并不代表彼此贸易需求的强弱。中美贸易额对两个国家贸易比重的悬殊差异主要原因来自于彼此进出口基数的不同。在19世纪初，美国对外出口达到9千万元，进口达到1亿多元，而同期中国进出口各达到一千多万元，仅为美国的10%，美国的海外扩张政策与重商主义影响下对金银财富的追求，让这个年轻的国家游走于世界各国积累资本。而清政府的闭关锁国与一口通商时期烦冗的贸易制度让中国的市场越来越小。19世纪40年代，美国对外贸易总额超过2.3亿元，是中国的5倍多。虽然中美贸易占美国对外贸易的比重较小，但是，它对美国的经济发展曾起过很大的影响。特别是从事鸦片走私的商人普金斯、约翰·顾盛、阿斯特等在中国攫取了巨额财富，这些财富在美国迅速转化为工业资本。同时，中美贸易同美国西部的开发、夏威夷的占领、工业与金融业的建立都有着密切的关系。

表3－19　　中美贸易占美国对外贸易的比重　　单位：元

年份	美国输入商品总额（A）	美国自华输入商品总额（B）	B/A（%）	美国输出商品总额（C）	美国输华商品总额（D）	D/C（%）	(B+D)/(A+C)（%）
1795	69 756 258	1 144 163	1.64	47 855 556	1 023 242	2.14	1.84
1801	111 574 876	4 558 356	4.09	93 020 513	877 276	0.94	2.66
1807	138 574 876	4 294 000	3.10	108 343 150	1 132 362	1.05	2.20
1816	147 100 000	4 220 000	2.87	81 987 000	1 093 000	1.33	2.32
1833	108 118 311	8 225 375	7.61	87 500 000	3 407 936	3.89	5.95
1840	107 141 519	6 640 829	6.20	132 085 940	1 009 966	0.76	3.20
1845	117 252 564	7 285 914	6.21	114 646 606	2 276 996	1.99	4.12

资料来源：赖德烈．早期中美关系史（1784～1844）［M］．北京：商务印书馆，1962：110．及根据马士《东印度公司对华贸易编年史（1635～1834）》历年数据资料汇编。

表 3－20　　中美贸易额占中国对外贸易的比重　　单位：元

年份	中国输入商品总额（A）	中国自美输入商品总额（B）	B/A（%）	中国输出商品总额（C）	中国输美商品总额额（D）	D/C（%）	(B+D)/(A+C)（%）
1800	12 121 339	1 150 452	9.49	14 400 051	2 828 400	19.60	15.0
1805	17 150 443	1 150 358	6.71	15 512 199	5 127 000	33.05	19.2
1817	18 693 440	2 756 800	14.75	15 566 461	5 797 500	37.24	24.97
1819	10 681 769	1 861 960	17.43	19 889 657	8 182 015	41.14	32.85
1823	18 351 560	2 217 127	12.08	18 397 873	5 677 149	30.86	21.48
1825	23 269 060	2 284 141	9.82	22 229 791	8 752 562	39.37	24.26
1827	26 573 709	2 318 109	12.49	18 184 766	6 143 360	33.78	18.90
1829	26 060 640	2 793 988	10.72	18 288 183	4 099 589	22.42	15.54
1831	24 401 497	2 383 685	9.77	18 797 172	5 857 732	31.16	19.08
1833	26 864 229	3 407 936	12.69	21 671 012	8 225 375	37.95	23.97
1844	16 806 280	2 119 752	12.61	22 112 088	5 794 684	26.21	20.34

资料来源：依据马士《东印度公司对华贸易编年史（1635～1834）》、马士《中华帝国对外关系史》、姚贤镐《中国近代对外贸易史资料》等资料汇编而成。

中美贸易初始以来，美国就是以西方的特有商品人参与毛皮及东方的棉花、檀香木、胡椒及欧洲的制成品作为媒介交易中国的茶叶与生丝。当美国流连于各洲搜集银元与中国交易基本上维持与中国的贸易平衡时，美国是可以获得利益的，但白银的稀缺性及初级产品市场的不稳定性很难将这种贸易方式维持下去，于是罪恶的鸦片成为了平衡中美贸易逆差、解决白银短缺的最好商品。在鸦片走私中国的开始，就预示着中国的对外贸易终将遭遇“十面埋伏”，传统的贸易格局很难维系。

第4章

条约体制下的中美贸易：1841 ~ 1894 年

鸦片对中国社会的毒害及白银大量外流已经使清政府濒临危机，林则徐的禁烟沉重打击了英美烟贩，美商越来越认识到他们在中国所受到的“限制”与“凌辱”的根本原因是清政府的闭关政策。1840 年鸦片战争爆发后，一直追随英国对中国进行商业扩张和经济掠夺的美国认为“能够打开进行安全谈判的时机终于来到，如果想获得和英国相等的利益就必须这样做”。[①] 于是在《南京条约》后，美国人趁势签署了《望厦条约》与《天津条约》，特别是《望厦条约》，这成为其他国家向中国提出不平等条约的范本，更重要的是它对此后中美关系的发展产生了深刻的影响。自此，经历五十多年平等交往的中美两国关系在 19 世纪中期后发生了质的变化。

4.1 《望厦条约》的签署与中美贸易关系

《望厦条约》在中美关系中占有重要作用，以此为分水岭，中美关系的性质发生着根本的变化。两国从平等的商务关系向不平等的外交关系转变。协定关税、领事裁判权等条款的提出反映出美国从追随英国转向独立提出对华贸易改善条件，这与美国经济实力的增强及美国在中英之间扮演的角色有着直接的关系。

---

① 赖德烈．早期中美关系史（1784 ~ 1844）［M］．北京：商务印书馆，1962：125.

4.1.1 《望厦条约》的前奏

4.1.1.1 鸦片收缴

外国商人通过鸦片走私，聚敛了大量财富，却使中国的经济、政治乃至社会生活遭到严重祸患。自1792年，清政府就下令禁烟，但外国鸦片商与清政府官员沆瀣一气，鸦片走私有增无减，广东白银大量外流，“自1834年后已达三千余万两”。[①] 中国从出超变成入超，泱泱大国正在鸦片与腐朽的政治中被蚕食。正如马克思所说：“随着鸦片日益成为中国人的统治者，皇帝及其周围墨守成规的大官们也就日益更新换代自己的权力。”[②] 鉴于猖獗的鸦片走私带给中国的灾害，中国社会各阶层掀起禁烟运动，1838年9月，林则徐向道光皇帝上书，痛斥鸦片之害“若犹泄泄视之，是使数十年之后，中原几无可御之兵，县城无可以充饷之银，兴思及此，能无股栗。”[③] 受鸦片毒害对政权的威慑，清迁委任林则徐为钦差大臣到广东查禁鸦片。林则徐于1839年3月10日到任广州后即以激烈的手段来执行他的命令，首先向各行商发出公告，严禁他们包庇鸦片走私。此外，要求各国商人呈缴鸦片，命令“夷商等速即遵照将夷船鸦片尽数缴官”，[④] 为了实现这一目标，林则徐于3月19日下令停止广州的对外贸易，将广州的外商扣留在商馆作为人质，断绝了他们与外界的一切联系直到他们彻底交出鸦片。在扣押外商的同时，“林则徐企图外国人具结，保证决不再贩运毒品，凡有船只载有鸦片，全船人员处以死刑，保证人要对全部偷运行为负责”，[⑤] 出于无奈，英国领事查理·义律命令“为了女王陛下的政府，向中国钦差大臣屈服”，[⑥] 号召英商呈报鸦片数量，而美国商人的鸦片则由领事代为呈缴。美国领事士那根据美商的呈报，称他们存有代英商销售的1 540箱鸦片，但这仅仅是他们受英国委托代办的，而且已经交由英商。但林则徐认为义律上缴的20 283箱鸦片不包括美商的1 540箱，便指示说：

---

① 绍溪. 19世纪美国对华鸦片侵略［M］. 北京：三联书店出版社，1952：61.

② 马克思，恩格斯. 马克思恩格斯全集（第9卷）［M］. 北京：人民出版社，1977：110.

③ 泰勒·丹涅特. 美国人在东亚［M］. 北京：商务印书馆，1962：22.

④ 乔明顺. 中美关系第一页——1844年《望厦条约》签订的前前后后［M］. 北京：社会科学出版社，1991：22.

⑤ 赖德烈. 早期中美关系史（1784～1844）［M］. 北京：商务印书馆，1962：108.

⑥ 亨特. 广州番鬼录 旧中国杂记［M］. 广东人民出版社，2009：77.

"查英夷之运销鸦片久成惯技，安用尔国夷人代为售卖？尔非英夷属国，又安肯听其指挥？……察尔情词，显系有心捏混"。[①] 不过在经过士那的解释及收到"义律收到美商 1 540 箱鸦片"的字据时，林则徐才承认供述属实。在具结问题上，士那虽然与美商发生了意见分歧，但权衡利弊，美国人欣然同意了不再允许鸦片船只来华的要求，并签署了具结文件。

4.1.1.2　美国国内对鸦片战争的反应

对于清政府查封鸦片，用激烈方式要求英美等商人签署具结不再输入鸦片，最终英国以武力威逼中国等一系列事件在美国国内激起广了泛的争论。舆论几乎一致指责英国的鸦片贸易。在得知中国在鸦片战争中失败的消息后，虽然对中国的印象突然改观："蔑视中国武力窳陋与闭关自守，认为中国已经堕落而濒于灭亡之境，昔日的光荣已成为过去。"[②] 但对鸦片战争的缘起仍保持着较客观的判断。与对华贸易无关的群众，抨击鸦片走私，毒害中国人民的不道德，英国为保护鸦片走私而对中国发动的战争是非正义的。美国《商人杂志和商业评价》发表文章题为《中国和中国的和平》指出："本刊已经尽可能地屡次指出：'鸦片战争是非正义、反基督教义、反国际法的战争，它使英国蒙受耻辱。中国和其他贸易国家一样，有权决定自己的进口商品的品种。如果用武力强迫输入一个国家拒绝的商品，就明显违反了国家主权，触犯了国际法。尽管中国的制度是极端可笑的，但我们不能认为英国所使用的手段，是纠正中国政府自负和无知的适当办法。无论帝国关税的过高或政府态度的傲慢，都不能构成入侵的合法理由，然而，其后果可能有中国口岸的开放，可是我们惋惜这是由暴力完成的罪恶计划。'"[③] 此篇文章虽然将英国发动的鸦片战争定性为侵略性的，但却从美国商人的角度表达了对中国贸易制度的不满。在当时国际上斥责英国的罪恶行径时，也不乏英国的支持者。1841 年，美国众议院外交委员会主席约翰·昆西·亚当斯（john Q. Adams）在马萨诸塞州历史学会上发表同情英国的演说，他说："中华帝国的基本政策是反对商务。它闭关自守，拒与他国有商业交往，它不予他国平等地位，自以为地球中心之天朝上国，而视其他各国为蛮夷藩属……我认为这才是中英两国政府间真正的争执所在。一般

---

① 绍溪. 19 世纪美国对华鸦片侵略［M］. 北京：三联书店出版社，1952：66.

② 李定一. 中美早期外交史［M］. 北京：北京大学出版社，1997：79.

③ 乔明顺. 中美关系第一页——1844 年《望厦条约》签订的前前后后［M］. 北京：社会科学出版社，1991：31.

人以为国为英国进口若干箱鸦片，被中国以其违法而缉获遂引起战争，我认为是错误的。这不过是一桩偶然事件，但不是战争的原因，正如将茶叶投入波士海湾不是美国革命的原因一样，真正的原因是为了磕头。”对于亚当斯的拥护派来自于美国在华传教士与商人，他们的体会与英国在华人士的体会是一样的，双方都反对清政府歧视西方人的政策，都反对行商的贸易垄断权，都反对政府对鸦片贸易的禁令等。

4.1.1.3 加尼司令率舰东来

在谴责英国发动鸦片战争的同时，美国也开始关注美国商人在华的利益及未来中美关系的发展。经过禁烟运动和英国对中国的挑战，在华的美国商人越来越感受到未来局面的不稳定性。由于英国拒绝在具结文件上签字，1839 年 5 月，英国的船只被赶出了黄埔。在接下来的半年中，美国的劲敌英国对华的贸易基本被美国所取代，美国同时成了英国的代理商，“在美国的国旗下，交易活跃进行，为英国的朋友们大开方便之门，使他们饱获利润。”[①] 1839 年 12 月 6 日，林则徐正式下令不准英国船只驶入虎门，并断绝了中英贸易关系。面对美商与英商的沆瀣一气，12 月 29 日，林则徐又下令美国船只不得运载英国货物，不得夹带鸦片，而且必须有领事担保。美国商人在广州短暂的繁荣被这一政令所限制，无论是出于对战争的担忧还是对贸易的限制，美商越来越感受到在中国经商缺乏必要的保障。美国领事士那由于自己处于无权代表政府的地位曾请求国务卿委托公使来华谈判，以解决美商所面临的困扰。商人们也从个人利益出发联名向国会提交了一份申请书，申请书中表明了美商在中国也曾从事鸦片贸易，指责林则徐收缴鸦片行为的不当举措；要求派遣海军到中国保护美商的利益；建议美国立刻采取行为联合英、法、荷等国与中国谈判建立“安全”、“公正”的商业关系并派遣商务代表与清政府谈判商约：（1）准许外国使节驻扎北京，享有正常的外交权力；（2）公布固定的税则；（3）设立关栈，并制定转口规章；（4）在广州之外的其他口岸通商；（5）中国赔偿此次外商在贸易中所受损失并保证今后不再发生类似事件；（6）在外国人未充分了解中国法律之前，关于外国人所受侵害华人后所受惩处，不能重于美国或英国现行法律之裁判；在当事人的犯罪行为未经公平地、明确地证实以前，中国当局

---

① 马士．东印度公司对华贸易编年史（1635～1834）第 1 卷［M］．广州：中山大学出版社，1991：266.

不得对任何外国人加以处罚。[①] 在行文中，美商指责清政府不分良莠，未来的中美贸易前途渺茫，并坚信在此时局下，必须组建英、法、美海军舰队于中国沿海向中国示威恫吓，方可不经过战争，迫使清政府与各国签订条约。[②] 广东美商的申请书形成了美国 19 世纪前半期对华政策的基本框架，其商约的基本条款最终都被顾盛列入到了《望厦条约》中而成为正式条款。

鸦片战争已经让美国政界及普通民众关注起中国。美商的请愿推动着国会对美中关系的讨论，为了保障在华美商的利益，1842 年，美国政府派海军准将劳伦斯・加尼率东印度舰队来中国。起航前，海军部长颁发训令给加尼，指出：此次任务是“保护美国公民的利益和人身安全，但在中英冲突问题上必须严守中立”。[③]训令特别提示加尼，中国的内外政策与西方不同，对于中国的特殊制度，务必尊重；他应利用一切机会，使中国的民众和官员理解这一巡航的目的是“禁止美国人或其他国家的人民利用美国的旗帜向中国走私鸦片”。[④]加尼到达中国后，发现美商正十分活跃地从事贩毒贸易，于是立即要求美国驻粤副领事颁布美商的公告：“美国政府不容许悬挂美国国旗在中国海从事违反中国法律的鸦片走私。自此公告后，任何美国船舶倘因此遭中国政府捕捉，本司令不予以任何援救。”[⑤]对于加尼的声明让英人觉得可笑，却换来了中国政府的好感。事实上，美国派遣加尼来保护美商是多此一举。为了能够在中国进行畅通无阻的鸦片贸易，美国商人在修建快艇上做足了功课。美国的鸦片快船在建造时就预料到得不到政府的庇护，因此在船舶的速度和构造中都独具匠心。首先这些快船速度极高，超过一般商船，目的就是为了逃避中国政府的海上追捕。其次，这类船武装有重型武器。以“羚羊号”为例，每侧都装有两门炮，船中间还有一尊旧式海军炮。主桅四角的架子上层层叠叠排列着长矛，后甲板上满载着手枪与尖刀。[⑥]船上的水手个个骁勇善战，有些是退役的军人。一位从事鸦片走私的美商曾得意地说：“我们充分准备与无赖的中国人一战，可以毫无阻碍地逃过一两艘中国军舰。”[⑦]如此看来，美国派舰保护美商进行合法贸易并阻止本国商人从事鸦片贸易的训令成为空言。更恶劣的是自从英船离开广州后，很多船只悬挂上美国国旗运输鸦片，甚至就在东印度舰队的眼前招摇而过，加尼的第二项任务彻底失败。但加尼出访中国一年中的“功绩”是不可磨灭的。第一，利用武力要求中国政府赔偿美国人在战争中所受到的损失

①⑥　泰勒・丹涅特．美国人在东亚［M］．北京：商务印书馆，1962：87，111．

②③⑤　赖德烈．早期中美关系史（1784～1844）［M］．北京：商务印书馆，1962：26，34，113．

④⑦　李定一．中美早期外交史［M］．北京：北京大学出版社，1997：84，86．

7 800 元；第二，坚持与清政府直接交换公文，这打破了以往由“十三行”向政府陈请的旧规；第三，鸦片战争中英国的获胜使美国政府认识到是时机派遣专使来华与清政府商订条约，改善贸易条件；第四，也是逾越他个人身份而以美国外交使节的口吻向中国政府提出最惠国待遇条件。

1842 年 10 月 8 日，加尼向两广总督祁贡致函要求美国人享受最惠国待遇，他说：“我渴望帝国政府关注美国在华的商业利益，希望考虑中美贸易的重要性，置美国人在贸易方面与享受优惠待遇国家的商人具有平等的地位。”这一言论成为之后《望厦条约》中最惠国待遇条款的内容依据，同时这种要求对清政府来说也是史无前例的。而正在此时，清政府的高层官员也同样思考着在给予英国开放口岸等一系列优惠待遇后，面对接踵而来的西方各国，清政府应该如何解决。1842 年 12 月，祁贡将记载加尼要求的奏折送达北京，但却得到“当循照旧章，不可有所增改。傥敢觊觎设立码头等事，务即剀切谕止，断不准稍有迁就”① 的答复。1843 年 1 月 17 日，与英国谈判的钦差大臣伊里布在呈北京的奏折中表达了不同的观点：“酋夷璞鼎查曾有各国前来福建、江、浙各处通商，中国但肯允准，该酋断不阻止以求专利。是其意已有暗有邀约各国同来商贩之见。县咪唎坚船前在浙江乞求，今又在广东禀求，佛郎西前赴江宁，大约亦在通商。若我专准英吉利添设码头，他国均不准来同贩，恐其船只衣服，无甚区别，难以辩白。且恐阻止致生枝节，反使各国以英国借口，又虑英吉利串通，一同前来商贩，我亦难于阻遏，反使惠出夷酋，而各国德在英国，怨在中国，亦为失算。”② 而两江总督耆英的想法与伊里布不谋而合。他在奏章中说道：“臣反复筹思，米利坚等国，若于闽浙江苏，亦欲另立马头，必应正言拒绝，以示限制，或英夷据闽浙江苏之马头为已有，不肯令他国通商，则彼已自启争夺之机，我即可以将计就计。今该夷既肯通融，各夷亦皆乐从。法穷则变，与其谨守旧章，致多棘手，莫若因势利导，一视同仁。如米利坚等国，必欲在闽浙江苏通商，似可准其一并议定税则，任其所之，但不得于闽浙江苏之外，别有觊觎……”③ 伊里布与耆英的奏章在给予美国同等于英国待遇中起了决定性的作用，清政府最终采纳了两人的意见。

最惠国待遇条款最终被写入《望厦条约》，虽然加尼在中国的一年中未曾从清政府官方获得应允，但对之后美国派公使来华签订条约，起到了重要的铺

① 文庆等编．筹办夷务始末（道光朝）第五册［M］．北京：中华书局，1964：2472－2473.
② 文庆等编．筹办夷务始末（道光朝）第 5 卷［M］．北京：中华书局，1964：2530－2531.
③ 文庆等编．筹办夷务始末（道光朝）第 69 卷［M］．北京：中华书局，1964：42－43.

垫作用。而通过美国争取最惠国待遇这一事件来看，清政府在制定对外政策时考虑的不是国家的利益得失，而是从西方国家彼此间的政治关系与经济关系层面考虑，失去了一个国家对外政策的独立性。而美国能从追随英国到独立提出对华贸易改善条件、派驻军队耀武扬威充分反映出美国经济、军事力量的逐渐强大。鸦片战争前，中美的贸易关系极其简单，中美商人之间的印象也极其友善，在美国人看来到中国最纯粹的想法就是赚钱。因此，美国在亚洲无所谓提出什么政策，因为贸易自由的地方不需要政策的约束，或是说美国的东亚政策是消极的，但这种消极的顺从随着贸易受到阻挠，随着利益的膨胀和对他国法律的践踏而变得肆无忌惮起来。在与中国经历五十年贸易往来，培养了大批美国资本家及政客后，受自由的资本主义生产方式影响的美国人在中国推行他的经济自由时受到了限制，而唯一解决的方式就是给予其他国家一样的有利条件促使美国继续保持这种自由或是得到更大的利益。

4.1.1.4　顾盛使团出使

鸦片战争后，中国的形势发生了变化，美国若想在更稳固的基础上和中国进行贸易，必须在中国有一位外交官和赋予更多权限的领事，并且要对美国的权利获得条约上的认可。美国在中国的商人、领事及加尼将军都曾建议派使来华谈判。这些人当中亲身前往华盛顿劝说政府采取行为的莫属牧师巴驾。巴驾是一位传教士医生，于 1834 年来广州开办西方第一家眼科医院。据 1840 年 4 月《中国丛报》的一段译文描述林则徐曾经因疝气受助于巴驾。由于在中国多年，对清政府的状况了解得很清楚，他认为中国的战败是必然的，这将是美国派使与中国签订条约的最好时间。1841 年巴驾会见了即将就任国务卿的丹尼尔·韦伯斯特并写了一份详细的书面材料。材料中谈到，中英战争只解决了交战国的争端，不可能处理中美之间存在的问题，所以派人出使中国建立正式外交关系，扩大传教与商务是必要的；此外，中国既希望发展对外贸易，又企图通过和平方式解决争端，作为美国公使可以借机调停而被视为中立国家，为今后在中国的发展占据有利的地位。巴驾的观点在广州的美国传教士及商人中具有代表性。之后，巴驾又会见了第六任总统亚当斯和时任总统泰勒，得到的答复都是美国采取这一行为的时机尚不成熟，美国也不具备调解英国和其他国家冲突的条件。①

① 赖德烈．早期中美关系史（1784 ~ 1844）［M］．北京：商务印书馆，1962：125.

从美国当权者对巴驾的建议的反应可知，美国政府认为派使来华不合时宜。这种消极的主张与当时美国客观的国情相关，从19世纪40年代的美国国力来说，虽然美国企图对外扩张，但还不具备与中国进行武力抗衡的力量，而且美国与中国的矛盾尚达不到使用武力的程度。如果清政府拒绝接待美国公使，将使美国使节蒙受羞辱，中美相距遥远，联邦政府也将束手无策。对于美国参与中英调停事宜在当时更很难实现，美英本是宿敌，以第三方调停也许只能是一厢情愿。但巴驾的努力没有白费，就在得知中英签署《南京条约》后，美国政府相信美国开展安全谈判的时机终于来到了。之后成为使节团统率的凯莱布·顾盛在推动这项程序中起了关键性的作用。顾盛是与中国贸易最多的联邦众议院马萨诸塞州的代表，父亲是航运资本家，其家族一直远航英国、印度从事外贸活动，在广州的知名美商顾盛是他的兄弟。因此，顾盛对中国的情况了解得多，长期以来瞩目于中国形势的发展。1842年12月27日，顾盛致函总统泰勒强调说："英国政府已经迫使中国允许其船只进入五个港口，还割让中国一个靠近海岸的港口。英国为维护自己的在华利益已经做了布置，但它并无意排斥其他国家入侵中国。显然，如果别的国家企图获得同样利益必须自己到中国去谋取。所以，现在不是美国授权公使去中国发展贸易的关键时刻吗?"[①]泰勒在顾盛的建议下于三天后提出咨文，它指出：美国对华政策是从中国获得同英国在华利益"平等"的地位。[②] 众所周知，美国从中国进口商品的数量很高，每年可达900万元之多，自美国向中国的出口也逐年增加，毫无疑问，新口岸的开放将使美国向中国输出更多商品，从美国利益考虑，我们理应关注美国至今在中国还没有驻有使节的不利事实。[③]1843年1月，国会批准了中国使节团的议案，派顾盛为第一任驻华公使。但美国政府考虑非常周全，在出使前，韦伯斯特向波士顿、纽约、撒冷等各地从事与中国贸易往来的商人发布了一封通函。内容是对即将出访的使节团征集意见。很快七个波士顿商行联名向韦伯斯特作了一封复函，这封信由旗昌洋行的合伙人之一约翰·福士起草的，并有如下建议：第一，使节团必须配有一支令人尊重的舰队，因为许多中国人现在都有这样的印象，以为美国只有两艘海军船舶。第二，不必送礼物，以免中国人称之为贡品，但是这却不应该有碍于一些周到的友谊表示。中国人把我

①③ 乔明顺．中美关系第一页——1844年《望厦条约》签订的前前后后［M］．北京：社会科学出版社，1991：50，51.

② 李庆余．美国外交史——从独立战争至2004年（修订版）［M］．济南：山东画报出版社，2008：74.

们当作朋友，但是他们非常担心别国的侵犯，如果我们在不违反对英国的礼貌情况下，暗地对于防范进一步的侵略的办法有所贡献，这会使皇帝看出和我们结盟的价值，岂止百倍于他们增进贸易的展望。第三，使节团有必要先停留在澳门，但是也许应该去广州，或更好是去白河口。第四，必须以使节团的到来先行通知省当局，并告以使节团将前去北方。第五，两名翻译官应该是不可少的，兹特推荐彼得·巴驾医生担任。第六，委员必须预有提防，中国人势力将每点必争。诉诸武力将会是必要的，如有可能，最好是步英国人的后尘，定一项条约，倘使英国人不去北京，美国公使对于前往该地就必须分外谨慎，根据中国事务中的一切经验，迄今还没有一个外国曾以和平谈判的方法解决过任何争端点。[①] 除了以上的信外，韦伯斯特还收到了专门从事对华贸易的纽约商人格林的信件，格林曾经担任罗素公司的经理。而罗素公司的创始人正是旗昌洋行的创办人塞缪尔·罗素（Samuel Wadsworth Russell）。这些商人在中国走私鸦片攫取了大量财富。他们在信中直言不讳地说："中国政府很可能力请委员利用他的职权出面阻止美国公民参加鸦片贸易，但是我们认为，不应对于这项贸易担负起什么责任，为了承担这些责任而对我们公司作任何程度上的限制与管理都是极端失策的。美国人过去或多或少地从事于这种贸易，而且不管它是怎样为正义和人道所不容，也许还会继续下去。我们相信，皇帝最终在课征重税下会将其合法化。"[②] 在谈判条约方面，他们建议公使提出以下数款：（1）条约必须对双方有利；（2）美国公使驻于北京；（3）美国在各通商口岸设立领事馆，中国必须承认领事具有代表其国家的资格；（4）美国公民在通商口岸应该享有自由贸易的权利，他们及其家庭的生命财产，应该得到可靠的保证。在信件结尾处，这些商人凭借多年对华贸易的经历用恳切的语言给予忠告：如果我们的使节团没有成功的把握，不要妄动，姑且等待时机，如果他不耐烦，宁可准许他回国，将他的使节团中的某位团员留下，以代办的身份等待时机。[③] 同时这些商人深谙在中国商人地位较低，嘱咐千万不要选派一名商人充当使节团的委员。公使尽一切可能前往北京，以平等仪式觐见皇帝，如果中国不许进京，可折回广州，但无论如何不要与中国发生武装冲突或是军事威胁，毕竟美国的军事力量还不足够强大。这封信以谨慎的言语表达了希望美国政府所派专员能最大限度地通过和平稳妥的方式获得英国在中国通过尖枪实炮所获得的利

①③　泰勒·丹涅特．美国人在东亚［M］．北京：商务印书馆，1962：119，120.

②　乔明顺．中美关系第一页——1844年《望厦条约》签订的前前后后［M］．北京：社会科学出版社，1991：50.

益，从一个侧面反映出，美国人正在聪明地把握时机，既不与英国混迹同行，也不与中国刀枪相对，但这种外交伎俩反映出美国更善于利用国际关系为自己图利的本质，在中国最终的取向与英国是殊途同归的。

韦伯斯特在参考各方意见后，在1843年5月向顾盛发布了训令。这张训令也可以看成是中美经历半个世纪的交往后美国第一份正式的对华贸易政策宣言。这份训令有几个要点：

第一，是获得最惠国待遇。这是使节团这次出访的重要目标。这也是《南京条约》后讨论中国问题中谈得最多的，训令希望使节团能够为美国船只和货物争取按照英国商人享受的同样优惠条件，允许美国人同英国人一样可以在除广州之外的其他四个口岸自由贸易。

第二，至于如何得到帝国的信任与优惠待遇的许可，训令中做了完备地铺垫，即必须让他们相信我们是友好通商的代表。“你的经常目的应该是使中国政府和人民从内心产生一种信念，相信你的使命完全是和平的；你到来的目的没有怀着敌意或有意有找麻烦；你是从美洲最伟大国家派到亚洲最伟大帝国的一个和平使者前来表达敬意与友谊”。[①] 美国政府不支持鸦片走私，对于这些以身试法的人，美国不会出面袒护。

第三，阐明美国与英国的本质区别。美国经历七年斗争，摆脱了英国的殖民统治，独立后的美国在政治、经济领域发展迅速，在国际事务中占有重要位置，与英国是平等的关系。美国距离中国遥远，不侵犯他国土地。这样的表达是让清政府明确地辨析出美国与英国是有区别的，相比英国的鸦片战争，对中国土地的侵占等，都能显现出美国人的友好。“对于美国大可不必抱着从这类原因所引起的一切猜忌。”[②]

第四，关于礼仪方面的训诫。长期以来，到中国的外国大使都被以进贡国的待遇接见，此次出访，切忌将自己划入“贡使之列”，“你应该向一切中国当局和其他人表示，以中国皇帝和美国总统之尊，而为礼品往来这类不重要的事情劳神，不免有失体统；这样两个政府元首之间的往来，应该只以重大政治问题，彼此的关注，和有益关系的建立等为限。”[③] 同时要求使节团务必争取到北京觐见皇帝，但不可行使跪拜礼。“你应该向中国当局陈明，你奉命对皇帝陛下照你本国政府对俄罗斯皇帝陛下或世界任何大国的皇帝，行同

---

① 李定一．中美早期外交史［M］．北京：北京大学出版社，1997：98.

② 赖德烈．早期中美关系史（1784～1844）［M］．北京：商务印书馆，1962：72.

③ 泰勒·丹涅特．美国人在东亚［M］．北京：商务印书馆，1962：122.

样的致敬礼。”

第五，对此次出访最终结果的表态。训令指出“你应以坚定的措辞和果断的态度表示：如果中国政府允许他国人民比美国人民享受更多的权益和有利的贸易条件，美国政府将不可能与中国皇帝保持友好关系。希望你也相信自己将成功签订一个像中英条约那样的条约！”①

以上是顾盛来华前美国官方给予的训令，从这份文件中无疑可以看得很清楚，要求顾盛代表美国以一个伪善的和平使者去完成一个强盗侵略者的任务。并大言不惭地希望得到如同英国出兵震慑所得的条约赋予的一切权利。中国有句俗语说“入乡随俗”，美国人对进入中国所行使的礼仪格外看重，并一再强调不得使用屈膝礼实际上就是对中国制度的挑战，而这个苗头如燎原之火，在《望厦条约》签署的过程中将其变得掷地有声，而在门户开放政策中就只能说“司马昭之心，路人皆知了”，即肆无忌惮地对中国根本制度的挑战。相比英国人的大刀阔斧，横冲直接，美国人则是处心积虑、有条不紊地进行着经济侵略。

4.1.2　《望厦条约》的签署

4.1.2.1　签约背景

顾盛于1843年7月31日从华盛顿起航，在使节团到达前，清政府已经向各国商人“宣布皇恩，准其前赴各口，一律通商”，“一切章程，悉照英吉利办理”。② 据此，训令中所期望的最大利益已经得到满足。但顾盛不满于口头应允，他真若总统所希望的那样，订立一个比《南京条约》还伟大的中美条约。很快，顾盛就将他的即将到来的消息及使命的书信通过新任粤领士福士先期传到了两广总督耆英手中，信中言明他们取道赴京向皇帝呈递国书，路过澳门，暂时作补给后准备继续向前航行至白河口，借机会拜见皇帝。耆英答复说：“既有钦差大臣驻节广州，而且美国人已经获得英国人在贸易方面受让的一切权益，为什么还要去北京？”③ 力劝顾盛不必作赴京的打算，因为在清政府看来，自从一口通商后，外商的文件都由行商代为传达，外国使者进京面

---

① 刘大年．美国侵华史［M］．北京：人民出版社，1951：7.

② 文庆等编．筹办夷务始末（道光朝）第69卷［M］．北京：中华书局，1964：37.

③ 泰勒·丹涅特．美国人在东亚［M］．北京：商务印书馆，1962：131.

圣，“与旧制有乖”，不合乎中国礼仪，损害清帝国的威严。无论是之前的英使乔治·马嘎尔尼还是威廉·阿美士德，都试图直接面见政府官员，但都无功而返，即便是英国全权公使的亨利·朴鼎查爵士签订《南京条约》后也不得不返回广州议定商约。因此，耆英为安抚顾盛而委婉地答复：“该国到粤，已历重洋七万余里，再由粤赴京，往返途程，又在一万里以上，大皇帝必不忍令该国使臣纡道进京，致滋劳费。且该国素来恭顺，久邀大皇帝圣鉴，必蒙曲加体恤……”① 1844 年 2 月 24 日顾盛到达澳门，彼时，耆英已返两江总督任职，广东巡抚程矞采代理两广总督，在以后的三个月中，顾盛频繁用书信与程矞采交换意见。程矞采深知美方来华的动机，并一再表示，美国已经获得英国所在中国获得的一切权益，大可不必周折赴京。具体的内容有五点：第一，就北上之目的在表示“恭顺”而言，则兵船驶天津之事“尚须斟酌而行，不可轻有举动。查各国使臣赴中华晋京朝见大皇帝，均须在近边口奏请，径以兵船驶天津，殊与体制未协。”第二，北上的目的如是贸易，则大可不必，因为天津向来没有各国贸易商船来往，与广东的情形迥异。使节到后，既无通事通晓语言文字，也没有懂得谈判的钦差大臣，“实属诸多未便。”第三，关于订约一事美国和英国是有区别的。英国寻衅滋事，为避免战争再起，立约以规避猜疑。而与合众国通商至今，来华的美商皆循分守规，中国以礼相待，相处友好，何须用条约禁固？美国已经实际拥有了与英国同样的贸易权利，“毋庸崇尚虚文。”总之，行文之中处处提醒顾盛，进京不在情理之中，需在广东静候，不可轻举妄动。经过与程矞采反复的书信昭会后，顾盛对清政府的一再阻止北上及没有进展的回复很恼火，于 4 月 13 日以武力示威的方式威胁，派遣“白兰地湾”号直驶黄浦鸣礼炮督促清政府同意签订条约，并一再提醒说，“外国使节代表其本国的主权，对于使节所表示的任何不敬即对其国家的不敬，无故捉弄使节是最严重的伤害他国的行为”。② 并将一封恐吓的照会函发致程矞采说：“本国政府或有使中国人民再尝战祸之必要。”③ 实际上，顾盛很清楚，进京面见皇帝是有难度的，前有英国使节的前车之鉴，封建制度礼仪决难突破，他宁愿在广州谈判，获得既有的利益，免得过度虚张到天津使他的最重要的使命付之一炬。此外，在广州的美国商人对顾盛的做法也产生埋怨，一位美商向国内朋友写信谈道：“你的同乡顾盛先生正在澳门安逸地居住着，他正要前往北京，

① 文庆等编．筹办夷务始末（道光朝）第 69 卷［M］．北京：中华书局，1964：35.

② 赖德烈．早期中美关系史（1784～1844）［M］．北京：商务印书馆，1962：132.

③ 钦本立．美国经济侵华史［M］．北京：世界知识社，1954：2.

虽然我喜欢他，但我衷心愿意他去别的地方而离开这里，我和其他的美国商人都处于强烈的惶恐之中。现在美国人与中国人关系友好，不知道顾盛先生还在期望什么。他稍微煞有介事的表态，将引起中国人对我们的憎恨，使我们丧失目前超过英国人的所有优势……为觐见道光，将牺牲美国人的利益，有违中国人的良好愿望，并将导致丧失一切，为政治未免牺牲太大了！”在华美商的根本利益与并不具备北上的军事力量促使他以放弃北上而获得签约的机会。

中英《南京条约》签订后，美国与法国人接踵而至要求得到同样的待遇，清政府对外强接二连三的要挟也有着深远的思考。如果拒绝这些要求，美国、法国等西方国家也会寻求在英国的保护下开展贸易，那样的话，中国人也未必能分清谁是谁，因为西方人的长相都比较相似，都说着中国人听不懂的语言，在涉外管理中会有麻烦。此外，拒绝的后果将导致其他欧洲国家向英国寻求通商特权，在今后西方列强形成联盟与清政府抗衡从而将更加被动，给予美、法与英国同样的待遇将使这些国家感恩于中国，有朝一日或许可能依靠它们之力抵御进一步的外来入侵，这对向来推行“以夷制夷”传统政策的清政府来说是战败之后最好的选择。由于中国对外贸易的潜力有限，究竟是让英国人独享这胜利的果实还是答应其他国家分享英国的利润已无关紧要，而且，英国曾经扬言他们“无意为英国臣民获取任何垄断性的贸易特权，而应使这些权利平等地扩展及其他任何国家和臣民”，[①] 因此，中国人觉得没有任何理由不让美国、法国等国家分享一部分英国所获之成果。鉴于以上逻辑，1844 年 5 月 31 日，耆英以两广总督和钦差大臣的身份来到广州与顾盛谈判并签署了《望厦条约》。中美条约中明确规定了美国商人禁止在中国贩卖鸦片，美国获得治外法权、最惠国待遇、美国允许在五口开设教堂与医院、十二年后进行修约等权利。

4.1.2.2 条约内容

《望厦条约》又称《中美五口通商章程》，共三十四款，是中美历史上第一个不平等条约。除了不包含割地赔款，条约包括了中英《南京条约》中英国享受的一切利益，条款内容更加具体，并在若干条款上开了先河，更加严重损害了中国主权。

第一，在“协定关税”方面，虽然《南京条约》已有开端，但用的还只

① 徐中约. 中国近代史 1600 ~ 2000 中国的奋斗（第 6 版）[M]. 北京：世界图书出版社，2008：151.

是“秉公议定则例”这样一种含糊的说法，而《望厦条约》第二款中则更明确地说“合众国来中国贸易之民人所纳出口、入口货物之税饷，俱照现定例册，不得多于各国。一切规费全行革除，如有海关胥役需索，中国照例治罪。倘中国日后欲将税例更变，须与合众国领事等官议允。如另有利益及于各国，合众国民人应一体均沾，用昭平允。”[①] 美国不仅取得了最惠国待遇，同时使中国丧失关税自主权力。由此可见“协定关税”的特权最早由美国人确立起来的。

伍赖特在其所写的《中国的关税自主门争》中曾承认“自中国开始与外国发生关系以来，对于订立出口简则及内地税则之主权，从未发生过问题，亦从未为外国政府所干涉”。[②] 这个道理很简单，中国虽不是一个崇尚自由贸易的强国，但在对外贸易领域与海关税收等领域有着主权方面的控制。这对维护政权内部的稳定具有极重要的意义。比如在1755年（乾隆二十年）发生的洪任辉事件，即英国商人喀唎生与通事洪任辉经过广州到关税较轻的宁波贸易，在一口通商制度下是不被允许的，为了加强今后的管理与避免再犯，决定的办法是增加浙江关的关税，“拟将粤关海关征收外洋番船现行各项税则酌量加征一倍”[③] 以“寓禁于征”的方式强迫洋船仍旧到广州贸易。但站在英美的立场上，两国的海外市场扩张需要更加自由而广阔的市场，大量的机器制造品需要冲破高关税向中国销售，促使家庭手工生产方式下的小农经济解体，将外国商品畅通无阻进口中国变成可能。正如马克思说的：“他们以廉价商品来消灭纺纱业和织布业”。[④] 英国在鸦片战争后，在条约中写明，英国商民可居住与通商于五口岸，进出口关税及饷费需要秉公议定。在中美《望厦条约》中将这种“秉公议定”变成了“须与合众国领事等官议允”。[⑤] 严格来说，这则条款比英国的措辞与力度是有过之而无不及，有了这条规定后，中国的关税才由自主关税变为协定关税，中国的关税制定主权落入美国人之手，而且其他国家以“利益均沾”为名，既获得了鸦片战争后仅5%的关税率，又主宰了关税调整的权利。

第二，关于领事裁判权。《望厦条约》中第二十一款明确规定，“嗣后中

① 李长久，施鲁佳．中美关系二百年［M］．北京：新华出版社，1984：15.

② 卿汝楫．美国侵略史（第一卷）［M］．北京：人民出版社，1962：82.

③ 陈国栋．东亚海域一千年——历史上的海洋中国与对外贸易［M］．济南：山东画报出版社，2006：202.

④ 马克思，恩格斯．马克思恩格斯论中国［M］．北京：人民出版社，1957：3.

⑤ 陶文钊．中美关系史话［M］．北京：社会科学文献出版社，2000：24.

国民人与合众国民人有争门词讼交涉事件，中国民人由中国地方官捉拿审训，照中国例治罪；合众国民人由领事等官捉拿审训，照本国例治罪。”① 第二十五款也载：“合众国民人在中国各港口，自因财产涉讼，由本国领事等官讯明办理；若合众国民人在中国与别国贸易之人因事争论者，应听两造查照各本国所立条约办理，中国官员均不得过问。”② 这就意味着在中国的美国人，如果因事被人控告，不管控告者是谁（是中国人，或是美国人，或是其他任何人），中国官员均不得过问，只能由美国领事馆负责处理，同时规定领事裁判权包括一切刑事案例和民事案件，地区上不仅限于通商口岸。半殖民地中国的领事裁判权由《望厦条约》进一步确立起来。

领事裁判权在《望厦条约》中能够得到确凿的规定与两件事情分不开。其一，是《中英五口通商章程》中曾写道：“其英人如何科罪，由英国议定章程法律，发给管事官照办。华民如何科罪，应治以中国之法”。③ 虽然未列入《南京条约》与《虎门条约》中，但在华英人的活动已完全置于中国法律体系之外，置于中国司法审判权之外了。这为顾盛在订立条约时提供了重要的参考。实际上，无论是美国的商人团体给予出使团的建议信中还是出行前的训令中，很难看到领事裁判权的规定，这也基于顾盛在了解了英国与葡萄牙已经在中国获得了当地法权。在给国务卿的信中他说：“如果旅华的美国人受当地法权的管辖，而杂处于他们中间的英国人和葡萄牙人却置身于法权范围之外，这种情况是如何可耻。”④ 其二，让这一规定顺理成章地写入条约与当时发生的一起斗殴事件导致中国人除阿满之死有着直接的关系。这一事件的起因仍旧是外国人对中国的无礼导致当地民众对英国人和美国人的冲突。在中方向美方谴责及要求交出凶手时，顾盛避谈中国人被美国人枪杀致死事件，反而指责中国政府无力保护美商的安全。此事对顾盛要求领事裁判权产生了直接影响，这一案件最终按条约中治外法权的条款由美国人审理，形成了美国首次利用领事裁判权侵犯中国主权的先例。

从中国丧失司法主权来看，当时的中国人是不知道领事裁判权是有损国家主权的。而且相比中英五口通商章程，英国领事裁判权仅限于刑事范围。依据《望厦条约》，它已经延伸到了民事领域。英国创下先河，而美国将其变得完善无比。实际上清政府这一专制政体对司法主权的观念是极其强烈的，比关税

①② 王铁崖．中国旧约章汇编［M］．北京：生活·读书·新知三联书店，1957：54.

③④ 泰勒·丹涅特．美国人在东亚［M］．北京：商务印书馆，1960：143，145.

主权的观念更为重视。[①] 马士在《中华帝国对外关系史》中列举了诸多外国人在中国犯法遭到当地法律严处的案例。无论是英美或其他国家，在鸦片战争前，始终对中国的法律有着敬畏。前文谈到美国水手德兰诺瓦致死中国妇女案，美国人最终向中国妥协，“当我们在你们的领海内，我们理应服从你们的法律；即使它们永远是这样的不公平，我们也不能反对它们”。[②] 一个以自由身份闯入垄断的东方世界，一个没有封建历史的年轻民族，他们自己法律比其他民族都柔和，但他们无一例外地不敢抵触法权。而这种态度，一直到顾盛提出领事裁判权的时候为止。

第三，获得在中国的其他主权。第三十二款约定：“嗣后合众国如有兵船巡查贸易至中国各港口者，其兵船之水师提督及水师大员与中国该处港口之文武大宪均以平行之礼相待，以示和好之谊；该船如有采卖食物、汲取淡水等项，中国均不得禁阻，如或兵船损坏，亦准修补”。[③] 此规定比《虎门条约》中关于“巩固兵船可在中国通商停泊”的规定更具体。第三条、第十七条均对在五口通商口岸生活的居民的权利作出了规定，第三十条，规定了领事和外交往来中的平等权。此外，还允许聘用中国人教习各方语言和购买中文书籍，不但对商人和外国政府普遍有利，对培养翻译、顾问一类的人才和外国学者、传教士格外有益。

第四，关于修改协定的时间。第三十四条规定：“和约一经议定，两国各宜遵守，不得轻有更改；至各口情形不一，所有贸易及海面各款恐不无稍有变通之处，应俟十二年后，两国派员公平酌办。又和约既经批准后，两国官民人等均应恪遵；至合众国中各国均不得遗员到来，另有异议”。[④] 这是协议的最后一条，也是有着深远影响的一条。顾盛订立此修改条约的本意是为了美商在新口岸经商后如有需要调整，待机修改相关内容，以更符合美国人的利益。但这一缜密的保留条款却成为了第二次鸦片战争多国联合出兵中国的理由，当然也正是如此，美国顺利修约完成，《天津条约》自然有美国人的一份功劳。

通过《望厦条约》，美国不仅取得了最惠国待遇，并且外人与中国成立“关税协议”，使中国丧失了关税自主权力，和外国人在中国享受治外法权，都由美国第一次在这里开其端。《望厦条约》是中美第一个不平等条约，中美

---

① 卿汝楫．美国侵略史（第一卷）［M］．北京：人民出版社出版，1962：84.

② 马士．中华帝国对外关系史（第一卷）［M］．上海：上海书店出版社，2000：126.

③④ 王铁崖．中国旧约章汇编［M］．上海：生活·读书·新知三联书店，1957：54，56.

两国正式的外交关系是以美国对中国的侵略与强加不平衡条约开始的。[①]

从经营贸易的基础来说，美国条约比英国的条约要高明得多，以至于不久之后，它就演变成为法国、挪威和瑞典条约的蓝本。1844年顾盛在向美国国务院的报告中说："美国及其他国家，必须感谢英国，因为它订立的《南京条约》，开放了中国的门户，英国和其他国家，也须感谢美国，因为，我们将这门户开放得更宽阔了。"

4.1.2.3 条约影响

《望厦条约》的签订，美国与中国的交往进入了一个新的时代。正如泰勒总统在1845年1月23日致国会的咨文中所言："贵会前此议准遣派这特别使节，至今已完成了伟大任务。他已将美国对华关系放置在一个崭新的立脚点上，万分有利于美国商务以及其他利益之发展。"[②] 管理对外贸易的"十三行"已经不在了，对居住在广州的外国人的生活的特殊约束也消失了，之前要偷偷摸摸传教的教徒们不再心惊胆战地工作了，取而代之的是通商与教会的自由，是平等基础上官员之间的往来，是将一项项权益变成有法律约束力的白纸黑字。如果鸦片战争之前中美之间的关系仅限于纯粹的通商领域，那么经历战争与条约后的美国则在政治、经济、文化领域向中国潜移，就像一个运动员在经历了若干年的训练，在时隔四年的奥运会上突然一鸣惊人，荣誉与金钱满载而归——原来他之前是如此努力地积累。而美国就好比在准备期的运动员，在与中国几十年的通商关系后，他所要追求的目标比这个还宏远得多。

鸦片只是战争的直接原因而非根本原因，由于中西方在国际商务、国际关系、司法管辖等领域的观念大相径庭，即使没有鸦片，双方的纷争也是不可避免的。《南京条约》、《五口通商条约》、《望厦条约》、《黄埔条约》看似一系列强加于中国的不平等条约，而实则是中西方在若干方面的激烈冲突：中国自给自足小农经济与欧美工业扩张之间的矛盾；中国自称"天朝上国无所不有，原不借外国货物互通有无"的盲目尊大与西方国家主权观念的不兼容；中国朝贡贸易体制与西方平等交往体制之间的冲突；广州一口通商下的"十三行"制度与西方自由贸易政策的对抗。亚当·斯密自由的贸易思想，坚持认为政府

---

① 乔明顺．中美关系第一页——1844年《望厦条约》签订的前前后后［M］．北京：社会科学出版社，1991：223-230.

② 卿汝楫．美国侵略史（第一卷）［M］．北京：人民出版社出版，1962：81.

这只“看不见的手”如果对商业和自由市场干涉，将会降低经济的效率，最终迫使公众付出较高的代价。而这个所谓的“自由”则是资本主义创造巨额利润至今并还有无限潜质的最好诠释。工业革命与自由贸易理论完美融合，反过来说，自由贸易理论对西方的工业革命以及对外扩张起到了理论上支持与铺垫作用。通过工业革命产生的力量辐射世界，并结合自由的进步思想，推动了西方向海外的扩张，没有什么力量去阻止这股潮流，更不必说中国落后的经济制度在自由贸易制度面前的不堪一击，军事与经济的衰败无疑是政治制度落后的最终表现形式。中西方齿轮咬合过程中出现的不和谐声音必将在速度与力量的循环冲击中变得柔和。

4.1.3 五口通商时期的中美贸易

4.1.3.1 贸易的一般状况

1. 广州

1842 年之前，广州是对外通商的唯一口岸，也是东亚最大的市场。五口通商后，新的口岸创造了新的市场，广州的优势地位正在被上海所取代。茶、丝仍为广州传统的出口商品，虽然在 1837 年后贸易就有了的衰退的迹象。没有连续多年的关于美国在广州的贸易详细的数据，但从英国在广州港的贸易额与广州茶叶输出的数量的变化可知，广州的对外贸易在五口通商后出现了显著的衰退。曾经由广州出口的华茶，几乎全部改由上海输出。1844 年，华茶从广州的出口量为 69 327 500 磅，1855 年，降到 16 700 000 磅，为 1844 年的 24%。英国在广州港的进出口总值为 7 335 140 镑，到 1852 年，进出口总额降至 3 935 444，为 1844 年的 53%（见表 4－1）。1843～1860 年间，在广州的对外贸易中，英国是首屈一指的，约占 66%%，美国约占 27%，余下为其他各国所经营（见表 4－2）。虽然上海把以往属于广州的贸易拉走很多，但留下来的依然还是很多。新的口岸创造了新的市场，但并没有造成广州贸易的严重衰退。1837 年，各国在广州贸易的总额是 54 615 037 元，1846 年为 36 212 304 元，而上海在 1846 年的贸易总额约 12 447 035，广州的地位依旧是不可撼动的。广州的贸易数据是不包括鸦片与金银的，但鸦片走私的关系导致正常贸易额在缩减。关于鸦片在五口的交易情况会在之后统一说明。

表4-1　英国在广州进出口额及广州茶叶出口量

年份	进口货值（镑）	出口货值（镑）	广州茶叶出口（磅）
1844	3 451 312	3 883 828	69 327 500
1846	2 213 116	3 222 021	71 556 000
1848	1 334 147	1 766 661	60 243 000
1849	1 646 301	2 392 903	64 677 500
1850	1 638 489	2 355 717	55 067 400
1851	2 481 505	3 247 535	62 468 100
1852	2 368 830	1 566 614	36 127 100
1853			31 796 000
1855			16 700 000

资料来源：姚贤镐．中国近代对外贸易史资料（1840~1895）［M］．北京：中华书局，1962：549.

表4-2　1846年各国在广州的贸易分配情况

国别	船只	吨数	进口额（元）	出口额（元）
英国	207	88 880	9 997 583	15 378 560
美国	65	29 688	1 609 404	6 207 378
法国	2	505	18 184	100 561
荷兰	7	2 302	110 351	679 006
比利时	1	300	13 304	9 314
丹麦	1	305	41 687	15 934
瑞典	3	945	41 255	265 362
德国	7	1 380	93 094	261 291
合计	293	124 305	13 294 898	22 917 406

资料来源：马士．中华帝国对外关系史（第一卷）［M］．上海：上海书店出版社，2000：411.

2. 宁波

宁波在明代是泉州以北的中国主要商埠，与日本通商频繁，是中西商人云集之地。葡萄牙与英国都在宁波设立了商馆，因此，在1843年宁波港开埠后，西方对宁波寄予厚望。1844年，宁波的贸易总额达500 000元，但这个数据未能扩大，反而在五年后降低到这个数据的1/10以下，1848年英国驻宁波领事索里汪的年度报告中说：“我很遗憾地说，这半年的贸易实在是微不足道，没有必要提供一份正式的统计报表，这期间进口货只有17疋本色布，出口货只有3担人参和300担檀香木”。[①] 事实上，这里的对外贸易是不存在的，浙江的丝，总是采取方便的水路运到上海这个丝的天然市场，茶经过宁波后，还要运到上海销售，曾经有人建议用宁波去交换其他口岸，但不论如何，“它提供了一个在高尚居民中进行安然的传教工作的有希望的地区，它是帝国中最好、最大的城市之一，没有受到与外国人从事贸易的那种堕落的影响。”[②]

3. 福州

1844年福州对外开放，至1850年，外国人只有十人，其中七人是传教士。1845年，贸易额为376 000元，截至1847年，只有7艘商船进入，其中三艘是美国船。在中国经商多年的英国人与美国人不愿意放弃他们贸易的老习惯，外商不愿在广州和上海之外的其他城市设立分支机构，在其他口岸增设代理行也有所犹豫，因此，在开放后的9年间贸易并无大起色，直至1853年，旗昌洋行派人赴武夷山采购茶叶成功，第二年，更多的洋商仿效，各国船只取道闽江，运至福州，福州于是成为驰名中外的茶叶集中地。1855年，由该埠运往外洋的茶叶量有15 739 700磅，第二年增加到40 972 600磅，其后三年平均为35 476 900磅。[③] 茶叶成为福建唯一一项重要的输出品得益于福建省是中国最大的红茶产区，著名的武夷山在福州西北仅150英里。随着港口的开放，茶商更愿意以更少的费用、较近的路线从茶叶的产区直接出口，而不愿意走600英里以上的那条长路及耗费较大的费用通往广州。[④]

与外贸的冷清形成鲜明对比的是福州繁荣的内贸，有利的地理位置，使福州成为较为重要的中转港口。除了鸦片走私，福州的合法商业主要是与邻近的口岸，如厦门、宁波、上海之间及相邻的城市通商。如从江西运来的瓷器，山西供给的兽皮，从山东、天津及沿海其他各地以木船运来的蔬菜、药材，还有从宁波运来的棉布，从厦门及泉州附近由陆路运来的胡椒、细布、海参、鱼翅、燕窝等。福州本地与这些地区交换的商品主要是木材、竹子、茶叶、橘子，其中木材的国内贸易量相当可观，从厦门、宁波、山东、乍浦来的成百条帆船都是来装运木材的。

4. 厦门

厦门远在公元前800年就已是著名的商业城市，欧洲人在到达中国以后

---

① 姚贤镐．中国近代对外贸易史资料（1840～1895）［M］．北京：中华书局，1962：622.

②③ 马士．中华帝国对外关系史（第一卷）［M］．上海：上海书店出版社，2000：404.

④ Chinese Repository vol. XV［M］．Tokyo：Maruzen CO.，LTD.，1847：523.

不久即来厦门贸易，17 世纪，英国人与葡萄牙人在厦门建立了商业机构，是荷兰贸易与英国贸易的中心，在广州成为唯一贸易集中地之前，欧洲商人一直派船到厦门贸易。从功能上来说，厦门与福州较为相似，是南部重要的货物集散地与中转港。厦门出口的商品比较有限，鞋和伞是当地主要的制造品，其他商品多来自于附近港口与城市，如从台湾、漳州来的桶装糖，从福州来的樟脑，从上海来的棉花，从北方港口来的豆类，油饼和粗棉布。从国外来的进口货主要是孟加拉的棉花，英国的各种棉布、棉纱、铁、铅、钢，马尼拉的胡椒、大米、海参、鱼翅、牛角和鹿茸。1846 年，厦门的进口货值为 1 137 078 银元，出口货值是 68 647 元，出口量微乎其微。为补偿贸易的不平衡，从厦门出口最多的是劳工，正如马士所说："厦门贸易系为入超，抵补方法，厥恃劳工，盖以此项华工数百年来即恒由该埠移往菲律宾及马来群岛。"①

5. 上海

1843 年，上海正式成为通商口岸，由于港口条件好，又与丝茶产区近，与运河衔接，内地交通便利，运输成本与采购成本皆比广州要低。开埠伊始，对外贸易就显现出繁盛的态势。很多在广州的商行都在上海建立了分部，1844 年，洋行就达 11 家之多。在五口通商中发展最快的是上海，而上海输出最多的商品则是茶叶与生丝。1844 年，上海出口茶叶在全国所占比重仅有 2%，广州占 98%，至 1850 年，上海上升到占全国的 44%，广州下降到 23%。1846 年上海出口生丝相当于广州的 4. 27 倍。1864 ~ 1873 年这十年中，上海累计进出口总值 8. 14 亿两，占全国 59. 8%。

上海繁荣的景象从来沪的船只也可见一斑。1844 年共有 44 艘洋船载重 8 584 吨货物进口。到了 1849 年，船只数增长到 133 艘，载重量为 52 547 吨。至 1855 年，来沪的外洋船达 437 艘，载重量为 157 191，是开埠时的 18 倍，增长的速度实在的是惊人（见表 4 – 3）。此外，从上海港的贸易金额增长来看，在五大港口中也是独一无二的。1856 年之后，上海的贸易已经超过五千万元，在 1894 年甲午战争前的近半个世纪，上海确立起全国对外贸易的中心地位（见表 4 – 4）。

---

① 马士. 中华帝国对外关系史（第一卷）[M]. 上海：上海书店出版社，2000：409.

表 4－3　　上海港进出口船只与吨位

年份	船只总数	载重（吨）	英国		美国	
			船只	载重（吨）	船只	载重（吨）
1849	133	52 547	94	38 875	25	10 252
1852	182	78 165	103	38 420	66	36 532
1855	437	157 191	249	75 131	96	56 792

资料来源：马士．中华帝国对外关系史（第一卷）［M］．上海：上海书店出版社，2000：402.

表 4－4　　上海港进出口额　　单位：元

年份	进口	出口	总额
1846	5 117 625	7 329 410	12 447 035
1849	5 804 793	8 403 149	14 207 942
1851	4 299 000	10 403 000	14 702 000
1852	5 303 000	10 281 000	15 584 000
1853	8 845 000	25 827 000	34 672 000
1856*	11 976 872	41 704 295	53 681 167
1857	20 028 909	45 903 083	65 931 992
1858	26 011 839	42 158 590	68 170 429

注＊：原文中 1856～1858 年的货币单位是银两，为方便比较已换算成元。

资料来源：姚贤镐．中国近代对外贸易史资料（1840～1895）［M］．北京：中华书局，1962：566. 马士．中华帝国对外关系史（第一卷）［M］．上海：上海书店出版社，2000：402.

4.1.3.2　进出口分析

《望厦条约》签署之后，美国在华取得了很多特权，为中美贸易发展创造了有利条件；同时受 1837 年美国经济危机的打击，国内工商业资产阶级迅速希望通过海外贸易来恢复商业的繁荣。鸦片战争后，汽船取代了飞剪船，增强了美国航运的负载力与竞争力；美国国内工业的发展及太平洋铁路的修建，促进了美国与太平洋的贸易，吸引了更多的商人到中国来。受各种有利因素的影响，中美贸易在这一阶段发展突飞猛进。这一显著增长可从美国来华船舶数量和吨位看出。1844 年，美国进入广州的船舶数为 60 艘，总吨数达 25 877 吨。出港船舶数为 53 艘，总吨数为 23 658 吨。1852 年，入港船舶数为 75 艘，总吨数为 57 228 吨，出港船舶数为 73 艘，总吨数为 55 678 吨。① 随着新港口的

① 卿汝楫．美国侵略史（第一卷）［M］．北京：人民出版社出版，1962：91.

开辟，美国到上海港的船只也在 1849 年后快速增加。1849 年，进出上海港的美国船有 25 只，到了 1855 年进出上海港的船只已达 96 只。

1. 美国对华出口

两次鸦片战争期间，由中国输出到美国的商品种类未有太大变化，但美国出口到中国的商品种类却在经常变动。正如第一次鸦片战争之前所分析的那样，美国自产的商品对于中国的需求实在是非常有限，美国不得不在世界各地搜罗各种商品与中国交换，因此输出的外国商品远超过本国商品的价值。但随着 19 世纪中叶，产业革命在美国的影响，美国的本国货在对华总出口中的比重迅速增加。1842 年外国货的出口总值是 706 888 美元，本国货出口总值是 737 509 美元，本国货的出口首次超过了外国货。1845 年，本国货的出口达 2 079 341 美元，占总出口的 92%，外国货已经微乎其微。1853 年，本国货的出口达 3 212 574 美元，占总额的 86%，外国货只有 524 418 美元，1860 年，本国货的出口突破了 700 万美元，是 1842 年本国出口额的近 10 倍。而这一时期美国进口的外国商品中很大比例是银币，同样是来自在于墨西哥与西班牙所属的西印度群岛。1860 年，银币总值为 155 万美元，这在外国货总出口中占 90%（见表 4 -5）。

表 4 -5　　1860 年美国国内对华商品输出项目　　单位：美元

商品种类	出口总额	商品种类	出口总额
棉织品	3 897 362	花旗参	295 766
肉食、奶制品以及其他食品	269 032	钢铁制造品	87 731
面粉	302 304	烟草	97 957
煤	117 969	金银与钱币	1 545 914
医药用品	51 010	其他货物	508 043
总计	7 173 088		

资料来源：姚贤镐．中国近代对外贸易史资料（1840 ~ 1895）[M]．北京：中华书局，1962：653.

在美国国产产品对华出口中，棉织品所占的位置远远超过了其他商品。在 1850 ~ 1853 年间，占美国输华的本国输出品的近 90%，并且占美国对所有国家输出棉布疋总额的 1/3，其数量仅次于鸦片的输入[①]（见表 4 -6）。1858 年，美国棉布疋对华出口量为 17 780 700 码，1859 年就快速增长到 30 264 900 码。

① 卿汝楫．美国侵略史（第一卷）[M]．北京：人民出版社出版，1962：116.

1860年，美国对中国出口的布疋（包括描绘的，印花的和染色的）值591 185美元，白布与麻布值262 424美元，还有其他棉织品值3 043 753美元。所有棉织品总值是3 897 362美元，占当年对华出口比重54%（见表4－6）。从这时期起，美国棉织品在中国市场一直呈上升趋势，直到20世纪初才被日本所取代。棉织品对中国出口的增加一方面是由于《望厦条约》后新关税的影响，另一方面在于支付手段上的考虑。美国商人即使不能在棉布销售中获得利益，也要比开伦敦汇票作为支付中国茶叶的手段来得便宜，因此，美国棉织品对华输出的增加是显著的。

表4－6　　美国输华棉布统计（1850～1853）

年份	美国棉布输出总额（千美元）	输华棉布总额（千美元）	输华棉布占美国棉布输出比例（%）	输华棉布占美国输华总额比例（%）
1850	3 774	1 203	32	81
1851	5 572	1 894	34	80
1852	6 139	2 202	36	89
1853	6 926	2 801	40	87

资料来源：卿汝楫．美国侵略史（第一卷）[M]．北京：人民出版社出版，1962：117.

关于表4－5，1860年美国国内对华商品输出结构是具有代表性的。在19世纪二三十年代，美国对华出口的项目中主要包括毛织品、棉制品、五金、毛皮、棉花、鸦片、胡椒、锡、檀香木、白银等。到了60年代，商品的出口结构出现了较大的调整，除了棉制品、五金、金银等传统项目外保留外，其他商品已经由肉食、面粉、医药、煤、烟草等更多生活消费品所替代。五六十年代美国对华出口商品结构是对早期出口结构的革命性调整，它颠覆了前五十年中美贸易的传统结构，开创了美国本国商品对华出口的最大比例，既是工业革命的结果，也是遵循对华贸易的客观规律。这一商品结构也是未来五十年美国对华商品出口结构的过渡。

2. 中国对美出口

这个时期，从中国输入美国的商品类别比美国输往中国的商品种类变化要小得多。茶叶仍居首要地位，占总出口的比重在60%～80%。1821年中国茶叶占美国进口比重的42.5%，1845年增长到78.6%，1850年为69.5%，1855年为61.6%。1860年，美国进口总额为13 567 604，其中茶叶8 799 141美元，占进口比重为64.8%（见表4－7）。1854年英国销茶77 217 900磅，美国销茶27 867 500磅，美国与英国进口的华茶相比还是有差距的。50年代末期，日本人开始模仿中国制茶方式，日本茶叶开始削弱中国茶叶在美国的地位。1856年日本输入美国的茶叶为50小箱，第二年为400小箱，而1859年则为100 000小箱。日本在较短的时间内就严重地蚕食了中国茶叶市场。表4－8为美国进口茶叶的统计，比较明确地反映出1845~1860年中国茶叶在美国的支配地位。

表4－7　1860年美国输入商品　单位：美元

商品种类	进口总额	商品种类	进口总额
茶	8 799 141	油料（挥发油）	99 056
生丝	1 021 496	香料（以肉桂为主）	296 743
绸缎与其他丝织品	906 929	红糖	628 668
服装	108 205	毛织品	204 352
席	273 709	其他物品	1 229 305
合计	13 567 604		

资料来源：姚贤镐．中国近代对外贸易史资料（1840~1895）［M］．北京：中华书局，1962：653.

表4－8　美国进口茶叶统计（1845~1860）

年份	华茶		日本茶		亚洲其他各地茶叶		合计	
	量（磅）	值（元）	量（磅）	值（元）	量（磅）	值（元）	量（磅）	值（元）
1845	19 629 155	5 730 101			34 780	15 236	19 663 935	5 745 337
1850	28 743 376	4 585 720			394 867	32 087	29 138 243	4 617 807
1855	24 366 615	6 806 483			656 861	102 525	25 023 476	6 908 988
1858	30 606 461	6 662 792						
1860	30 558 949	8 799 820	35 012	4 103	1 059 461	103 136	31 653 422	8 907 059

资料来源：姚贤镐．中国近代对外贸易史资料（1840~1895）［M］．北京：中华书局，1962：657.

鸦片战争后，上海是美国对华贸易最重要的港口。1849年，到上海的美国船约有25只，而到60年代已经增加到60只以上。1854~1855这十年间，美国从上海港运往本国的茶叶量占总量的75%（见表4－9）。茶叶贸易重心已经从广州向上海转移。在上海，红茶贸易基本上被英商所垄断，因欧洲各国所需华茶，除由陆路运往俄国外，其他都由英商来经营。输入美国的茶叶几乎都是绿茶，这些绿茶几乎占到中国所有绿茶出口的3/4。①

表4－9　　1854～1855年茶叶年平均输出数量与价值

口岸	运往美国数量（磅）	在华价值（元）	在美价值（元）	运往其他各地数量（磅）
广州	2 561 900	442 523	796 541	16 123 800
福州	5 400 800	928 136	1 720 644	19 512 800
上海	23 553 200	3 804 144	6 847 277	50 872 400
合计	31 515 900	5 194 803	9 364 482	86 509 000

资料来源：姚贤镐．中国近代对外贸易史资料（1840～1895）[M]．北京：中华书局，1962：657.

上海不仅成了西方国家茶叶出口的重要基地，其优越的地理位置决定它很快成为中国最大的生丝市场，所有西方各国对生丝的采办，几乎全由该埠供给。表4－10通过英国、美国在上海港进口茶叶与生丝的统计中可以看出，英国在丝的进口中占绝对优势，虽然美国从无到有，但其增长的比例远远小于英国。50年代之后美国从中国输入的生丝仍占美国进口生丝总额的62%（平均总值为575 000元）。到50年代末期，这一比重虽然降到54.5%，但输入总量始终在增加（平均总值为1 133 000元）。

表4－10　　1845～1856年上海港英、美茶叶、生丝出口量

年份	美国		英国	
	茶（千磅）	丝（包）	茶（千磅）	丝（包）
1845				6 433
1846			1 149	15 192
1847	1 741			
1848	2 986	35		
1849	5 624	415	18 303	
1850	11 069	250		
1851	18 000	298	36 722	20 631
1855			80 221	56 211
1856				85 970

资料来源：姚贤镐．中国近代对外贸易史资料（1840～1895）[M]．北京：中华书局，1962：527.

① 姚贤镐．中国近代对外贸易史资料（1840～1895）[M]．北京：中华书局，1962：567.

丝绸在早期中美贸易中占有重要位置，但随着美国工业化的发展，传统商品已经开始退步，甚至萎缩。1823年，美国进口的丝织品中，中国占60%（总值为5 201 000元），到1853年则占4.1%（总值为29 834 000元）。1863年这一比例降低到了0.1%（总值为12 656 000元）。中国丝绸从来不是特别为了输出而制造的，而美国业已发展并开始保护本国的丝织业。从1820～1850年，美国从法国输入丝织品比从其他国家都要多。法国丝织品成为美国纺织品输入的重要一部分。1850年之后，美国从英国购买的纺织品几乎占到总量的一半以上。

鸦片战争之后，美国对华进出口量迅速上升。这与新口岸的开埠及关税率的降低有直接关系。1843年7月27日始，广州及其他四口岸开始执行新的税率。“这种税率，无论是就出口货或进口货来说，在大多数情形下，都比以往施行的要低得多”。[①] 出口的商品中八角、樟脑、籐黄、大黄、土丝的税率降低了50%左右；土珠、夏布、冰糖的税率降低了65%；草席、南京布、黄白糖的税率减少了75%。在进口的货品中，人参的关税减了16%；白洋布、棉花的关税降低了70%左右；斜纹布、豆蔻、胡椒、木香等的税率约减了60%左右（见表4－11）。实际从价税的征收中，进口货中原色洋布、斜纹布和硝石税率约为5%～6%，白洋布6.95%，棉花5.6%，鱼翅、檀香与锡约8%，印花布10%，胡椒11.5%，而铅的税率最高为13%。而出口货的税率都定在5%的水平以下，目的就是刺激出口贸易，有助于遏制因鸦片走私所导致的贸易亏空与白银外流。以上进出口商品的税率是按照1843年与英国签署了《五口通商章程：海关税则》制定而成的，这些新税率能够显现出是按照值百抽五的原则拟订的，但细看税则会发现表中所列商品征收的税率有所不同，并有明文规定“以上各货及同类杂货，即论价值若干，每百两抽银伍两”、“凡属进口新货，例内不能核载者，即按值百抽银伍两”[②] 在实际运作中，协定税率并不是在一种一成不变的值百抽五的税率的基础上制订，在进口货中唯一遵守这一原则的就是羽纱，而出口货中的漆器、丝带、南京棉布、瓷器都低于3%，席与土丝不到4%。而唯独茶叶10.87%的税率，[③] 这比之前清政府及地方课税的总和还要高出25%。茶叶在所有出口品上享有垄断权，这与目前的协定关

① 姚贤镐．中国近代对外贸易史资料（1840～1895）［M］．北京：中华书局，1962：384.

② 王铁崖．中外旧约章汇编［M］．北京：生活·读书·新知三联书店，1957：48.

③ 滨下武志．中国近代经济史研究——清末海关财政与通商口岸市场圈［M］．南京：江苏人民出版社，2006：360.

税的待遇形成鲜明的对比，这种妥协乃是由于“中国因不足或不能应付其他产茶国的竞争并丧失了在这种贸易上的领导地位而造成的”。①

表4－11　1843年中英协定关税前后几种主要进口货物的新旧税率水准　单位：%

货物	单位	1843年前旧税率	1843年新税率	新税率较旧税率减少百分数
棉花	担	24.19	5.56	77.02
棉纱	担	13.38	5.56	58.45
头等白洋布	疋	29.93	6.95	76.78
二等白洋布	疋	32.53	6.95	78.64
本色洋布	疋	20.74	5.56	73.19
斜纹布	疋	14.92	5.56	62.73

资料来源：严中平．中国近代经济史统计资料选辑［M］．北京：中国社会科学出版社，1955：59.

4.1.3.3　鸦片贸易

《望厦条约》之后，美国鸦片走私的行径更加猖狂，走私的地点遍及整个中国海岸，并不以五个通商口岸为限。广州、吴淞、福州、宁波、厦门、舟山、刘公岛、锦州，都是烟船偏爱停留之地。随着五口通商后，上海逐渐取代广州成为最重要的商贸中心，而鸦片贸易的突飞猛进也意味着上海的重要地位。1847年，上海进口16 500箱，价值8 349 440元，1848年进口16 960箱，价值11 801 295元，1849年，进口22 981箱，占五口总量的50%，价值13 404 230元，1853年增加到24 200箱，1857年，入口的鸦片总数为31 907箱，值13 082 000元，1858年达33 069箱，1859年达33 786箱，这个数字比20年前输入全国的数字还要多。② 从可记录的鸦片额可以推测鸦片走私至少每年在上海产生1 500万元的价值。这些鸦片贸易中，美国占了1/3强的份额，也就意味着仅从上海鸦片走私贸易中，美国即可获得500万元左右的收入，这一项贸易额即可抵偿中美贸易的差额了。据1853年美国驻华专使马歇尔向国务院的报告中所说：“我们美国人，几乎所有在上海及广州的美国人，都武装他们的商船，违抗中国政府法令，停泊在诸江的口岸，满载鸦片，抓住一切机会，售与中国人……去年从印度输入中国的鸦片，价值逾3 000万元以上，没

① 姚贤镐．中国近代对外贸易史资料（1840～1895）［M］．北京：中华书局，1962：386.

② 马士．中华帝国对外关系史（一、二、三卷）［M］．上海：上海书店出版社，2000：403.

有一包烟不是像上述走私状态进口的。鸦片成为交换是中货物的主要媒介。”①这样直白招供的报告在国外的著作中很少会被引用，因为美国很实事求是地表达了他们不得已走私的苦衷。除了上海之外，福州、宁波、厦门等地都有几千箱数量不等的鸦片贸易存在。比如在 1861 年，福州的进口货值为 470 万元，其中 3 212 箱是鸦片，鸦片价值占 231 万元，几乎为出口的一半。

除了鸦片走私激增和肆无忌惮地在中国各沿海贩卖外，英、美两国鸦片商人的白热化竞争也将鸦片走私推向高潮。竞争的狂热，吞噬了一切鸦片贩子，没有一个公司，不在绞尽脑汁谋划走私最好的办法，从而胜过其他的对手。有一个时期，英国的太古洋行，即有八艘左右烟船在中国各口岸，一艘 700 吨重的大烟船，常驻香港，四五艘飞剪船经常来往于香港与中国海岸。1849 年，半数这样的鸦片船是属于英商的。但到了 50 年代，这些商船主要集散在上海，其中 9/10 为英美所占，而在这 9/10 的比例中，美国无论在吨数、船数、鸦片数也都仅次于英国。在竞争中，烟船的武装升级是鸦片市场份额提升的重要保障。鸦片战争前，美国人发明了飞剪船，以速度快、轻巧而闻名，迅速获得了 19 世纪初中国第二的份额。第一次鸦片战争后，美国继续保持了他的创造力，用汽轮取代飞剪船使美国继续保持了鸦片走私的地位。美国驻华专使列卫廉在给国会的报告中称：“在中国海面上最活跃的鸦片汽船，都是在纽约建造的，挂的都是美国的旗帜。”② 快船与训练有素的船员保障的鸦片走私的速度，中国官员的腐败与多国管理海关事务无疑让走私的大门越开越广。1839 年之后，从广州海口厉行缉查鸦片贸易的结果，就是使鸦片走私越演越烈，沿海的每一个口岸变成了毒品销售的中心；沿海的每个官员都成为一个随时准备发给鸦片推销和起岸许可证的人，并且给那些官员们对鸦片征收陋规的机会。这些陋规数量不一，一般为 3% 左右，③ 虽然比重不大，征收却是经常的。这种征收大大增加了官员的俸禄，并且弥补了之后因为太平天国起义而使官员们减少的收入。商人们散布在沿海各地，与官吏们勾结在一起，他们讨论的不是对清政府禁烟律令的问题，而是对每一次破坏法律所进行的讨价还价。在高级官员看不到的地方，他们根本不去避人耳目，贩卖鸦片与也都公开亮相毫不避讳。整箱整箱的鸦片在街上运来运去，就像非违禁品一样销售。海关的工作人员也不再将鸦片作为走私对待。1853 年，英美法三国窃取了对上海海关的管辖权，三个缔约国各派海关监察一名管理海关事务。在上海海关，鸦片在海关关员面前

①② 卿汝楫．美国侵略史（第一卷）[M]．北京：人民出版社出版，1962：95，223.

③ 姚贤镐．中国近代对外贸易史资料（1840～1895）[M]．北京：中华书局，1962：422.

公开通过，而且是唯一不受检查的进口货品。

4.1.3.4 贸易平衡

中美贸易的快速增长还可以从双边贸易额中清晰可见。自 1845～1860 年间，美国对华输出的商品数量出现巨额增加。1845 年，双边贸易额 956.2 万美元，1860 年达到 2 249.3 万美元，但其出口值依旧赶不上进口的中国丝茶的价值。1845～1860 年，美国对华的出口增长了近 4 倍，进口增长了 1.8 倍（见表 4－12）。中国传统商品对美输出的节奏正在减慢，而随着美国调整了对华出口商品结构，对华输出的增长速度正在上升。

表 4－12　美国对华贸易（1845～1860）　单位：千美元

年份	对华输出			自华输入		中美贸易总额	中国对美贸易平衡顺差（+）逆差（－）
	本国货	外国货	合计	货物总额	银或硬币总额		
1845	2 079	197	2 276	7 286	159	9 562	5 010
1846	1 178	154	1 332	6 594	113	7 926	5 262
1847	1 709	124	1 833	5 583	33	7 416	3 750
1848	2 064	126	2 190	8 083	72	10 273	5 893
1849	1 461	122	1 583	5 514	10	7 097	3 931
1850	1 486	119	1 605	6 593	25	8 198	4 988
1851	2 156	329	2 485	7 065	147	9 550	4 580
1852	2 480	183	2 663	10 594	20	13 257	7 931
1853	3 213	524	3 737	10 574	489	14 311	6 837
1854	1 294	104	1 398	10 506	156	11 904	9 108
1855	1 533	186	1 719	11 049	675	12 768	9 330
1856	2 048	510	2 558	10 454	634	13 012	7 896
1857	2 020	2 375	4 395	8 360	1 898	12 755	3 965
1858	3 008	2 690	5 698	10 571	2 016	16 269	4 873
1859	4 233	2 894	7 127	10 791	2 050	17 918	3 664
1860	7 171	1 735	8 906	13 567	3 156	22 473	4 661

资料来源：卿汝楫．美国侵略史（第一卷）[M]．北京：人民出版社出版，1962：94.

1845～1860 年，美国由华输入货值比对华输出货值多 3～8 倍，美国对华始终是贸易逆差，年平均逆差额为570万美元，折合560万元。[①] 而之前四五十年，中美贸易差额年平均为300多万元，美国对华逆差的趋势直到1902年才得以改变。此外，不可忽略的问题是美国贸易逆差与鸦片走私、白银外流是紧密相连的。鸦片战争之前，白银多从美国流入中国，在鸦片战争之后，鸦片的走私更加猖狂，白银大量外流，60年代对美输出的白银竟是40年代的近30～40倍。从表4－12中看到，在1860年流入美国的白银达到了300多万元，再加上无法估计的上百万元的鸦片走私，实际的逆差在中国方面。

4.2 中美《天津条约》的签署与贸易关系

1851年，中国发生洪秀全领导的太平天国起义。中国的内乱给美国扩大在华利益提供了可乘之机。从1854年起，美国就以修改《望厦条约》为名，企图攫取更大的特权。第二次鸦片战争期间，美国标榜中立国，却在战争后第一时间与清政府签署了《天津条约》，在贸易口岸、关税优惠、传教自由、领事裁判权等多个方面扩大了权益。

4.2.1 《天津条约》的签署

4.2.1.1 签约背景

1844年中美《望厦条约》第三十四款曾规定："和约一经议定，两国各宜遵守，不得轻有更改；至各口情形不一，所有贸易及海面各款恐不无稍有变通之处，应俟十二年后，两国派员公平酌辨"。[②] 按此约定，如有必要修约，美国应于1856年提出。从条款分析，修约并非是必然，他的前提是各口岸情形有变，需要变通时方需执行，但这却成了英美法各国联合向清政府提出更多权益的借口。1854年，中美条约签订的第十年，美国就急不可待地派麦莲负责向清政府提出修改《中美五口贸易通商章程》。而美国并非对时间无知，这来源于英国援引最惠国待遇条款，认为《南京条约》签订于1842年，到1854年即十二年期满，可以提出修约的要求。于是英美法三国采取一致行动，向中国

---

① 1美元＝0.984银元。

② 王铁崖．中外旧约章汇编［M］．北京：生活·读书·新知三联书店，1957：56.

政府提出交涉。对于各国的要求，清政府都作出了回绝。理由是《中英南京》条约是政治条约，不属于通商条约，无期限的约定，没有修改的必要。而《虎门条约》虽是通商条约，但没有修改的年限。英国无法援引最惠国待遇按南京条约的签约时间之后十二年提出修约。如果未来美国修约成功，英国可以凭此获得同等待遇，但英国自身不能提出修约。

麦莲几经请求会见粤督叶名琛，叶都以公务支吾拒绝接见，并通过低级官员与翻译告知美使麦莲和英使包令："并非奉有谕旨，办理变通事宜。天朝臣下无权，但知谨守成约。"① 三国和平修约的计划遭受失败。麦莲向美国总统报告了北上交涉的过程，并主张采取英、美、法联合作战封锁中国港口逼近中国屈服。美国政府训令麦莲称："总统对于你自称联合英、法海军威胁中国而达到修改条约，借以获得更大的商业权益而不惜使用武力的政策，表示非常严重的反对。"② 一方面美国政府不采纳麦莲的联战主张，另一方面英法忙于克里米亚战争，孤军奋战的麦莲使华修约的目标暂时搁浅。但1856年，轮到美国有所谓的修约机会时，美国卷土重来，再次要求修约，并派新任驻华专使巴驾来华修约。希望达到"外交使节进驻北京，自由贸易、废除所有加诸美侨个人自由的限制"三个目的③。巴驾深知麦莲当时修约的困境，于是赴华前取道欧洲，希望与英国与法国协商一致以武力克制中国，但英法两国主张缓进，不愿以联合舰队北上示威。巴驾只身前往上海向清廷官员提出修约遭到回绝。咸丰皇帝在上谕中指出："前年到津，业已加恩酌免关税等项，天皇怀柔远人之意，不可谓不厚，若再借词哓渎，断难允准。"缺少盟军的合作及清政府的强硬态度，巴驾修约的计划再次失败。

1856年10月，英国借"亚罗号事件"拉开了第二次鸦片战争的序幕。美军在战争中名为"中立"但却将中英交战视为最好的修约机会积极介入战争。1857年4月刚刚就职总统的布坎南任命列卫廉为第一任驻华特命全权公使，他的历届前任则都是以委员的名义出使的。11月，列卫廉到达香港，他所奉训令是迫使中国按照下述条件进行修约。第一，外国使节驻扎北京，觐见皇帝，并同一个正式任命的外务部进行联系。第二，扩大通商范围，改进外国进口货内地税章程。第三，允许外国人的宗教自由。第四，采取信守望厦条约规

① 沈云龙. 筹办夷务始末（咸丰朝）第9卷［M］. 文海出版社，1966：653.

② 李定一. 中美早期外交史［M］. 北京：北京大学出版社，1997：210.

③ 林坚. 中美贸易二百年（1784～1999）［M］. 厦门：厦门大学出版社，2003：57.

定的措施。[①] 列卫廉到达中国后，即照会叶名琛，要求会晤商讨修约事宜。叶名琛采取一贯的不理会政策，并很有礼貌地回复美使称：接见外使皆由行商代转，因行商的信栈已被英人所焚，所以实在没有会晤的地点。此外，现行的条约是令人满意和有益的，无须任何更改。列卫廉公使所受的待遇和他在中国亲身调查的结果使他信服了先前几位美国代表所持有的看法。他报告国务卿说，"西方文明列是必须坚持它们所了解的本身的权利，抛弃把中国当作一个可适用一切普通原则的国家来对待的梦想。"[②] 1858 年 1 月至 5 月，英法联军攻占了广州并进逼天津，美国联同英、法、俄四国使节共赴天津与清政府谈判。列卫廉趁机以"中立"之名逼迫清政府签署了《中美和好条约》(即《中美天津条约》)。

4.2.1.2 条约内容

1858 年 5 月，美使列卫廉向清政府提出谈判的主要内容：修改《望厦条约》、订立新税则、要求赔偿美侨生命财产的损失。具体细则主要有以下几点：(1) 日本、暹罗、安南等国，现已铸造银币，而中国仍用银两，故缴付关税困难，望中国能铸银币。(2) 赔偿近十年来美侨在华生命财产损失 60 万两。(3) 允许公使驻京或有事可自由赴京。(4) 允许美国使节直接与朝廷交涉。(5) 在广州、浙江、福建、山东等省设立沿海口岸七个。(6) 允许美船自由航行于长江与珠江流域。(7) 允许在福州与宁波修建灯塔。(8) 传教士可自由传教。(9) 船舶进出口量吨之标准划一。(10) 最惠国待遇条款及商约可修改条款。[③] 相比英国人提出的五十六条，清政府认为美国人提出的要求相对"温和"。对以上要求作出如此的批复："其所请建立塔表等事，并无成例，应毋庸议。至如咪处大臣往京师及文移等直达礼部内阁等条，向来无此体制，不能准奏……中国向用纹银，银饼本非所重……咪恭顺，以上就该夷各款分别准"。[④] 即除了不允修建灯塔、不拟铸币、不允公使驻京外，清廷几乎在增开商埠、内河航行权、赔偿损失等方面是有求必应了。1858 年 6 月 18 日中美《天津条约》正式签署，条约共三十款，要点梳理如下：

第一，第一款规定了"嗣后大清与大合众两国，并其民人，各皆照前和平友好，毋得或异，更不得互相欺凌，偶因小故，而启争端。若他国有何不公轻

---

①② 马士，宓亨利．远东国际关系史（上册）[M]．北京：商务印书馆，1975：179，180.

③④ 沈云龙．筹办夷务始末（咸丰朝）第 21 卷 [M]．文海出版社，1966：1627－1634，1625.

藐之事，一经知照，必须相助，从中善为调处，以示友谊关切”。[①] 清政府的逻辑是今后以英国为首的西方国家对中国的侵略将日益加重，而美国自从与中国通商往来后一直以“谦卑”的姿态与中国交往，未以干戈与中国相见，和英法俄有着本质的区别，取得美国的援助一方面遵循着“以夷制夷”的思维，另一方面美国一直以中立国自称，将来中国有难，美国必从感恩曾给予的利益的角度帮助中国排忧解难。

第二，领事裁判权的详细规定。美国在《望厦条约》中已开领事裁判权之先例，在此次条约中将这一权利诠释得更加淋漓尽致。第十一款规定“倘华民与大合众国人有争斗词讼等案，华民归中国官按律治罪，大合众国人无论在岸上海面，与华民欺侮骚扰、毁坏物件、殴伤损害，一切非礼不合情事，应归领事等官按本国例惩办，至捉拿犯人以备质讯，或由本地方官，或由大合众国国官，均无不可”。[②]第二十七款：“大合众国民有因财产涉讼，由本国领事等官讯明办理……大合众国民在中国与别国贸易因事争论者，中国官员不得过问。”[③]第二十八款：“大合众国民人因有事向中国地方官辩诉，先禀明领事”。[④]

第三，取得驻京权利与平等文书、接待的权利。《天津条约》中动摇了清政府禁止外国使者进京的传统旧制，允许美国使节每年有进京一次的机会。而对于西方反复抨击的礼节往来在若干条款中作出了规定。其中第七款“中国大臣与大合众国大臣公文往来，应照平行之礼，用照会字样，领事与中国地方官公文往来，亦用照会字样。”第十款“大合众国领事，及管理贸易等官，当与道台知府并行。遇有与中华地方交涉事件，或公文往来，或会晤面商，须两其平，即所用一切字样体制，亦应均照平行。”[⑤]清政府一直以天朝上国身份自居，视外来国家都为蛮夷，在态度和称呼上都是上对下的关系。在此条约多处强调官员间接待间与公文间体现“平行”关系，至此，“具禀”被“照会”所取代，国书逐渐变成了平等的公文。

第四，增开口岸，增加自由商务与生活的空间。第十四款，允许大合众国民赴广州、潮州、厦门、福州、台湾、宁波、上海七口居住贸易。即增开了台湾与潮州两地。同时规定了口岸船只丈量与缴纳船钞的标准，“四十官尺为一吨，凡在一百五十吨以上者，每吨纳银四钱，不及一百五十吨者，每吨纳银一

①②③④⑤ 王铁崖．中外旧约章汇编［M］．北京：生活·读书·新知三联书店，1957：89－90，91，95.

钱。”①

第五，最惠国待遇条款适用范围的扩大。第六款及三十款中分别规定“嗣后无论何时，倘中华大皇帝情愿与别国或立约，或为别故允准，与众友国钦差前往京师到彼居住，或久或暂，毋庸再行计议，特许允准大合众国多头一律照办，同沾此典”。“无论关涉船只、海面、通商贸易、政事交往等事情，为该国并其商人从来未沾，抑为此条约所无者，准大合众国官民一体均沾。”② 特别是最后一款，将美国的最惠国待遇原则发挥到了极致，以最低的成本获得最大的利益，美国在两次鸦片战争中都是最大的胜利者。

中美《天津条约》签署后，关于税则及赔偿的问题在上海谈判，1858 年 11 月 8 日，中美签订《中美通商章程善后条约》（中美上海条约）此条约有三项重要内容：

第一，外国人拥有了中国海关监督权。1853 年，上海爆发了小刀会起义，对上海县城与海关产生了攻击。英、法、美三国抓住这一机会攫取了江海关的行政管理权。上海谈判时，英国要求中国各通商口岸所有海关均实行由外国人任海关监督的制度。至此清政府税收的重要来源地——海关被英国人掌控了近半个世纪。

第二，鸦片走私合法化。鸦片战争的根源不在于鸦片，但鸦片确实是西方国家进入中国的救命稻草，第二次鸦片战争让这一目标顺利实现：鸦片贸易终于披上了合法的外衣。条约第五款规定：“向来洋药、铜钱……皆不准通商，现定稍宽其禁，听商遵行纳税贸易”。“洋药准其进口，议定每百纳税银三十两”。中美《天津条约》中关于鸦片“转正”的协议是美国自鸦片战争以来若干努力的结果，过程不需要再详述了，但它的意义是重大的，解决了西方国家近代以来与中国贸易的困扰。“你闻之必感惊异，盖鸦片已可每箱征税三十两而进口矣。中国政府终于放弃了她长期不许鸦片纳税进口的政策。以《南京条约》而结束的鸦片战争，今始得到胜利，从此可敬的英国商人与英国政府均将不会再因走私鸦片而受人詈骂矣。”③ 通过美国传教士卫三畏写给妻子的信件可知，鸦片的自由流通一直是美国人的希望，它的解禁将美国乃至西方的困扰一扫而光，这是美国人不懈斗争的胜利结果。

第三，关税进一步降低。“凡有金银，外国各等银钱、面、粟、面饼、米粉、牛油、蜜饯、砂谷米、熟肉、熟菜、牛奶酥、香水、外国衣服、银器、外

①② 王铁崖．中外旧约章汇编［M］．北京：生活·读书·新知三联书店，1957：92，95.

③ 李定一．中美早期外交史［M］．北京：北京大学出版社，1997：263.

国蜡烛、烟丝、烟叶、外国酒家用杂物、柴新、碜、炭、船用杂物、纸张、行李、毡毯、铁刀、外国自用药材、利器、笔墨这些商品进出口免税。”相比中美《望厦条约》的低关税又向前迈了一大步。表4－13中列举了两次条约后若干商品的进出口关税的比较。从中可以看出中美《望厦条约》中许多协定关税的产品在《天津条约》后从价税率基本上降到了5%左右。

表4－13　1843年与1858年进出口若干商品税率对比

商品名称	单位	1843年税率单位：两	1843年税率折成从价税（单位：%）	1858年税率单位：两	1858年税率折成从价税（单位：%）
出口					
茶叶	担	2.500	12	2.500	5.6
白糖、黄糖	百斤	0.250	8.5	0.200	5.7
八角	百斤	0.500	8.5	0.500	5.6
桂皮	百斤	0.750	12.0	0.600	5.5
土茯苓	担	0.200	9.0	0.130	5.8
进口					
印花布	疋	0.200	9.0	0.07	5.6
丁香	百斤	1.500	10.0	0.500	5.2
棉花	百斤	0.400	5.25	0.350	6.4
牛黄	斤	1.000	13.0	1.500	5.8
犀角	担	3.000	8.0	2.000	5.7
铜	担	0.400	10.0	0.250	5.6

资料来源：根据姚贤镐．中国近代对外贸易史资料（1840～1895）［M］．北京：中华书局，1962：388－395，773－789．资料整理得。

4.2.1.3　条约影响

两次鸦片战争，中国不仅输掉了尊严，更重要的是被剥夺了若干的自主权，首先是关税的自主权。从自主关税到协定关税，从严禁贩运鸦片到鸦片按每箱征税三十两，这些都是《中美天津条约》美国所取得的特权，这里尤其规定了关于子口税的征收。美、英等国商人在中国内地运货出口或洋货入内地，只需纳一次子口税。这种情况下，外国货卸货后，再途径任何内地口岸都不须重复纳税。取得“子口税”权利后的外国商品可以以较低廉的价格进入各通商口岸，中国的商品也可经多口岸畅通无阻地运往外国。其次是海关权的丧失。中国战败妥协的一方面就是交出了海关行政权利。英国人李泰国、赫德操纵中国海关近半个世纪，先后在广州、潮州、宁波、福州、镇江、天津、九江、厦门、汉口、烟台等地设置了三十多处海关，海关中重要职位均由外国人担当，中国人只从事一般岗位。堂堂中国海关逐渐成为外国人控制中国对外贸易、支配中国经济与政治的一个重要殖民统治机构。最后，就是中国沿海贸易权与内河贸易权被掠夺。鸦片战争之前，清政府的一口通商政策使外国商船每到贸易季均聚集在广州交易，第一次鸦片战争后，通商口岸从一口变为五口，待第二次鸦片战争，除了口岸增加外，外国商船还可以在沿海各口岸转口且不再征税，长江一带各口也可上下通商。至此，外国的商船可以遍航中国的沿海与内河流域，外国资本也趁机深入中国内地、内江，设立轮船公司及商行，控制了中国的交通运输业和进出口贸易。

4.2.2 中美贸易状况

4.2.2.1 进出口分析

这一时期，中美商品结构发生了重要的变化，许多在今后成为双边贸易主要品种的商品出现在其中。茶与生丝作为传统商品依然在美国从中国进口的名单中出现，茶叶的地位已经大不如前，数量与价值已经大大减少，而一些新的商品如帽子材料、化工产品、植物油、羊毛、糖等一个接一个进入到名单中。在美国向中国出口的名单中除了棉制品外，还增加了烟草与矿物油。中国的进出口商品日益由美国资本的需要来决定，中国逐渐成为美国商品的销售市场和原料供应地。从表4-14的商品结构的变化可知，这个阶段是中美贸易经历百年后的过渡。

表4-14　　1870～1890年美国对华贸易主要商品结构　　单位：千美元

商品名称	1870年	1875年	1880年	1885年	1890年
中国向美国出口：					
茶叶	9 796	8 746	9 995	8 039	6 858
生丝和绢丝	477	682	6 937	3 787	4 466
麻药、染料和鸦片	650	540	1 089	346	407
帽子材料	216	446	829	980	892

续表

商品名称	1870 年	1875 年	1880 年	1885 年	1890 年
植物油	95	200	162	189	140
大麻、黄麻	375	409	529	37	5
米、米粉	520	931	980	730	603
香料、糖、水果	859	574	311	181	150
生皮			70	380	130
毛皮				222	292
羊毛				103	814
羊毛服装、棉布	75	80	77	156	86
其他	1 566	872	1 620	1 142	1 417
美国进口合计	14 629	13 480	21 770	16 292	16 260
美国向中国出口：					
棉制品	626	553	339	3 443	1 231
煤炭	620	53	10	3	1
钢铁制品	114	134	41	802	74
矿物油	142	411	366	1 455	1 301
卷烟	39	11	5	14	41
小麦和面粉	839	35	66	46	59
其他	667	268	274	743	243
美国出口合计	3 047	1 466	1 101	6 396	2 944

资料来源：潘序伦．美国对华贸易史（1784～1923）［M］．上海：立信会计出版社，2013：24.

1. 美国对华出口

美国的输华商品中工业品输入增长很快，其中最重要的就是棉布和煤油。棉布主要是以粗棉布与斜纹布居首位。主要市场是牛庄、天津、南京。美国的这些斜纹布似乎特别适合中国人的需要，加染以后，在中下层人民中销量非常大，这种布较厚实，是以较粗的棉纱织成的，对于多数从事于农业、手工业的劳动阶层家庭来说耐用性强。尽管在过去的几十年中美国棉布向中国出口的数量是不稳定的，但在 1870 年后的二十余年中，美国向中国出口的布匹逐年增加，80 年代，美国向中国出口的粗布和粗斜纹布几乎占到中国全部进口洋布的 2/3。仅斜纹布 1876 年出口数量为 290 460 疋，1877 年为 425 552 疋，1878 年降至 185 385 疋，至 1879 年再度上升为 299 364 疋，1880 年为 486 059 疋。①

① 姚贤镐．中国近代对外贸易史资料（1840～1895）［M］．北京：中华书局，1962：1148.

美国布疋在中国市场上日益增强的竞争力，使得英国棉布处于岌岌可危的境地。表 4 – 15 中统计了 1881 ~ 1894 年英国与美国在粗布、粗斜纹布、细斜纹布三种商品中的数据，美国在 1891 年创出最高出口量两百万疋粗布，是 1880 年前的三至四倍，最高时占中国进口粗布的 70%（见表 4 – 16）。英国的粗布量远不及美国，但 1887 年有所突增，可能的原因是英国最大的纺织品工业基地兰开厦努力复制美国粗布的结果，并由此在 1888 年粗布有了更大的增加至 1 039 642 疋，但由于中国市场进口量实际上已经过多，引起了 1889 年的严重反应，在这一年英、美粗布的对华出口均大量减少，但直到 19 世纪末，棉布在中国的出口还是以增长为主态势。

表 4 – 15　　美国、英国粗布、粗斜纹布、细斜纹布对华输出量（1881 ~ 1894）

年份	美国			英国		
	粗布（疋）	粗斜纹布（疋）	细斜纹（疋）	粗布（疋）	粗斜纹布（疋）	细斜纹（疋）
1881	599 000	488 000		175 000	643 000	
1884	1 300 000	303 000		231 000	137 000	
1885	1 323 000	471 000		308 000	264 000	
1886	1 356 538	620 803	55 620	239 143	416 699	128 354
1887	1 368 114	465 674	40 486	662 960	288 781	228 002
1888	1 557 830	496 096	8 412	1 039 642	542 826	106 342
1889	875 568	621 743	9 533	407 779	262 668	107 880
1890	1 201 791	597 903	38 090	744 079	231 437	195 313
1891	2 008 455	861 591	17 317	890 017	235 766	145 811
1892	1 326 406	644 532	20 101	686 528	102 057	123 960
1893	903 334	426 804	24 360	797 763	403 213	93 052
1894	1 275 744	705 031	26 008	399 837	208 455	177 292

资料来源：姚贤镐．中国近代对外贸易史资料（1840 ~ 1895）[M]．北京：中华书局，1962：1145 – 1153.

表 4 – 16　　三种棉布进口量的比重　　单位：%

年份	粗布		粗斜纹布			细斜纹布		
	美	英	美	英	荷	美	英	荷
1890	61. 8	38. 2	69. 8	27. 0	3. 2	14. 8	76. 0	9. 2
1891	69. 3	30. 7	75. 5	21. 0	2. 5	8. 2	69. 2	22. 6
1892	65. 9	34. 1	82. 5	13. 1	4. 4	12. 6	77. 3	10. 1
1893	53. 1	46. 9	47. 8	45. 1	7. 1	16. 9	64. 6	18. 5

资料来源：彭泽益编．中国近代手工业史资料（1840 ~ 1949）第二卷 [M]．北京：生活·读书·新知三联书店，1957：201.

除了粗棉布外，美国在粗斜纹布的销售中也很从容地占据了优势，1892年，美国的粗斜纹布占总量的82.5%。关于新兴的工业国美国为何能在棉织品领域超越英国，甚至于美国的斜纹棉的价格高于英国同类商品40%的条件下，依然可将英国的棉布排挤出市场，有几个原因值得思考。第一，美国的棉制品在质量上优于英国同行。美国棉布在纯净、耐久及保暖方面，无可否认是优于英国棉布的，其质量得到了中国消费者的赞许，在售价上略高于英国布。而英国棉布比美国棉布和中国土布要便宜得多，但因质量恶劣，结果很不经济。英国棉布之所在遭市场厌恶，是因为在生产过程中过度上浆的原因。一般上浆的程度是全部重量的30%，而粗斜纹布的上浆占到总重量的40%，“英国14磅粗斜纹布的质量已逐渐下降，在许多场合已降低到破布那样的程度”，[①]而美国的粗斜纹布完全没有掺杂质。英国制造商的浆料先是用淀粉，或者用类似的植物质料，后来发现这些东西在布匹裹面会寄生象鼻虫及其他类似的害虫，于是改用一种白黏土，虽不生虫，但腐蚀布匹。中国人对所谓品质低劣的曼彻斯特的喜爱是完全可以理解的——英国布匹供丧葬之用、被面、棉衣裹或需要大量的布匹作临时之用。随着不上浆棉布的推广，英国也在适应这一趋势，从19世纪最后几年的数据看，英国有赶上美国的趋势。第二，美国在粗棉布方面与英国竞争获胜的理由应该从人工与原材料两方面考虑。生产棉制品，最重要的成本是人工与原材料成本，因为原材料产于美国，在原材料多于人工的布匹生产中，美国的成本是低廉的。一般认为每疋重12磅的棉布是竞争的分界线，重量12磅以上的棉布，美国的制造商能够胜过英国，劳动力比起原料来，比重较小。但英国兰开厦的情况正相反，生产效率高但原材料价格昂贵。而12磅以下的棉布，美国就不可能与英国竞争。这也就可以解释为何美国在粗布及粗斜纹布方面的出口优于英国，而细斜纹布的出口中所占比重较小的事实。第三，传统偏好让市场选择了美国。中国人所以一贯喜爱美国的斜纹布和粗布，也许与此类货物在市场上有悠久的历史有关系，质量可靠并且品牌与商标也已驰名中外，相对较保守又传统的中国人很忠诚于美国棉布，他们情愿出较高的价钱买它，也不买一个新牌子，看来仅仅价格低廉并非在任何情况下都是最重要的优点。

与中国市场粗棉布同时畅销的还有美国的煤油。过去在中国，蜡烛是唯一的照明工具，但随着进口洋油的增加，价格又便宜，煤油很快成为市镇人民日

---

① 姚贤镐．中国近代对外贸易史资料（1840～1895）［M］．北京：中华书局，1962：1149.

用之物。“炼油皆为美国之货，但此项炼油生意，竟可必其年增一年，因乡民现均爱用，虽价稍昂于花生油，然燃灯光亮，较胜于花生油多多耳。”① 在19世纪最后二十年，美国的宾夕法尼亚州已经把向所有市场供应石油的业务，几乎全部据为己有了。“火油进口1889年有227 800加仑，1890年进口增加到491 500加仑，本埠（琼州）所产油，几被美国光亮之油压倒。”② 美国在中国的劲敌是俄国，俄国炼油矿在黑海东岸，因品质清亮，发光稳定，矿质尤多而在各埠风行。1889前年，中国进口的所有煤油均来自美国，1882年进口石油量为8 256 000加仑，1889年，俄国炼油开始试销，两国总计为20 655 413加仑，俄国约占总量的1/3。至1894年，两国石油的销量都有了惊人的增长，总计69 705 416加仑，是1889年的3.4倍（见表4－17）。从地区销售来看，牛庄是煤油在北方重要的销售市场，从1882年的9 812加仑增加1887年的46 000加仑，再增加到1888年的89 018加仑，8年增长了9倍。1891年在牛庄石油进口总量（499 700加仑）中俄国石油占了57.6%。

表4－17　　美国、俄国炼油对华出口量比较（1889～1894）

年份	美国		俄国	
	量（加仑）	海关两	量（加仑）	海关两
1889	14 999 942	2 178 722	5 655 471	696 768
1890	23 591 113	3 262 049	7 237 611	830 825
1891	39 348 477	4 308 839	10 000 902	958 212
1892	31 884 013	3 330 116	8 469 318	872 795
1893	36 720 382	4 086 661	13 286 198	1 484 534
1894	51 670 853	5 905 228	18 034 563	2 100 086

资料来源：姚贤镐．中国近代对外贸易史资料（1840～1895）［M］．北京：中华书局，1962：1172.

2. 中国对美出口

这一时期，中国输美的产品仍以茶、丝为大宗。但在市场竞争与中国技术落后的双重作用下，贸易趋势是衰退的。正如郑观应所云：“大宗亦有二：曰丝，曰茶。计其盛时，丝价值四千余万两，今则减至三千七八百万两；茶价值

① 彭泽益．中国近代手工业史资料（1840～1949）第二卷［C］．北京：生活·读书·新知三联书店，1957：169.

② 姚贤镐．中国近代对外贸易史资料（1840～1895）［M］．北京：中华书局，1962：1170.

三千五百余万两，今仅一千万两。杂货约共值二千九百万两。罄所得丝、茶全价尚不能敌鸦片洋布全数，况今日茶有印度、锡兰、日本之争，丝有意大利、法兰西、东洋之抵，衰竭可立待乎！”① 在中美茶叶贸易中，日本是中国最大的竞争者，很多市场份额被日本对手所蚕食。回顾鸦片战争之前，茶叶在美国进口中有着绝对优势，1840 年，茶叶进口量占美国对华进口总额的 82%，在巅峰后的几十年，这一比重下降到 65% 以下。1865～1894 年这三十年间，美国国土面积的增长带来人口的膨胀，茶叶消费需求增加了两倍之多，虽然中国、日本的茶叶进口数量都在增长，但日本茶叶所占比重却后来居上。从表 4－18 可以得知，1865～1869 年，在美国进口的茶叶中，日本茶叶份额不足 20%，而中国则遥遥领先，但就在三十年后，日本茶叶就超过 40%，欲与中国争半壁江山了。

表 4－18　美国茶叶进口来源统计（1865～1894）

年份	美国年均进口茶叶总量（万磅）	从中国进口		从日本进口	
		进口量（万磅）	占比（%）	进口量（万磅）	占比（%）
1865～1869	3 478.9	2 667.4	77	667.4	19
1870～1874	5 664.2	3 799.7	67	1 412.0	25
1875～1789	6 233.0	2 981.0	48	2 543.3	41
1880～1884	7 478.4	3 897.2	52	3 407.6	46
1885～1889	8 160.6	4 107.8	50	3 569.2	43
1890～1894	8 800.0	4 515.5	51	3 833.5	44

资料来源：潘序伦．美国对华贸易史（1784～1923）［M］．上海：立信会计出版社，2013：79.

鸦片战争之前，至少在美国，还未闻日本生产茶叶，1864～1865 年度，日本茶叶出口不到 400 万磅。1867～1868 年度，日茶的输出量是中国绿茶输出量的 37%，而在 1870～1871 年度，这一比重就迅速上升到 50%，并且全部出口到美国。1874～1875 年度，日本茶叶输美量首次超过中国绿茶，更为惊人的是在 1876～1877 年度，输美日茶达 1 930 万磅，而中国的绿茶仅为 950 万磅，日茶已经超过华茶一倍以上了（见表 4－19）。在 19 世纪末期，中日两国共同垄断了美国的茶叶市场，两国出口到美国的茶叶占总量的 95% 左右。而印度、锡兰茶所占比重相对较少。日本茶在美国销量的增加，是华茶销美停滞

① 郑观应．盛世危言［M］．北京：华夏出版社，2002：519.

的原因。①

表 4 - 19　　中国绿茶与日茶出口比较（1867 ~ 1877）　　单位：万磅

年份	中国绿茶出口			日本茶叶出口		
	总计	输美	输英	总计	输美	输英
1867 ~ 1868	2 660	1 400	1 260	980	870	110
1868 ~ 1869	3 090	2 000	1 070	1 190	1 070	120
1869 ~ 1870	3 290	1 960	1 330	790	780	10
1870 ~ 1871	2 700	1 850	850	1 360	1 360	—
1871 ~ 1872	2 920	2 060	860	1 400	1 400	—
1872 ~ 1873	3 400	2 220	1 180	1 660	1 660	—
1873 ~ 1874	3 010	1 990	1 020	1 790	1 790	—
1874 ~ 1875	3 200	2 000	1 200	2 250	2 250	—
1875 ~ 1876	3 500	1 700	800	2 450	2 450	—
1876 ~ 1877*	1 700	950	700	1 930	1 930	—

注：* 截至 1876 年 12 月 31 日。

资料来源：姚贤镐．中国近代对外贸易史资料（1840 ~ 1895）[M]．北京：中华书局，1962：1198.

由于类似的竞争，中国生丝对美出口的下滑也是不争的事实，中国丝是个体生产，手工缫丝，生产效率低下，质量与档次也越来越跟不上世界主流。19 世纪上半叶，美国进口中国的丝绸几乎都是制成品——布匹、刺绣、花边等，很少有生丝，因为当时美国的丝绸加工产业尚未形成。1823 年，中国绸缎占美国进口丝绸的 60% 左右，但之后的四十年后，这些数据发生了急剧的变化，1833 年的 17%，1853 年的 4.1%，1863 年的 0.1%（见表 4 - 20）。在丝织品下滑的同时，生丝的贸易增长是稳定的，但在 1865 ~ 1884 年的二十年间，美国生丝进口增长十倍的背景下，这一稳定增长实际上却是退步的。由于美洲与欧洲的风尚，要求丝的规格是洁净、均匀、有胶性，而法国、意大利、日本正在生产这样品质的丝并分享了曾经中国丝出口的份额。中国的丝织品生产商普遍被外商批评生产上的漫不经心导致产品质量下降，除非是大规模建立丝厂，否则中国的丝织业前途很渺茫。

① 姚贤镐．中国近代对外贸易史资料（1840 ~ 1895）[M]．北京：中华书局，1962：1197.

表4－20　美国丝绸制品进口统计

年份	美国丝绸进口总额（万美元）	从中国进口		年份	美国丝绸进口总额（万美元）	从中国进口	
		进口额（万美元）	占比（%）			进口额（万美元）	占比（%）
1823	520.1	312.2	60	1863	1 265.6	0.97	0.1
1833	791.3	138.7	17.0	1873	2 912.6	13.0	0.5
1843	245.8	—	—	1883	3 396.7	35.0	1.0
1853	2 983.4	122.0	4.1	1893	3 895.9	36.2	1.0

资料来源：潘序伦．美国对华贸易史（1784～1923）［M］．立信会计出版社，2013：88.

中国丝绸、生丝份额的下降的原因不难找，从中国方面来说，中国丝绸的生产并非以出口为目的，没有刻意去迎合西方人的品位，因此，在美国人看来，“中国的养蚕人生活在愚昧无知的天堂乐园里，他们错误地认为蚕丝价格由自己确定，然而事实上价格是由美国、欧洲市场形成。”① 中国人丝绸的质量在退化，“现在市场上的生丝品质与早年完全不同。蜚声海外的主要品牌的创始人早已去世，他们的继承人未能保持其牌号的声誉。”② 因此，当时购买华丝的人不是因为它的质量好，而是为了补充别地产丝的不足。再者，对新的生产工艺缺乏了解，不去学习科学的养蚕方法，丝织产业在逐渐被蚕食。这与认真与努力提高本国生丝、丝绸产品质量的日本形成鲜明对比。此外，生产商缺少积极主动的市场宣传来扩大知名度，市场的销售完全是被动与懈怠的。从美国方面说，通过半个多世纪的发展，美国已经成为世界最大的丝绸制造国，已经能够完全自给自足。而且对于相关产业，美国开始征收保护性关税，中国的丝绸很难承受这一重负，因此很快被逐出美国市场。从竞争者方面说，与茶叶贸易命运相似的丝绸面对的是同样的劲敌——日本。日本制丝业工厂的工业化程度很高，制丝业占整个国家工业比重过半。在1889年，机器制丝已经达到全部生丝生产的40%，1894年达到57%。而手工缫丝在19世纪末已不到10%。日本政府对于生丝产业非常重视，1897年建立生产检验所，专门控制生丝质量。而在中国想对丝织产业革新则是困难重重，政府没有相关的机构进行监督与管理，更不用说在国际市场上推广。实际上日本丝并不比华丝好多少，但自从打开贸易大门后，迅速吸收西方科学，改良育蚕方法，采用先进工

① 潘序伦．美国对华贸易史（1784～1923）［M］．上海：立信会计出版社，2013：91.

② 姚贤镐．中国近代对外贸易史资料（1840～1895）［M］．北京：中华书局，1962：1226.

艺适应西方潮流设计出美国人、欧洲人喜欢的商品。19 世纪末，工业品与艺术品的博览会将世界的精品聚集在一起，很多的丝织品生产商、制造国都希望通过博览会崭露头角以获得世界的认可，但行事懒散的中国生产商并不重视这难得的机会，仅以普通商品应付了事，这与认真准备多件代表性商品，努力筹备参展的日本相形见绌。中日两国对待丝绸的态度决定了这场龟兔赛跑的赢家。这两类核心贸易的衰退也就解释了为何中美贸易在 19 世纪最后几十年并没有任何明显的增长。

4.2.2.2　鸦片贸易合法化

第二次鸦片战争后，鸦片走私被披上了合法的外衣，作为中美天津条约的附件，1858 年签署的《中美通商章程善后条约》中第五款明确规定了鸦片与其他药品一样按正常商品进口交易，每担征收 30 两。过去至少在法律上是禁止的鸦片，经过了两次鸦片战争的洗礼，终于完全公开买卖，不仅鸦片贩子可以自由公开输入，连有条件的各省也开始大规模的公开种植鸦片了。但鸦片走私仍旧猖獗，香港、澳门成为国际资本主义对华走私鸦片的重要基地。国外鸦片进入香港后，由中国帆船在各通商口岸缴纳关税后运至国内。香港没有官方发表的统计报告，使得这样输入中国的鸦片的准确数字很难核定。但可以从输入香港的总数扣除复出口至美洲、澳洲等地方的数量，可获得一个近似值。1865～1886 年间，所到香港鸦片每年约 9 万箱，运销到内地各口岸缴纳关税约为 7 万箱，每年香港私销鸦片达 2 万箱，每年偷税额达三百多万两（见表 4－21）。

表 4－21　　中国鸦片进口统计（1865～1886）

年份	中国各港进口		香港进口		香港进口超过各港进口数*	
	担	海关两	担	海关两	担	海关两
1865	56 133	25 821 180	76 523	34 996 680	20 390	9 175 500
1866	64 516	31 386 162	81 350	38 362 378	16 384	6 976 216
1867	60 948	28 823 942	86 530	39 655 924	25 582	10 831 982
1868	53 915	23 538 621	69 537	29 871 864	15 622	6 333 243
1869	53 413	23 727 165	86 065	38 223 238	32 652	14 496 073
1870	58 817	24 967 196	95 045	40 328 764	36 228	15 361 568
1871	59 670	26 045 878	89 744	40 690 974	30 074	14 645 095
1872	61 193	25 295 131	86 385	34 704 689	25 192	9 409 558

续表

年份	中国各港进口		香港进口		香港进口超过各港进口数*	
	担	海关两	担	海关两	担	海关两
1873	65 797	26 255 295	88 382	32 467 697	22 585	6 212 402
1874	69 844	28 564 782	91 082	33 175 559	21 238	7 730 622
1875	62 949	25 355 065	84 619	29 106 923	21 670	7 454 480
1876	69 851	28 018 994	96 985	36 491 288	27 134	10 202 384
1877	70 179	30 257 812	94 200	32 303 963	24 021	8 231 196
1878	72 424	32 262 957	94 899	37 470 465	22 475	8 870 133
1879	83 051	36 536 617	107 970	41 479 892	24 919	9 573 376
1880	71 654	32 344 628	96 839	42 823 721	25 185	11 137 201
1881	79 074	37 592 208	98 556	41 691 567	19 482	8 241 316
1882	65 709	26 746 297	85 565	32 422 180	19 856	7 523 810
1883	67 405	25 345 613	94 036	30 252 912	26 631	8 366 243
1884	67 181	26 150 241	86 163	28 920 906	18 982	6 371 373
1885	66 645	25 438 914	90 329	29 705 336	23 684	7 788 652
1886	67 788	24 988 561	96 141	31 642 910	28 376	9 337 166

注：*除去部分复出口外，即为走私至中国的数量。

资料来源：姚贤镐．中国近代对外贸易史资料（1840～1895）［M］．北京：中华书局，1962：859.

鸦片贸易开禁后，其毒害如江水决堤般泛滥全国，在上海，鸦片贸易在所有贸易中占第一位。美国的鸦片贸易商每年可赚得550万镑之巨。连当时列卫廉的秘书卫廉士也不得不承认这次鸦片开禁对中国人民的祸患。他说："当1855年税则准许鸦片纳税进口后，由于鸦片走私贸易提升为合法许可的商业，本来已经微弱的道德上的抵抗，好像亦消减了。"① 1848年，美国加利福尼亚因发现金矿，掀起了开发西部的高潮，全世界的劳动力都在涌向美国。为了获得清政府允许廉价的劳动力进入加州，1868年，美国与清政府订立了《蒲安臣条约》，"大清国与大美国切念人民前往各国，或常住入籍，或随时来往，总听其便，不得禁阻为是。现在两国人民互相来往，或游历，或贸易，或久居，得以自由，方有利益。"② 这一条约保障了所谓两国人民有自由移入的权利。但随着西部开发的成功，及美国国内掀起排华风潮时，美国在1880年派出使节团来华进行谈判，谈判的目的就是促使清政府放弃1868年签订的移民

① 绍溪．19世纪美国对华鸦片侵略［M］．北京：三联书店，1952：104.

② 王铁崖．中国旧约章汇编［M］．北京：生活·读书·新知三联书店，1957：262.

条约。而此时中国人民反对鸦片贸易的呼声又沸腾起来，并且处于1838年以来最热烈的顶点上。这是美国人提出移民问题的好时机。为了达到目标，美国又与清政府签订了另一个关于美国政府同意禁止美国商人贩卖鸦片的条约。条约中规定“美国商民不准贩运洋药入中国通商口岸，并由此运往彼口，也不准作一切买卖洋药之贸易。”① 鸦片的禁止显然是美国政府为达到它所认为有极端重要性的一个目的所付出的代价。此条约与1844年的《望厦条约》有异曲同工之处，虽然美国人之后仍旧打着反对鸦片贸易的旗号干着贩毒的买卖，但随着早年进入中国投资的美国商人逐渐淡出中国市场及美国西部大开发与国内工业建设，资本主义国家代表先进生产力的工业产品还是逐渐替代了鸦片贸易。

4.2.2.3 苦力贸易

伴随着殖民时代的苦力贸易一直以来都与奴隶贸易一样罪恶。苦力贸易最早可追溯到16世纪，即东西方交融的时代。1517年葡萄牙人闯入珠江，在广州地区招工和诱买子女，他们将掳掠到的中国人送到葡萄牙的殖民地果阿等地充当奴隶。1652年，开普殖民地建立后，荷兰殖民者又将中国人贩运至南非为奴。1785年，英国东印度公司占领马来半岛的槟榔屿，该地成了输入中国苦力的主要目的地。19世纪中期，随着欧美资本主义国家迅速发展，茶叶、棉花、香料、蔗糖等热带经济作物在市场上竞争激烈。1848年与1851年，北美洲西部加利福尼亚和澳洲南部的澳大利亚发现了金矿，逐利者趋之若鹜。同时由于中西部大开发，美国急需修改横跨东西岸的铁路，除了招收欧洲劳工之外，大批中国劳工被诱骗到美国，如此，中国的劳工与美国的开发便紧密联系起来。

贩卖到美国的劳工分两种：一种是赊单苦力，另一种是契约工。赊单苦力是指赊欠船费和旅费的华工。债主或苦力的掮客替他们支付船费，这些苦力需要通过劳动来偿还，在未还清船费前，劳工都要听从债权人的安排，他们在美国没有任何权利上的保障。第一种赊单苦力是运往美国最多的。第二种契约工是美国人口贩子在中国雇用流氓通过坑蒙拐骗等方法弄来中国人，并强迫他们签署劳动契约，契约的期限一般为5～8年，在契约中规定华工要为雇主务农、开矿。契约工在上船前被押解在“猪仔馆”，抵达国外后在市场上公开售卖，

---

① 王铁崖．中国旧约章汇编［M］．北京：生活·读书·新知三联书店，1957：380.

雇主将他们视为奴隶，稍有不合便棍棒相交，契约工的死亡率很高。

中国的劳动人民能够任由其他国家贩卖、劫掠到西方充当苦力是鸦片战争后腐败懦弱的清政府控制力下降与不平等条约体制保障共同作用的结果。实际上，中国政府对本国人民向外迁移的政策一直都是极其严格的，没有允许便擅自外移都将受到严厉的处罚。清初实施海禁的年代曾有禁令，所有犯禁的或从台湾回来的臣民，一经捉到，便予以斩首。1717 年，康熙下令召回所有在海外的臣民返回国土。1728 年，雍正皇帝下令，海外的中国臣民未经许可，永远不准返回中国。① 但鸦片战争后苦力贸易的繁盛意味着法律实施的失败，也标志着清政府的统治已经进入腐朽软弱的泥潭。此外，苦力贸易的发起是在 40 年代，这与当时清政策与西方签署的一系列不平等条约有着紧密的关系。中美《望厦条约》第二十六条规定："合众国贸易船只进中国五港停泊，仍归各领事等官督同船主人等经营，中国无从统辖。"② 这就意味着美国人可以任意在通商口岸拐骗掠夺，美国的商船成为了他们窝藏的最好的庇护所。继鸦片贸易后，苦力贸易成为不平定条约保护下了另一罪祸。1868 年，中美天津条约的增约中第五条款规定："大清国与大美国切念人民前往各国，或愿常住入籍，或随时来往，或游历，或贸易，或久居，得以自由，听其自便，不得禁阻。"③ 这样，美国在中国就取得了合法掠贩中国劳动的合法权，美国在各地设立招工机构招募华工。

在《望厦条约》签署的第三年，即 1847 年，贩运劳动力的贸易在新开口岸之一的厦门开始。随后的八年间，厦门一口向海外输送的中国劳动力有 12 151 人，其中输入美国的 410 人。④ 1852 年厦门人民掀起反对西方掠贩中国劳动力的斗争，于是侵略者将掳掠人口的中心转移到广东沿海附近。广州、汕头、香港、澳门等地逐渐都成为了载运中国苦力的集散地。由于葡萄牙、荷兰、英国等都参与到苦力贸易中，我们很难得到确切的贩卖数据，但可以肯定的是，美国在其中是有过之而无不及。从 1849～1857 年若干数据可以看出美国贩运所占的地位。从广州运往加州的中国劳工 1849 年为 900 人，1850 年为 3 118 人，1851 年为 3 502 人，1852 年上半年猛增到 15 000 人。1855 年由汕头运出的苦力，共 6 388 人，其中 3 050 人运往美国。1857 年在香港从事苦力贸易的船舶共 70 艘，其中有 31 艘是美国船。

---

① 马士．中华帝国对外关系史（第二卷）［M］．上海：上海书店出版社，2000：177.

②③ 王铁崖．中国旧约章汇编［M］．北京：生活·读书·新知三联书店，1957：55，262.

④ 卿汝楫．美国侵略史（第一卷）［M］．北京：人民出版社，1962：97.

美国参与贩运苦力所得利益甚至远远超过可耻的鸦片走私。这些美国的人贩子们从中国以极其低廉的价格从另购买苦力，每名约为八元（墨西哥元），但他们运往海外却可以卖得一百元以上。以八元的成本却可以卖出十倍以上的价格，苦力贸易利润之惊人与掠夺的残暴性是成正比的。正如美国专使巴驾所说“中国苦力贸易，在过去数年中，由美国船只及悬挂其他国家旗帜的船只经营者，充满着犯法、不道德及惨无人道的内容，极似过去非洲的黑人贸易一样。”① 的确，在运往美国的苦力中有男人、女人和孩子，其中女子与孩子是更低贱的价格买来，其他劳动人口或是被骗来，或是由暴力掠夺而来，也并不知道自己被送往何地，他们拥挤地蜷缩在肮脏恶臭的船舱，饮用不卫生的水源和食物，经历数月漂洋过海，即使有人到达美国，面对着却是生不如死的劳碌。

19 世纪 40～80 年代，大约有 30 万华工被贩卖到美国，华工对美国西部开发的贡献也获得了官方的承认“由于利用了中国人的廉价劳动力而开发加利福尼亚和太平洋沿岸各洲的资源，增加了美国西部的物质繁荣。”② 这样的评价的确不为过，19 世纪 40 年代的美国，西部还是杂草丛生的荒僻地区，可是当几十万华工运来后，这里便迅速发展起来。1877 年，由于廉价华工的贡献，美国加州的矿产资源得到开放，而华工总数却占到了劳动力总数的 50% 以上。1849～1856 年，美国加州 11 个矿区所产黄金总值 3.22 亿美元，其中大部分是华工采掘的成果。随着奴隶制度的废除，饱受苦难的黑人与印第安人获得自由后拒绝从事农业劳动，于是加州农业的发展便依赖于华工，据统计，从事加州农业的中国劳工约占总人数的 75%。19 世纪 50 年代，美国旧金山有数百英亩的荒凉低洼土地，经过华工的努力很快变成了肥沃的良田，地价也在几年间上涨了 40 多倍。正如郑观应所言：“美国之旧金山向属荒野，招中国工人开垦，遂成富庶之邦，徒以华工佣价廉而效职勤。”③ 华工对美国的贡献还体现在修建第一条跨太平洋的铁路上。这条铁路吸纳的华工人数占总劳工的 4/5，人数多达 5 万人之多。这些劳动身处工作的最艰险处，如钻隧道、架桥梁、筑路基等，常年面对极恶劣的天气，为修路而丧生者多达万人，这条太平洋天堑之路是由华工的血汗筑成的。

这种惨绝人寰的苦力贸易在美国官方看来都是不道德的。来自美国内的谴

① 卿汝楫. 美国侵略史（第一卷）[M]. 北京：人民出版社，1962：99.

② 陈翰笙. 华工出国史料（第三辑）[M]. 北京：中华书局，1982：239－240.

③ 郑观应. 盛世危言 [M]. 北京：华夏出版社，2002：569.

责之声不绝于耳。专使巴驾就认为这是“憎恶和不人道的暴行”，并规劝美国人放弃这一不道德、不正常的交易。接替巴驾的公使列卫廉提及苦力贸易也说“对从事这项交易的美国船来说，是对中国法律的破坏……”① 虽然表面上谴责，但实际中却对苦力贸易放任自流，美国驻华的全权公使未对此做任何阻止。1852 年，一艘美国专门运输苦力的船舶上的中国人为抵抗侮辱与压迫与雇主揭竿反抗，为此事，巴驾还专门向中国政府索要 50 万两白银作为补偿。这一行为反映出美国政府对苦力贸易的真正态度。实际上，随着美国政治实力的提升及在经济领域的迅速发展，中国劳动力弥补了美国资本主义上升阶段对人力的需要，而廉价的劳动力创造的财富与节省的劳动力成本正是美国国家机器原始积累不可或缺的。美国政府的态度反映资本主义逐利的本质，这种非道德性的交易也正是资本主义国家趋强、封建主义趋弱的表现。

4.2.2.4 贸易平衡

在中美贸易在过去 200 多年的历程中，没有哪个时期的发展比 19 世纪最后 40 年还慢了。在 18 世纪末至 19 世纪中叶，中美贸易经历了最初的懵懂的开创期到扩展的条约期，无论从绝对量还是相对性方面都是稳步增长的。有充分的理由相信在未来中美贸易发展的势头更加良好。然而事实却是在 19 世纪最后这 40 年中，贸易并没有显著增长，用“徘徊不前”表达可贴切。1861～1865 年是美国南北战争时期，这几年受到内战的影响，中美贸易份额迅速减少，进出口总额从 1861 年的 1 826.9 万美元降到 1865 年的 1 223.6 万美元，降幅达 33%。虽然美国与中国大陆贸易额从 1861 年的 1 826 万美元增加到 1894 年的 2 299.7 万美元，看似增长了近 25%，但 1845～1860 年，中美贸易的增长却已然达到了 135%（见表 4－22）。

表 4－22　美国与中国内地、香港地区进出口统计（1861～1894）　单位：千美元

年份	美国与中国内地			美国与中国香港			美国对华贸易总额	总顺差
	美国进口	美国出口	贸易总额	美国进口	美国出口	贸易总额		
1861	11 352	6 917	18 269				18 269	4 435
1862	7 459	5 499	12 958				12 958	1 960

① 梁碧莹．美国与中国的“苦力”贸易——兼论 19 世纪中国旅美“苦力”华工［J］．中山大学学报，1985（1）：77.

续表

年份	美国与中国内地			美国与中国香港			美国对华贸易总额	总顺差
	美国进口	美国出口	贸易总额	美国进口	美国出口	贸易总额		
1863	10 961	6 142	17 103				17 103	4 819
1864	10 165	8 733	18 898				18 898	1 432
1865	5 131	7 105	12 236				12 236	-1 974
1866	10 133	10 150	20 283				20 283	-17
1867	12 112	9 768	21 880				21 880	2 344
1868	11 385	11 691	23 077				23 077	-306
1869	13 209	12 376	25 585				25 585	833
1870	14 628	9 040	23 669				23 669	5 588
1871	20 066	2 068	22 135				22 135	22 135
1872	26 754	2 936	29 690				29 690	29 690
1873	26 353	3 394	29 748				29 748	29 748
1874	18 159	2 543	20 703				20 703	20 703
1875	13 480	1 458	14 938	1 203	2 102	3 305	18 243	11 123
1876	12 361	1 383	13 744	494	3 240	3 733	17 478	8 232
1877	11 141	1 697	12 838	1 171	3 230	4 401	17 293	7 385
1878	15 895	3 597	19 492	2 233	3 263	5 495	24 988	11 268
1879	16 566	2 517	19 083	1 653	3 291	4 944	24 027	12 411
1880	21 770	1 101	22 871	2 251	2 877	5 128	27 199	20 043
1881	22 318	5 448	27 765	2 400	2 917	5 317	33 082	16 353
1882	20 214	5 896	26 110	2 424	3 429	5 852	31 962	13 313
1883	20 141	4 080	24 222	1 919	3 778	5 697	29 918	14 202
1884	15 617	4 627	20 243	1 505	3 082	4 586	24 830	9 413
1885	16 292	6 397	22 689	984	4 149	5 133	27 822	6 730
1886	18 973	7 521	26 494	1 072	4 056	5 129	31 622	8 468
1887	19 077	6 247	25 323	1 436	2 984	4 421	29 744	11 282
1888	16 691	4 583	21 273	1 446	3 352	4 798	26 071	10 202
1889	17 028	2 791	19 820	1 480	3 686	5 167	24 986	12 031
1890	16 260	2 946	19 207	970	4 439	5 408	24 616	9 845
1891	19 322	2 710	28 023	563	4 769	5 332	33 355	12 406
1892	20 488	5 663	26 152	763	4 894	5 657	31 809	10 694
1893	20 367	3 900	24 537	878	4 217	5 095	29 632	13 128
1894	17 135	5 862	22 997	893	4 210	5 102	28 100	7 956

资料来源：潘序伦．美国对华贸易史（1784 ~ 1923）［M］．上海：立信会计出版社，2013：19.

第二次鸦片战争后，美国与日本的贸易从 1860 年的近乎空白增长到 1894

年的28 330 700美元（美国进口23 696 000美元，出口4 634 700美元）而同期美国与中国内地贸易仅从1861年的1 826.9万美元微升到1894年的2 299.7万美元，中美19世纪最后几十年的每年的贸易总额徘徊在1 800万美至2 800万美元之间，始终未超过3 000万美元，相比前80年的贸易成就，这是大大的退步。况且这仅是从贸易数据考虑，未将物价上涨因素考虑在内，剔除这一因素，实际的贸易状况是衰退的。这一时期之初，中国是美国进口贸易的第七大商品来源地、美国商品出口第六大目的地。但到19世纪末，这一位置已分别下滑到第八位和第十四位。[①] 自19世纪60年代至19世纪末，美国对华贸易的比重在整个对外贸易中所占比例也在不断降低。1860年为3.15%，到1880年降到1.86%，至1894年为1.75%。

香港作为中美贸易及其他国家对华贸易的中转港，将美国对香港贸易总额也加入对华贸易中虽然不太合适，但美国从香港进口的商品多源于中国东南地区，出口到香港的商品也有部分转运到大陆，将两部分加总只是想表达这个阶段中美贸易的总趋势。从上表同样可以计算出这一阶段中美贸易差额。中国大陆对美依旧保持顺差，而香港对美的贸易每年平均有200万美元的逆差。基于19世纪最后几十年较慢的中美贸易增长，本以为中美差额也会相应地缩小，但结果却很意外。1871～1894年间，中国内地对美顺差年平均为1 400万美元，而在1845～1860年，这个差额约为600万美元。从美国对华出口数据来看，第二次鸦片战争后，美国对华出口额未有过多的增长，年均在500万美元上下，而从中国的进口额却从1860年的890万美元增长到了1 713万美元。这个数据可以反映出这个时期美国未把对华出口作为盈利的主要手段了，这是因为美国精英为之疯狂的中国市场已经被美国国内的充满机遇的前景所取代，那些与美国先驱者具有同样优秀品质的美国人在本国的制造业、银行业、运输业同样能够得到丰厚的报酬，伴随着美国航运事业的衰落，在华的商业组织纷纷衰退、倒闭或是退回到美国国内。

① 潘序伦．美国对华贸易史（1784～1923）[M]．上海：立信会计出版社，2013：17.

第5章

美国海外扩张中的亚太因素

从独立至19世纪二三十年代对美国来说极为重要，这一时期奠定了美国对外关系原则的基本基调，美国的孤立政策也是在这一阶段形成的。由于美国刚刚摆脱英国的殖民统治，对外政策的目标是极力追求独立自主，摆脱欧洲对美国的控制。伴随孤立主义政策，美国在今后的近一个世纪却在与欧洲角逐，除了将欧洲势力赶出美洲之外，还极力地扩张领土，扩张主义已经成为19世纪美国重要的外交政策，孤立与扩张看似矛盾却并行不悖，孤立政策将欧洲势力排除在美洲以外，从而保护扩张主义为美国带来的根本利益。

18世纪末，美国从事对华贸易获得巨大财富，这些财富足以推动美国工业化与新兴产业的发展，海外淘金的商人们陆续从中美贸易中将资金转移到国内兴建铁路、投资工商业。美国在太平洋的扩张与美国从与中美贸易中获得到收益有着直接的关系。谁如果打通通往亚洲的路线，谁就将控制整个亚洲的市场，美洲与亚洲将不再受到太平洋的阻隔。从北美洲的领土扩张到19世纪末的太平洋扩张，美国的目标是在亚太地区建立商业帝国。美国的战略已经从大西洋转向了太平洋，因此构筑北美洲——太平洋——亚洲之间的桥梁极其重要，这关系到美国在亚洲地区的根本利益的实现及与西方列强争夺亚太经济主导权。基于此，美国的触角开始从美洲伸向了亚洲与太平洋附属岛屿国家。

5.1 扩张的渊源

5.1.1 商业精神与扩张意识

北美殖民地的商业资本主义发展是与欧洲，尤其是英国的重商主义紧密联系在一起的。中世纪末期，资本主义萌芽便在欧洲产生，西班牙、葡萄牙、法国等都将重商主义作为对外贸易政策，通过贸易来聚敛财富，倡导出口大于进口，以顺差为荣，通过高关税壁垒限制进口，从而促进国家财富的增长。新大陆的发现，促进了欧洲的殖民热情，新大陆成为欧洲列强欲望的目的地，从1607～1733年，英国在北美大陆共建立了13个殖民地。这些殖民国家并不满足于此，欧洲列强为了争夺地盘，开展商业竞争，彼此进行了大大小小的无数次战争，北美大陆是重要的战场，其中最为著名的是英法七年战争，战争以法国失败为终结，法国除了保留了西印度群岛的一些岛屿与对劳伦斯湾的两个小岛及纽芬兰岛的捕鱼权外，丧失了在北美大陆的所有势力。欧洲势力在北美的清除为英国的商业扩张开辟了通途，以新英格兰为中心的海洋运输业迅速发展。虽然英国的《航海条例》限制殖民地与母国与殖民地之外的国家进行贸易，比如除肉类、谷物、木材、鱼类等可以直接出口其他国家外，其他商品只能出口到英国，英国一直倡导重商主义，鼓励顺差，造成殖民地成为母国的附庸，贸易上一直处于逆差，为了弥补贸易差额，新英格兰大力发展航运业、捕鱼业、转口贸易及走私。新英格兰与中部殖民地的沿海海湾有着星罗棋布的海港，优越的地理条件便利了商业发展。虽然水路通畅，但是行驶条件却是相当恶劣的，即便是现代的水手也会深感忧虑。船体小，主要依靠风向和天气才能航行，船上的条件有限，伙食单调，横跨大西洋的时间漫长，这些对于早期的商人来说是巨大的挑战。①

扩张是美国与生俱来的本性，自从欧洲殖民者一踏上这片新大陆，扩张就成了这里的主旋律。扩张与商业精神是相互依存的，同时也是殖民地独立的重要保证。英法七年战争之前，殖民地的扩张活动是依附于英国，包括商业扩张与地域扩张，他们向东开展大西洋与加勒比海的商业，向西和南部侵夺新的土地。殖民地的商业扩张依托了英国海上贸易的优势，东部贸易口岸大力发展的航运业与捕鱼业及西部的皮毛交易这些都离不开英国与英属西印度群岛。殖民地的地域扩张主要是服从于英国的扩张需要，即从北美排斥法国的势力。商业扩张与地域扩张相辅相成，它们皆服从于重商主义思想，是资本积累的重要手段。美洲新大陆的发现及美国独立后横跨北美大陆的扩张是相互延续的，从这一点上看，美国人的确有英国的血统。

北美殖民地的扩张意识与清教主义的“宿命论”是紧密相连的。宿命论

① 福克纳. 美国经济史（上卷）[M]. 北京：商务印书馆，1989：100.

是英国殖民者带到新大陆的，他们认为血统高贵的盎格鲁—撒克逊人具有传播基督文明、征服落后民族的使命，这种使命是上帝赋予的。[①] 首批乘“五月花”号赴马萨诸塞的殖民者也宣称他们为新大陆带来基督信仰，实际上这是为扩张造势，为侵略披上伪善的面纱。

5.1.2　孤立思想的形成

孤立主义与北美大陆的殖民统治具有同样悠久的历史，孤立思想独立前就已显现出来。首先从地理位置上来说，新大陆与欧洲远隔重洋，仅从地理位置上来说，这种隔绝就成为了孤立主义天生的屏障。此外，陆续到达新大陆的移民由于厌恶欧洲战争及逃避宗教迫害远赴他乡，在这片崭新的土地上新旧思想碰撞，孤立情绪愈加强烈。除此之外，孤立主义思想萌芽的更重要的因素是欧洲对殖民地的压迫和掠夺。18 世纪中期，英属北美殖民地经济地位的提高丝毫没有改变其在政治上从属于英国的状况，殖民地仍是英国同欧洲列强进行交易的外交筹码。

1745 年，纽约总督谢利任命威廉·佩帕高尔爵士率军攻下法属路易斯堡。但英国不顾殖民地的利益，在 1748 年《阿亨和约》中，把路易斯堡拱手归还法国，以换取印度的马德拉斯堡，这一事件引起了殖民地的强烈愤慨。约翰·狄克逊于 1768 年说：“这场战争只是一场为帝国主义扩张为一己目的而战的英国的战争，因此与殖民地无关。”[②] 美国真正的自由与独立是远离欧洲战争，远离英国对殖民地的控制。自此，孤立情绪演变为摆脱英国殖民统治的独立要求。

美国的孤立从来不是与外界的绝对隔绝。孤立主义这个概念在美国历史上总是具有相对性的，非绝对、普遍的孤立。

首先，孤立与扩张有着共同的土壤，它们同属于商业资本体系，并为之服务，孤立不是闭关锁国，而是摆脱枷锁，将资本主义这台国家机器运转得更好。孤立并不等于中断与外界的联系，而是通过更广泛的商业扩张获得经济上的独立。对欧洲的政治孤立，是为了保护在美洲扩张的自由，是为了摆脱英国的干预，因此美国孤立思想的内涵自身就包括了政治上的防御与商业领域的扩张两方面。根植于商业资本主义的扩张意识与孤立思想共同构成了早期美国外

① 杨生茂．美国外交政策史 1775～1989［M］．北京：人民出版社，1991：29.

② Norman A. Graebner. Ideas and Diplomacy［M］. New York：Oxford University Express，1964：80.

交政策的基石。

其次，孤立思想普遍见于政治与外交中，在经济领域中可见的更多是包容与合作。殖民地未经历过封建经济而是直接进入到资本主义经济。这就需要面向世界，面向欧洲，寻找市场、寻找资源，加强与欧洲国家的贸易往来。早期的重商思想根植于殖民地，促使其一开始就成为英国建立另一个商业帝国的目标。

再次，早期的孤立相对于欧洲，而在美洲，独立后的美国则在迅速建立自己的影响。美国往往在通过两条腿走路，一方面排斥欧洲的政治干预，另一方面则将欧洲势力赶出美洲，加强美国对整个美洲的势力范围。

最后，孤立具有相对性，每个时期，孤立的内涵都在发生着微妙的变化，美国不倡导与欧洲结盟，但是在刚刚独立之时却与荷兰、瑞典、普鲁士等缔结条约，这种与欧洲国家保持若即若离之势的缘由即是国家利益，当自身不够强大之时，联合总比孤立要强，当羽翼丰满之时，保持自身行为的自由要比条约更不易牵绊。暂时的结盟同样也是孤立主义内容中不可或缺的一部分。

5.2 对外扩张政策

5.2.1 门罗咨文到门罗主义

美国独立对世界产生的裂变作用，最终体现在“门罗主义”。19 世纪 20 年代初，世界发生了重大变化。在欧洲，法国革命时代宣告结束，欧洲战争的硝烟也已散去，拿破仑帝国从历史上消失了，君主制度在欧洲全面复辟。1814 年 10 月，维也纳会议召开，恢复了欧洲的封建正统秩序。1815 年，俄、奥、普三国君主缔结了“神圣同盟”。神圣同盟是欧洲列强为镇压欧洲革命、维护欧洲君主制度而拼凑成的政治联盟，是以君主制为核心的欧洲均势体系的支柱。1820 年西班牙与意大利发生资产阶级革命，紧接着是希腊的民族解放运动，这些革命严重震撼了欧洲的正统秩序，引起了神圣同盟的恐慌，接下来的三年中，这些国家的民族解放运动均受到了神圣同盟的镇压而失败。欧洲的民族解放运动为西半球的独立革命带来的希望，拉丁美洲人民的民族意识觉醒，到 1822 年底，在拉美已经有阿根廷、智利、哥伦比亚、墨西哥、秘鲁、巴西六个国家摆脱了殖民统治。

拉美革命动摇了西班牙、葡萄牙的殖民统治，在欧洲掀起波澜，人们纷传神圣同盟将制订武装干涉拉美的计划。1822年，门罗总统向国会提交咨文，宣布承认拉美独立的国家，这在客观上支持了拉美民族解放运动，增强了拉美摆脱殖民统治的信心。但美国的这种肯定不过是其大陆扩张政策中的一部分，支配美国行动的不是什么维护民主、和平，而是民族利己主义原则。曾任智利驻美外交代表的阿吉雷说："如果他们（指美国人）肯做一些有利于我们的事，哪怕是间接的，那也是出于使他们商人致富的动机。"① 这番话可谓意味深长。1823年8月，英国提出建议英美两国在拉美问题上实行合作，提出由英美共同保证不占有拉美的任何部分，不允许原西属殖民地的任何部分不转让给其他国家。英国急于与美国合作并非将美国的军事实力放在眼中，而是避免神圣同盟干预美洲，同时更不愿意看到在拉丁美洲由美国一手遮天，约束美国在拉美势力范围的进一步扩大。同年10月，俄国提出不承认拉美已经独立的国家，希望美国继续保持中立政策。英国和俄国的交替施压，使美国必须在世界面前提出自己在拉美问题上的原则立场。1823年，门罗向国会提交咨文，阐述了其对拉美的外交政策。这一文件包括三项基本原则，即"美洲体系原则"、"互不干涉原则"和"不准殖民原则"。对于第一项原则，咨文宣称："神圣同盟各国的政治制度与美洲根本不同，这种不同产生于它们各不相同的政体"，以此强调美欧政治制度方面的本质区别，同时强调美国对欧洲的孤立政策不变，同时还追求美洲的集体孤立，不干预欧洲事务的同时从美洲这个集体孤立圈中排斥欧洲势力。实际上门罗主义是欧洲干预危机下进一步扩大范围的孤立政策，美国的出发点仍旧是国家扩张利益，将整个美洲纳入美国的势力范围中，美洲体系不过是美国的殖民体系而已。② 对于"互不干涉原则"，咨文中称："我们不曾干涉过任何欧洲国家现存的殖民地，而且将来也不会干涉，但对于那些已经宣布独立并维持独立的，而且我们斟于伟大动机和公正原则承认其独立的国家，任何欧洲国家为了压迫他们或以任何其他方式控制它们命运而进行的任何干涉，我们只能视为对美国不友好的表现。"③ 这段话表明美国以从未干涉过欧洲为前提要求欧洲不干涉美洲政事，但美国并没有提出承担拉

---

① 阿瑟·怀特克. 美国和拉丁美洲独立：1800～1830［M］. 巴尔的摩：约翰斯·霍普金斯大学出版社，1941：236.

② William S. Robertson. Hispanic-American Relations with the United States［M］. New York，1923：380.

③ W. C. Ford. John Quiney Adans and the Monroe Doctrine［J］. 美国历史评论，1902，8（1）：33－38.

美免遭侵略的责任及对不向拉美扩张的保证。对于“不准殖民原则”，这个原则主要是针对俄国与英国提出的，1821 年，俄国宣布俄属殖民地南界为北纬 51°，介入了美英对俄勒冈的争夺，美国宣布：“今后欧洲任何国家不得将美洲大陆已经独立的国家视为殖民地。南北美洲不再是任何国家建立殖民地的对象，除英国在美国以北的殖民地外，南北美洲大南的其余部分从今之后必须由美洲人亲手管理。”① 这里宣称由美洲人亲手管理实际上就是美国人的管理，这是美国在美洲大陆扩张权利的声明。

美国对拉美政策的三项原则相辅相成，构成后来“门罗主义”的政治体系。它们的核心是同欧洲的外交体系相对抗，排斥欧洲在美洲的势力，同美国来取代欧洲掌管美洲的事务，为美国之后的领土扩张奠定了理论基础。

5.2.2 太平洋帝国设想

大陆扩张在 19 世纪中期告一段落，佛罗里达、得克萨斯、俄勒冈、加利福尼亚问题的解决，使美国获得了 320 多万平方公里的土地，这些领土对美国具有重要的经济与战略意义，美国一举成为西半球的泱泱大国。与大陆扩张并行不悖的是海洋扩张，随着大陆边疆的推进，又出现了一批海洋边疆拓荒者，他们着眼于太平洋与远东贸易，主张建立以太平洋为中心的世界性贸易帝国。而从大陆扩张向海洋扩张的纽带是修建太平洋铁路，太平洋铁路计划的构思者之一是阿萨・惠特尼，他曾从事中美贸易多年，在中国获得大量财富于 1844 年回国，他极力赞成修建铁路并称其意义在于亚洲贸易。“他宣称修建铁路将使美国处于世界的中心地位，亚洲贸易是世界贸易的基础，美国在亚洲的商业将增强国力促使其繁荣。”② 早期铁路的投资人科尼利厄斯・范德比尔特及托马斯・本顿也都主张由国家赞助修建太平洋铁路，其出发点便是发展同东亚的商业。他们认为世界的中心已经由西亚、北非转移到地中海热那亚、威尼斯，然后是大西洋沿岸的里斯本、阿姆斯特丹和伦敦，这些地区无一不是通过与亚洲的贸易而繁荣的。③

而作为太平洋商业帝国完整理论的阐述者则是威廉・亨利・西沃德，曾

① John B. Henderson, Jr. American Diplomatic Questions [M]. New York, 1901: 332.

② 查尔斯・维威尔. 美国历史评论第 65 卷 [J]. 1983 (2): 326－327.

③ Henry Nash Smith. Virgin Land: the American West as Symbol and Myth [M]. Harvard University, 1981: 28－29.

任林肯政府的国务卿，他早年是大陆扩张的支持者，进入50年代之后，他的思想产生了重要改变：在扩张内容上从大陆的领土兼并转移到了太平洋的商业扩张，在扩张方向上从大西洋转向了太平洋，西沃德的转移也反映了美国扩张思潮的流向发生变化。西沃德重视商业的发展，他强调商业是美利坚民族最伟大的事业之一，联邦政府要通过商业立法、缔结商约、建立商站、扩建海军等方式推进商业，通过商业的扩张达到政治的影响，通过经济联合与门户开放取代封闭式的殖民体系，只有在海洋中具有支配权，美国才称得上是世界性的商业帝国。据此，他放弃了曾经要吞并加拿大的想法，而试图通过经济联盟在北美形成政治影响力。此外，他将太平洋征服计划定为美国下一个阶段的目标。他断定美国在大西洋的利益必将降低，而太平洋沿岸及其岛屿国家将成为未来的舞台，将来商业利益的争夺不在美洲、不在大西洋、不在地中海、不在加勒比，而在太平洋及附属区域与大陆，谁统治了亚洲市场，谁就主宰了世界。西沃德还为太平洋帝国的建立进行了详细的筹划，第一，是为发展同亚洲的贸易，将加利福尼亚并入美国，兼并加州的好处还远不止如此，1848年并入后就在加州发现金矿，对于美国西部大开发来说的确是锦上添花。第二，是兴修铁路，他认为铁路与电报是保持国家完整和实现国家宿命的不可少的工具，可使美国控制欧亚之间的贸易，从而成为世界性商业帝国。第三，控制中美地峡的交通，扼住两洋贸易的咽喉。第四，建立世界统一的金融体系，并使纽约代替伦敦成为世界金融中心。第五，沿南北两路建立贸易中转站，北为阿拉斯加和阿留申群岛，南为夏威夷、威克岛和中途岛。西沃德的太平洋扩张思想代表着兴起的工业资产阶级的利益，在美国外交史上预示着一个时代的终结，为美国日后成就世界大国的地位奠定了基础。

5.3 海外扩张中的亚太中转站

在太平洋扩张思想的指导下，美国开始将目光锁定于太平洋。建立世界性的商业帝国的始发站是亚洲，在亚洲、太平洋、美洲之间建立据点，将美国的商品直飞中国，让亚洲的商品也在美洲穿行。日本、夏威夷、菲律宾便是美国锁定的目标。

5.3.1 打开日本门户

日本原本不是个闭关锁国的国家，16世纪中后期，葡萄牙、西班牙、荷兰和英国的船只就进入日本，从事传教、经商等活动。1633年日本颁布锁国令，除开放长崎一港与荷兰进行贸易及中日贸易外，所有港口不与外国互通。然而随着资本主义的发展及现代航海技术的进步，日本的封建统治受到了西方殖民主义者的威胁。自1846年至1854年，美国派出了舰队试图打开日本门户，其中佩里将军远征日本在国内引起较大反响，1854年他迫使日本签订了了《神奈川条约》，日本向美国开放了下田、函馆两港并同意向美方失事船只和船员提供保护，美国享有最惠国待遇等。此后，日本分别同英国、俄国、荷兰等国建立了各种条约，美国根据这些最惠国待遇享受了各项特权。1857年，美国驻日本领事哈里斯同日本签订了新条约，规定美国享有治外法权、贸易权和领事权。1858年，美日新条约又规定开放下田、函馆、神奈川、长崎、新泄、兵库六港，美国公民可以上述港口居住、租地、建筑房屋，美国领事可在日本各地旅行，美国进口货物享受低关税。

日本进入美国的视野成为美国在西太平洋地区殖民的首要对象，其根本原因来自在于日本的战略地位和贸易方面的优势。第一，中美贸易的利益与开放日本门户紧密相连。1784年，美国通往中国的第一艘商船“中国皇后”号首航中国获得了巨大成功，自此，美国开始源源不断地将美国本土的人参、西太平洋沿岸的皮货及夏威夷的檀香木运往中国。美国商船通往中国的航线有两条：一条是跨大西洋，绕好望角，经印度洋，进入西北太平洋地区的东航线。另一条是绕合恩角，渡太平洋，进入西北太平洋地区的西航线。日本作为美国与中国贸易中继站在美国构建太平洋商业帝国中占有重要地位。第二，《南京条约》签署之后，美国趁机同中国签署了《望厦条约》，签订后，美国获得了《南京条约》的一切利益外，还增补了多项条款。自此，美国商人不再局限于广州一口通商，而是将触角延伸到厦门、宁波、福州和上海。从美国港口向中国直航的船只越来越多，这些船只普遍使用蒸汽行轮法，如果缺乏煤的供应，则航行便无法完成。但煤主要由英国供应，采购价格很昂贵，在横贯太平洋航程上各加煤站间的距离比从英国到中国的航程上任何一段距离都要更远。美国航运公司的需求是非常紧迫的。而日本是美国太平洋海岸到中国的必经之地，又有提供大量的煤，在运输资源缺乏的年代，日本口岸对于美国泛太平洋轮船航线是绝对重要的。第三，美国在北太平洋捕鲸业迅速发展。大西洋的捕鲸者过剩，甚至南太平洋水域的鲸鱼资源也迅速萎缩，于是在北太平洋方面的捕鲸业促使进入日本海面的船只越来越多。日本海岸大部分没有绘入航海图，天气条件的险恶，船舶遇难的现象屡见不鲜。1846 年捕鲸船“劳伦斯”号遇难，船上八名水手幸存，但这些水手有的被囚禁，有的被遣送到爪哇，其待遇是相当苛刻的。[①] 遇险船舶罹难的美国水手在日本所受的待遇，成了美国考虑的重要问题。第四，从商业上的考虑。随着工业化的进展，中国和普遍的东方很快被看作是美国产品，特别是棉制品未来的广大市场。因而对亚洲的兴趣也将日本像中国一样包括在内了。

从美国给予佩里将军远征日本的训令中，可以更清晰地揣摸出美国对太平洋政策的第一次最基本的思想：“最近的一些大事，诸如在海洋上的蒸汽行轮、本国在太平洋沿岸取得的广袤的领土和迅速在那里定居，以及横亘间隔两洋的地峡上建立便捷的交通等，实际上使东方各国越来越靠近我们本国；虽然这些大事的后果，还没开始被感觉到，可是两国间的交往已经大为频繁，其日后的扩展是不可限量的。”[②] 这一内容是以日、美两国在太平洋上各自的地位来考虑两国关系的，文中所提到的新航线开辟与铁路建造的便利足以让美国人对于美国在太平洋和亚洲整个的关系中处于绝对的积极的地位。

5.3.2　摘取夏威夷熟果

19 世纪初期，美国殖民著开始注意夏威夷。最早来夏威夷的美国殖民者是传教士、商人。他们来到夏威夷，以传教为名，经营商业，进行殖民掠夺，推行美国的侵略扩张政策，干涉夏威夷的内政。掠夺夏威夷的檀香木、珍珠母等特产。18 世纪末，中美贸易开端之时，美国四处搜集与中国交换的商品来弥补贸易差额，檀香木曾经一度被大量美国商人砍伐并运销到亚洲。

夏威夷农业资源丰富，盛产甘蔗。许多美国传教士及其子孙在夏威夷发了财，成了甘蔗种植园主、糖厂主和大商人。美国殖民者在夏威夷的势力发展很快。到 19 世纪 70 年代，夏威夷的甘蔗种植园主和糖厂主多数成了美国人。到 19 世纪 80 年代末，夏威夷进口产品的 75% 来自美国，而 99% 的糖出口到美国，其食粮市场严重依赖于美国。

---

①② 泰勒·丹涅特．美国人在东亚［M］．北京：商务印书馆，1962：219，228.

夏威夷位于北太平洋的中心，是美国通往太平洋各国的咽喉要地，战略地位十分重要。美国统治者很早就把夏威夷当作侵略扩张的对象，把夏威夷看作是“北美大陆防御体系的一部分。”他们认为夏威夷只要“掌握在我们手中，就可以保证我们在太平洋上的统治地位，”“美国未来的海上霸权取决于对夏威夷的占领。”① 19 世纪晚期，美国向帝国主义阶段过渡时，就开始进行吞并夏威夷的侵略活动。1874 年，美国殖民者在夏威夷发动第一次政变，推翻女王爱玛，扶植一个小酋长的后裔卡拉卡亚为国王，建立傀儡政府。美国首次控制了夏威夷。1875 年，卡拉卡亚傀儡政府与美国缔结夏威夷史上第一个不平等条约——互惠条约。条约规定夏威夷保证不将它的领土让与第三国，取得免税向美国输入蔗糖的权利。互惠条约事实上把夏威夷变成了美国的保护国。1891 年，继位的利留奥卡拉尼女王是一位爱国主义者，提出“夏威夷是夏威夷人的”口号，反对与美国合并。女王的行动遭到亲美势力的反对，在美国武力支持下，女王的政权被推翻。1898 年，美西战争的炮声奏响了兼并夏威夷的进行曲，夏威夷正式成为了美国的领地。吞并夏威夷并非是美西战争的直接后果，这是美国经过 3/4 个世纪苦心经营的结果。

5.3.3 美西战争夺取菲律宾

19 世纪 80 年代以来，各帝国主义为了争夺生产资料来源、资本输出、商品输出的场所，疯狂地进行重新分割殖民地扩大势力范围的斗争，分割世界的号角已经吹响。正如列宁所说，“世界分割完毕是 19 世纪末一个显著的特点，但这并不是说不可能重新分割了。”② 这意味着未来的重新分割将使殖民地从一个主人转向另一个主人。当时海外殖民地只剩下古巴、波多黎各和菲律宾等几处处于西班牙的腐朽统治中，1895 年，古巴人民举起义旗，展开了大规模的反抗西班牙统治的斗争，却遭到了西班牙当局的血腥屠杀。美国扩张主义者则试图利用这个机会，染指古巴，占领菲律宾。1898 年，美国向西班牙宣战，美西战争正式爆发。实际上，美国对西班牙原殖民地的觊觎之心早已在胸。

首先，19 世纪末，美国的对外关系发生着重要的变化。甲午战争，日本

---

① Perry E. Gianakos and Albert Karson, ed. [M]. American Diplomacy and the Sense of Destiny，沃德沃斯出版社，1966：34.

② 列宁．帝国主义是资本主义的最高阶段 [M]．列宁选集第 2 卷．北京：人民出版社，1960：795.

打败了中国，列强们在中国掀起了瓜分狂潮，美国不能坐视利益的丧失。委内瑞拉危机的解决确立了美国在美洲的霸主地位，而此时古巴又发生了民族独立运动，势必为美国投入海外扩张提供新的机遇。美国极其关注亚太势力，尤其对世界上最大的潜在市场中国垂涎欲滴，为了在太平洋获得更多的据点与中转站，进而插足中国，扩大美国同亚太地区的贸易，是美国利用古巴问题，向衰弱的西班牙开刀的原因。①

其次，美国国内的经济形势急需海外扩张进行资本与商品的输出。南北战争后，美国工业得到迅速发展，生产集中进行得非常迅速。1870～1900 年，美国制造业总产值增加了三倍，大企业兼并小企业情况非常显著。自由竞争引起生产集中，生产集中的结果便是垄断。19 世纪 70 年代之后，在美国的金融、钢铁、制糖等产业中出现了托拉斯性质的垄断组织。洛克菲勒石油公司、卡内基钢铁公司、摩根财团等垄断资本为了获得廉价劳动力与原料，不断地向其周边小国进行商品输出与资本渗透，对这些国家的劳动人民进行疯狂的掠夺，从而获取高额利润。

最后，美国的扩张主义者早已为这场盛宴造势了。19 世纪末，随着美国资本主义向帝国主义过渡，代表金融寡头利益的一批帝国主义分子狂热地宣扬“种族优越论”与“天定命论”，为美国掠夺海外殖民地发动侵略战争鸣锣开道。著名扩张主义者、参议员贝弗里治发表演说，野心勃勃地主张以武力夺取菲律宾，侵略中国，他说：“一出菲律宾就是中国的无限市场，统治了太平洋也就统治了全世界。美国在夺取菲律宾后，将来就是统治太平洋的国家。”②扩张主义思想的最突出代表是美国海军军官马汉。他曾在报纸上连篇累牍地发表文章阐述美国称霸世界的构想。他强调建立强大的海军和开辟沟通两洋的海道的计划，他认为：加勒比海地区处于太平洋与大西洋的战略关键地位，美国必须取得对加勒比海沿岸的制海权，然后把实力转移到太平洋上。马汉的观点是当时主张称霸的世界新兴金融寡头们的思想反映。

美西战争之后，美国成为新兴的强大的帝国主义国家，夏威夷、菲律宾群岛的占有，中国的“门户开放”，美国与太平洋之间贸易的迅速增长，促使美国垄断资本迅速扩张。从北美洲的内陆扩张到跨越太平洋的海外扩张，美国在积累巨额财富的同时也迅速提升了国力，这对美国 20 世纪初海外的殖民扩张及与其他帝国主义国家关系的调整奠定了基础。

---

① 杨生茂．美国外交政策史 1775～1989［M］．北京：人民出版社，1991：206

② 朱里叶斯·普拉特．1898 年扩张主义者［M］．芝加哥大学出版社，1936：228.

第 6 章

中美贸易关系的践行者

对中美贸易关系产生影响的有三类人：美驻华官员、美商及传教士。三者相互依存、共同合作，贯穿于美国对华贸易与外交关系的各个阶段，是美国对华政策的诠释者。

6.1 美国驻华官员

19 世纪中叶之前，中美关系很大程度上是以个人性质主宰的。中国对美国的最初的看法更多地来源于美国领事、商人与传教士。中美《望厦条约》之前，中美没有建立正式的外交关系，美国没有政府派驻的公使，美国真正的领事制度也只是在第二次鸦片战争后有了较规范的样子。在此之前，美国派驻的领事的职责主要体现在商务领域，没有行政权力。《望厦条约》签署前后，美国派出公使，从此，美国对华政策的制定都有了明确的依据。领事与驻华公使在不同阶段对中美贸易关系产生了重要的影响。

6.1.1 驻华领事

美国的领事制度建立始自 1786 年，“中国皇后”号成功访华的第二年，美国政府任命在首次对华通商中具有卓越贡献的原海军少将山茂召为第一届美国驻广州领事。美国派领事驻广州的主要原因是美国欲进一步扩大对华贸易，使贸易能在更有利的条件下进行。山茂召担任此职务直到 1794 年逝世，在此期间美国政府未给予这个领事职位任何的薪金与津贴。[①] 山茂召能够接受这样一项工作有两方面的考虑，首先，这是政府给予他充分的信任与肯定，这份荣耀不是一个普通的身居异国的外国人靠努力就能得到的职位。作为军人出身的山茂召一直以来都将这份任务看作是为国家效力的机会，在位期间，他写下了多份商务报告，这些报告将美国商人在中国的贸易环境汇报给政府，对国内的商人的投资计划与美国政府的远东政策都起到积极作用。其次，既然政府给予的是一项没有资金支持的荣誉职位，那就意味着领事制度的建立本身不是纯粹的严格意义上的外交制度。在中美通商早期，这一职位更具有商业色彩。山茂召的首航中国，让他看到更多与中国开展贸易的机会，在去广州履职之后他就抓住机遇开设了代理行，替到中国的美商销购货物，收取佣金。在山茂召的影响下，更多的美商蜂拥而至。继山茂召后的广州领事是 1800 年来自普罗维登斯的撒缪尔·士那（Samuel Snow），1804 年，士那离职，卡林顿（Edward Carrington）继任之（1806～1808）。自 1808～1814 年，美国没有派驻领事。1814 年之后，维尔科克斯（B. C. Wilcocks）担任领事之职有七年之久，直到 1821 年为止。在维尔科克斯辞职之后至第二任领事的儿子彼得·士那任职之前（1835 年），领事一职一直是滥竽充数。事实上，在第二次鸦片战争之前的中美贸易六十年间，美国正式派领事的年头仅有十四年，而其余年间都是由商行的商人兼任，有的是受在职人员的委托，有些则是自告奋勇地承担。[②]

1858 之前的领事并不是什么了不起的大官，只不过就是一个信息灵通的商人而已。领事馆没有现成的馆址，房租与办事人员的聘用薪水也少得可怜。领事机构唯一的收益来源于规费，在 1836 年之前，很少有超过 500 元的。领事还要负责代管巨额款项，其中就包括罹难水手的救济金、死后无遗嘱的本国人民的财产等。基于这样的职责，领事常陷于侵吞公款的诱惑之中，而美国政府不给予领事资金的支持也许是从远离美国无从监督的角度出发的让他们尽其所能生存下去。因此，在职的很多商人领事都心领神会，不伸手向美国政府要钱，却尽可能地在外派的这段有限的时间内赚更多的钱回国。据丹涅特描述，旧时的商人领事一向是富贾之流，地位则略高于普通的商人，他们走私鸦片、滥用职权，并利用手中的商业机密中饱私囊。因为这样一个职位让他们可以接触到官方的报告而获取到商业的信息，这些信息既事关他的竞争者的业务又对他们自己扩展商务有着极大的便利。

---

① 李定一. 中美早期外交史［M］. 北京：北京大学出版社，1997：33.

② 泰勒·丹涅特. 美国人在东亚［M］. 北京：商务印书馆，1962：68.

美国领事在华的诚实与有效的工作并未得到政府的完全肯定。特派监督官蓝多福·基姆在1872年总结亚洲的报告时说："我们可以看到，没有一个领事馆是按照规章来保存开馆以来的所有记录。有些领事馆人员能力低劣、习惯卑鄙、行为粗暴，人事调动频繁，诟病丛生。在蒙蔽政府和从外界攫取收益方面所暴露出很多不法行为。规费的征收、司法权的行使、美国公民营业事宜的调整、死去美国公民的财产清理、海员的解雇、非法护照的发放、对船主的赞助、对中国移民的课税等无不流弊百出。"[①] 美国监督官的评语同时也是当时世界各地领事馆里普遍存在的现象，不规范的行为主要来源于不规范的领事制度。在《天津条约》中，"中国方面就提出不得用商人任驻华领事"。[②] 但美国商人充任领事一职仍未改善。1855年与1856年，美国颁布了《改组美国外交和领事体系法案》及《规范美国外交和领事体系法案》对领事的职务作出进一步的规范与管理，规定年薪在1 500元以上的领事不许以个人名义参与商业活动。

19世纪40～50年代构成了中国对外关系新秩序的第一阶段，对于中美关系而言，中美首次以条约的形式开始了外交的往来，当然这还不是纯粹的外交关系，因为美国的使节还不能自由地进京与官方进行公开的交往。1858年，第二批不平等条约签署之后，中美关系以更完善的法律形式确定下来，在中外贸易中，公行制度被取消，由领事负责商务管理工作。这种变革从中国和美国两方面来说都有共同的价值取向，就是将领事一职中的商业成分尽量的减少，将精力更多地放在商事、民事、刑事的管理中。《望厦条约》后，领事裁判权的获取将领事的司法权力推向高峰。其条约中第二十一条规定：美国人在中国犯罪，只能由美国领事处置。第二十四条规定，涉及中国人与美国人的混合案例，中美两方各自依本国法律办理。第二十五条，涉及美国人和其他国家的人在中国犯罪，由美国人和其他国家共同处理，中国无权过问。二十一条还规定，美国人在中国犯法，只能由美国领事捉拿。中国在丧失审判权的同时又丧失了缉拿权。而领事裁判权的恶性发展是中外会审制度建立的基础。中英《天津条约》中规定：中国人与英国人发生纠纷，"不能劝自息者，即由中国地方官与领事馆会同审办"[③]，首次约定了会审制度。1864年"湖广号"事件中美国旗昌洋行的商船与中国的盐船相撞，在会审制度的保护下，美国驻上海领事

① 泰勒·丹涅特．美国人在东亚［M］．北京：商务印书馆，1962：566.
② 黄刚．使领关系建制史（1786～1994）［M］．台北：商务印书馆，1995：41.
③ 郭卫东．不平等条约与近代中国［M］．北京：高等教育出版社，1993：85.

馆作出了对中方不公正的判决。

19世纪70年代之后，商人充任领事的情况大为改善，20世纪初，多数口岸的领事已为专职领事。领事制度的建立之初更多的是出于商业利益的考虑，很难将这种安排看作是美国对华政策的一部分，至少在第二次鸦片战争之前不应该这样认为。在中美条约关系建立前，驻华的领事推动了美国对华贸易的进展，作为美国在远东地区最早的常设机构，商人领事制度无疑是最适合中美早期贸易环境而存在的制度安排。随着中美贸易关系向条约关系的拓展，以经济利益为指导目标的商人必然很难与美国的雄图大志相提并论，将美国领事纳入美国行政管理制度中是第二次鸦片战争后美国在华战略的重要一部分。

6.1.2 驻华公使

如果说《望厦条约》签署之前，美国派驻中国的领事关注更多的是美国商人的在华利益，那么在此之后，美国驻华公使的眼界也许要更宽阔一些，通过公使向政府的报告，形成了不同阶段美国制定对华政策的主要依据。他们是美国对华政策具体的实施者。

6.1.2.1 两次鸦片战争之间的驻华公使

前文谈到在第一次鸦片战争之后，清政府与英国政府签署了《南京条约》，美国因想进一步扩大对贸易的机会，派出了顾盛使团，使团的主要目标是："为美国船只和货物争取按照英国商人享受的同样优惠条件"——这构成了美国对华政策的第一个正式的宣言。顾盛使团出色地完成了任务，中美协议中，至少有十五款涉及中美贸易与商人权利，美国在华享有的特权远远超过了英国。继顾盛之后，美国派出的第一任委员是亚历山大·伊凡勒（Alexander Hill Everett），他于1845年3月13日上任，但因其健康原因，在任只有八个月的时间。他的继任者是约翰·戴维斯（John W. Davis），戴维斯是一个专业医生，在中国居住不到两年的时间于1850年回国。实际上自《望厦条约》签署至1851年止，正式任命的驻华委员的期限不过两年的时间，因在中国生活成本高，委员的报酬低，继任者很难寻找。1852年8月，马沙利（Humphrey Marshall）接受了这一职位，1853年，皮尔司总统在年度咨文中写道："中国的情况也许使该国庞大帝国内发生重要变化，从而导致两国间比较自由的交往。新近奉派驻该国的委员，已经奉命利用一切机会，打开和扩张我国的商务关系，而且不仅以中华帝国为限，其他亚洲国家也一并包括在内。”① 皮尔司这段话的背景主要有两点：其一，是英美两国都一致认为 1842～1843 年签署的条约必须修改，但中国人在强力压迫下没有一点要修约的意思，尤其没有对政府或商业利益集团作出重大让步的意思。其二，1853 年上海被太平天军占领，这种形式也让美国在徘徊支持谁才能保障在中国的最大利益。在英国公使向美国提出为获得更多利益而希望采取共同行为的提议时，皮尔司总统与麻西国务卿却都主张采取不干涉政策。麻西在 1853 年致函马沙利叮嘱他说：“不干涉人民和他们统治者间所发生的斗争这项既定的美国政策必须遵守”，在中国现在或可能存在的危机中“尽力设法使中国对外交往上所加的种种不聪明的限制，得以废除。”对于英国当局的合作意愿，麻西说：“没有命令你和他们合作，而只是命令你和他们保持诚挚关系及自由商谈。”② 马沙利于 1854 年 3 月离开中国，在华的一年中，正是中国最混乱与危机的时期，马沙利在没有训令，无人帮助的情况下对美国外交政策做了最大的贡献，即维护中国领土完整与主权独立，这也是今后美国对华政策的最高原则。

继任马沙利的罗伯特·麦莲（Robert Milligan McLane）在 1854 年 3 月到达中国，他的主要任务是修改条约问题。美国政府发给麦莲的训令是，赋予麦莲以“极大的裁决权力”以处理中国内乱中的局势；如果中国分裂为许多政府，麦莲可以代表美国与每一个政府建立外交关系，并与之订立彼此认为妥恰之条约。对中国内乱，决不支持任何一方，遵守极严格的中立态度。如果清廷拒绝修改条约，则可转向太平军谈判。③ 这一训令与之前麻西国务卿给予马沙利的信函意思如出一辙。麦莲致信两江总督怡良提出修改意见，第一，允许美国人至长江及其支流之任何城镇贸易，其货物关税，无论进出口，都在上海缴纳。第二，美国人民得至中国任何地方，有崇奉彼此宗教之自由，享有租赁房屋、租地建立医院、教堂与墓地之权利。并威胁如果清政府不指派大臣与之谈判，则将转与太平军谈判。就麦莲提出的允许美国人到长江及支流各地经商，并允许美国人在中国任何地方享有五口一样的特权，在今天看来也是匪夷所思的。在《望厦条约》最后一款曾载明“合约一经议定，两国各宜遵守，不得经有更改；至各品情形不一，所有贸易及海面各款恐不无稍有变通之处，应俟十二年后，两国派员公平酌办。”第一，1854 年提出修约本身就是违反合约时间上的要求。第二，修改的前提是针对五口通商中的稍有变通。而麦莲的修改实质

①② 泰勒·丹涅特. 美国人在东亚［M］. 北京：商务印书馆，1962：186，187.

③ 李定一. 中美早期外交史［M］. 北京：北京大学出版社，1997：188.

上变更了原条约的意图。在得到怡良否定的答复后，他建议将白河、扬子江、闽江和黄埔江面一并置于英、美、法三个有约国联军的封锁之下，并且坚持封锁直到所有人民在中国境内毫无限制进行买卖的商务特权受到尊重，以及所有其他各项条约规定得在帝国政府权力所及的范围内被承认和予以实施为止。麦莲的主张一方面体现出他不了解中国的国情，另一方面也是超出了美国政府训令的范围，纯粹是他个人的主张而已。这一判断也可以从麻西国务卿致麦莲的一篇训令中知晓："总统对于联合英、法共同实行你所谓的侵略政策——即联合三国海军，以威胁、甚至以武力强迫中国修改，借以获得扩大商业特权一节，势必极端反对。"这项训令到达中国时，麦莲因病已离开，由巴驾（Peter Parker）博士代任。

1855年巴驾被派往中国担任公使，历届委员中，他是唯一一个能说、能写、能读中国语的委员，由于他与韦伯斯特的亲戚关系，使他在国内的政途一帆风顺，从1844年担任顾盛使团的翻译官一跃成了外交官。同时由于他早年在华从医的经历，让他有幸结识了许多中国官员，并赢得了很多行商、外商与官员们的信任。巴驾在华不到两年，主要工作是完成《望厦条约》的修约工作。条约的修订依法在1856年进行，美国政府赋予巴驾全权交涉的权利，并训令他设法做到以下几点：第一，准许外交官驻北京；第二，无限制扩大贸易的范围；取消一切对人身自由的限制。美国政府希望巴驾与各协约国有效协调，争取更多合作。但巴驾在赴伦敦与巴黎的过程中，让英、法有一种错觉，美国愿意同英法建立同盟共同采取行为。在北上递送国书被拒绝后，受刺激的巴驾寄给麻西一封公函，他建议："如果英、法、美三国代表亲临白河，而不被迎接到北京去，那么法国即可占领朝鲜，英国再行占领舟山，美国占领台湾，直占领到对过去的种种获得满意解决，对将来有了正确谅解时为止；但是一旦如愿以上述各地应立即归还，交涉当不致再生波折。"① 巴驾认为的这种新方案只能作为最后的手段。巴驾的想法让皮尔斯总统和麻西国务卿都深感不安，麻西致函巴驾："英国政府所抱的目的显然已经超过美国所筹议的范围以外，不论英国如何渴望我们的合作，我们决不应舍己从人。总统竭诚希望我国海军司令能保护侨民的生命财产而不卷入中英纠纷，或对美、中友善邦交造成任何严重的障碍。"一方面，巴驾反复要求见钦差大臣与北上递交国书让清政府觉得"该夷狡悖已极"，而且"通商以英夷为首，米佛皆后来推及，不应米

① 泰勒·丹涅特．美国人在东亚［M］．北京：商务印书馆，1962：244.

酋先出讲话。"[①] 另一方面，美国总统皮尔斯任职即将到期，不想在对华政策方面有大的变动。于是不久巴驾就被调回国内。1857 年 11 月，列卫廉（William Bradford Reed）作为特命全权公使与中国进行修约谈判，在谈判中，与其他缔约国不同的是，美国提出允许美国人沿内河，特别是扬子江的自由航行。这项要求曾经也是麦莲、巴驾在之前的任期内提出来的，即便是英、法对这一要求也比较谨慎，法国外长认为这一要求超过了中国方面允许的限度。

从两次鸦片战争期间美国派出的驻华委员或公使在华的作为可以总结出以下几点：

第一，以美国利益最大化为原则保持中立态度。1853 年，马沙利来华之际正是太平天国运动的高潮，他所奉行的美国政策就是，支持帝国当局和继续承认中国的主权，这样做的目的就是帮助中国维持它的完整，防止一旦起义成功产生的瓜分局面。之后巴驾照会两广总督叶名琛时："按本国所立不偏袒之例所载，从不许人民受雇他国干涉战争之争"，[②] 表达出美国人不参与中国内政的意思。在 1857 年，英国欲与美国联合发动战争时，美国政府给予列卫廉的训令是："以和平方式与英法合作，其努力仅限于坚决地抗议及向中国当局呼吁，美国政府没有与中国开战，如果你的抗议没有结果，让政府决定第二步的办法。"[③]

第二，驻华公使的意见并非完全从属于美国政府。美国驻华公使在华的活动受制于政府的训令，但个别公使的言行也未必代表政府真实的意思表达，有些还违背了政府的初衷，如巴驾在华的表现令清政府产生了对美国的反感，其建议美国用兵逼迫清政府退让的做法也让美国政府震惊，担心其个人行为损害中美双方的关系而后被召回国。

第三，美国对华政策的基调已经确立，维护中国领土完整、门户开放、利益均享。马沙利在太平天国与清政府较量中偏向了后者，他认为美国在华的最大利益是支持中国政府，勿使中国变成混乱状态而成为欧洲各国的侵略对象。去中国前，列卫廉得到的训令告诉他："向中国当局表明清楚，美国只求扩充贸易的机会，并不想侵占中国领土与干涉中国内政。"[④]

第四，无论各位大使在华的行为是否与政府的训令有相左之处，大使们都

---

① 沈云龙．筹办夷务始末（咸丰朝）第 13 卷［M］．文海出版社，1966：30.
② 朱士嘉．19 世纪美国侵华档案史料选辑［M］．北京：中华书局，1959. 72.
③ ［美］J. H. Latane. 美国外交政策史［M］．北京：商务印书馆，1936：470.
④ 泰勒·丹涅特．美国人在东亚［M］．北京：商务印书馆，1962：264.

尽力按照美国对华政策的宗旨来办事，在有必要中立的时候保持中立以取悦于清政府，在利益得不到满足时，通过恫吓与武力干涉逼迫清政府让步，这种虚伪的双面人角色让美国不费一兵一卒获得了它所要的开放。诚然，武力对于美国来说一点不占优势，中美相距遥远，无论从军事上还是从经济方面考虑都弱于英国，附属于英法阵营，又标榜着中立之国有益于美国在复杂的中国政治格局中存有一席之地，但美国又不愿意真的动武，所以历届政府的训令中都以谨慎的言辞要求公使们在扩大商务利益的同时保持自己的立场，不与英法结盟让清政府相信美国与英法非一丘之貉，又在清政府面前给予支持他完整独立并不干预的立场，从而取得两方面的好感。很多学者认为美国在第一次鸦片战争后采取了追随英国的对华政策，实有偏颇。英国的侵略与美国的侵略在本质上是一致的，但根源与方式却有不同。英国在第一次鸦片战争中获得了割地、赔款与开放口岸的所有权利，而美国除了割地、赔款外，所有的对外通商的好处一同均沾，并在《望厦条约》中将领事裁判权扩大得让英国人也佩服，更让英国人汗颜的是在此条约的最后，还缜密地增加了修约条款，成为第二次鸦片战争的潜在导火线。在修约期未到之时，美国的大使们轮番上演催促清政府修约的闹剧，使英法等条约国看到了进一步扩大权利的可能。于是美国不费任何军事力量，仅仅周旋于英、法与清政府之间，就将两者为自己所用。英法成为美国的炮灰，而清政府却向美国抛出调停的橄榄枝。因此，可以毫不掩饰地说美国在第一次鸦片战争后就已经有了明确的对华政策，而不是仅仅跟随英国。

6.1.2.2 蒲安臣的合作政策与使团访美

19世纪60年代初到90年代中期是一个非常重要的时期，对中国来说，为了维护清政府的统治，政府中的一些较开明的官员开始将目光转向外国，学习西方的科学技术，兴办近代军事工业和民用工业，史称“洋务运动”。1861~1865年正值美国南北战争，这是美国历史上的重要节点，它使美国由松散的联邦彻底转变为团结的合众国，它废除了奴隶制度，维护了国家统一。蒲安臣使团就是在这样的背景下来华的。1861年10月，蒲安臣到达北京，他是第一位驻扎在北京的美国公使。蒲安臣与中国的关系可以分为两阶段：第一阶段是作为美国大使在中国推行的“合作政策”时期，第二阶段是作为中国驻美国的大使，向西方清楚地表达中国的问题。

自马沙利以来，每一个来华的美国代表都奉有训令，在美国对华和平政策及各国机会均等与门户开放政策下，尽量与各国合作。1862年，美国国务卿给蒲安臣的训令是：在对待中国的一切重大问题上，尽量与英法等国“协商合作”。这就奠定了蒲安臣推行“合作政策”的基调。美国推行这样的对华政策与其当时的中国现状与美国的形势有着紧密关系。首先，蒲安臣来华之际，正值美国的内战爆发，美国驻华的海军撤回本国，没有武力作后盾的情况下，一是要赢得中国的好感，二是不得罪西方强国，使内战期间美国在华的利益不受到一点损害，那么非合作莫属。其次，战争对贸易产生了重要影响，中美在1860年的进出口总额是2 249万美元，1861年降为1 826万美元，特别是1862年与1865年，贸易总额只有1 223万美元，锐减1/3。美国政府格外重视中美商务的发展，贸易额下降如此之迅速受内战的影响很大，无法分拨更多精力投入到中国，保持稳定的贸易关系，保守的对华政策很有必要。再次，是蒲安臣来华后，看到英法两国正在扩充租界，进一步侵犯中国的领土。而中国领土租借地的增加都会减少美国在华的权利，美国的利益与中国的利益是相吻合的，中国领土的完整成为了美国政策的一项根本原则。最后，从驻华大使的蒲安臣本身来说，早年的学习经历让他赋有拓荒者的进取精神与自由的理想，他赞成林肯解放黑奴运动，厌恶英法等国19世纪的帝国主义作风，对欧洲的民族解放运动与中国的处境表示同情。从中、美外部来看其他西方国家，1858～1863年，列强们已经得到了他们想在中国得到的一切利益，或是因为暂时的满足，或是因为国内形势，这些国家似乎都需要时间来消化，这也成为蒲安臣能够成功推行“合作政策”的外部力量。

1864年，蒲安臣在致上海总事函时具体阐明了“合作政策”内容：“在中国，对于一切重大问题要协商与合作；在维护我们的条约权利所必需的范围内保卫条约口岸；在纯粹的行政方面，并在世界性的基础之上，支持在外国人管理下的那个海关；赞助中国政府在维持秩序方面努力；在条约口岸内，既不要求，也不占用租界，不用任何方式干涉中国政府对于它自己的人民的管辖，也永不威胁中华帝国的领土完整。”① 同时，蒲安臣又强调了推行这一政策的方式：“要在中国用公平的外交行动代替武力，要获得正义，合作是推行友好关系的准则。合作应该是真诚的，首先需要一种对同僚们和善相处的意向，其次，它需要具有赢得同伴们的尊敬与信任的温和态度。”蒲安臣的“合作政策”不仅强调了与其他西方各国合作的内容与方式，同时也明确了与清政府合作的内容，在接下来的合作政策实施过程中，蒲安臣一方面与西方各国沟通合

① 马士．中华帝国对外关系史（第二卷）［M］．上海：上海书店出版社，2000：470.

作的必要性，一方面将美国政府主张在华和平与合作的信息传递给清政府。他与英、法、俄各国公使沟通：“如果有约各国能自行协议对中国保守中立，共同维持通商口岸的秩序，并给予中国赞成保全秩序的一方以道义上的支持，那么人类的利益将会大受裨益。”① 并将“合作政策”的要点归纳为七点致函各国代表。特别是最后两款，劝诫中国迅速学习西方文化并传扬中国传统文化，让西方体谅中国办理外交事务的困难，并给予宽容与理解。这些从今天看来好似唱高调的境界，在当时其他西方国家中也无出其右，自然深得清政府的好感。同时，在同清政府接触中，蒲安臣也在将一贯维护其合作与和平的方针政策传递给清政府。1861 年，宁波被太平军攻破，在法军的协助下，清军于第二年收复宁波，法国提出在要此地开设法国居留地，遭到蒲安臣的强烈反对，明显的理由是：“任何领土的租让会造成我们条约权利的缩减；在任何条约口岸的任何部分进行买卖和居住是我们的权利；任何像这样的租让是会损害我们的权利的”②。美国大使的意见得到了英国与俄国代表的赞同，于是新任的法国驻华公使也赞同“合作政策”。

蒲安臣“合作政策”的本质在于阻止列强进一步瓜分中国领土，至少是减少列强瓜分领土的速度，以保障美国在华的最大利益。因此维护中国领土主权的完整成为了美国自身利益最大化的挡箭牌。美国一举多得，既在复杂的环境之下取得了所有西方国家的支持，又使清政府在内外焦灼中两弊取轻，联合西方镇压内乱，维护了腐朽的统治。作为在华时间最长、业绩最卓越的美国大使，他为美国在第二次鸦片战争后树立了良好的形象，同时也为蒲安臣积聚了个人影响力，这为他后来作为中国代表出使西方各国奠定了良好的基础。

1867 年，蒲安臣卸任美国驻华大使，不久，北京向外宣布了任命蒲安臣作为清政府的特命大使前往世界各国宫廷的消息。作为一个外国人竟然代表中国政府出使西方，在历史上也是罕见的，但与西方交融的车轮已经将中国碾压的不成体系的时候，维护其统治的一切新方法都值得尝试。更重要的是，1868 年是《天津条约》的修约期，清政府吸取了 1839 年、1858 年订约的经验教训，担心西方协约国对华有更多的利益要求，从而导致进一步的侵略战争，政府有必要向西方直接表达观点（比如，决不让西方在华修建铁路与电报，这些事情应该由我们自己来做，这也是蒲安臣使团得到的唯一训令）。正如赞成蒲安臣代表中国出访的中国海关总税务司赫德所说：“中国应当从离群索居中出

---

① 泰勒·丹涅特．美国人在东亚［M］．北京：商务印书馆，1962：317.

② 马士．中华帝国对外关系史（第二卷）［M］．上海：上海书店出版社，2000：129.

头露面，并且取得在国际家庭中的地位，这个政府必须能够直接表示它的观点和愿望，而不只是通过北京的外交使节，并且应当通过它自己的代理机构，向每个条约国家解释在改变现状和介绍新事物过程中所必然遭遇到的困难，借以保持与他们的友好关系，求取外国的宽容，尽可能地防止采取任何敌对压迫的手段从中国榨取特权。以及，为中国准备一般的道路，使它将来不止于通过听取北京的外交官的言语，而必须能够通过一个常驻的中国人员的媒介，在每个国家的首都向它的政府陈述意见。”①

1868年，蒲安臣使团从上海启程往旧金山，之后，蒲安臣在华盛顿签署了中美《天津条约续增条约》，也就是通称的《蒲安臣条约》。条约共有八项内容：美国在通商口岸与水陆洋面规范自己的行为；中国控制自己的内地贸易；在美国派驻中国领事；相互不进行宗教迫害；中国苦力向美国移民的自由；相互居住、旅游的权利与相互的国民待遇；两国学生准许互入国立学校求学；不干预中国的内政。

《蒲安臣条款》是由原美国驻华大使代表清政府在美国签署的外交协议，虽然这是天津条约的续增条款，却比以往任何条约协定更加重要，这不仅是声明美国对华政策的巧妙工具，同时也借此表明美国与其他西方国家的关系，它代表了美国官方对天津条约的修改意见，奠定了其他协约国修改条约的基调。从美国方面来看，《蒲安臣条约》签署的前提是尊重中国领土完整、主权独立，并以平等地位待遇中国的原则，可视之为美国政府正式发表的对华政策的原则——希望中国成为国际社会中平等的一员。但从各条款来看，却蕴藏着破坏中国主权、以美国利益为最大动机的首要原则。自顾盛以来中美签署的各项协议，都将领事在华的权利不断放大，领事裁判权对中国主权独立的伤害至深至巨，成为其他各国索要领事裁判权的范本。在此条款中的第一项：“中国已经指准民国官民居住贸易之地，及续有指准之地，或别国人民在此地内有居住贸易等事，除有约各国款内指明归某国官管辖外，仍归中国地方管辖。”② 而实际上美国破坏中国的主权在先，这样的条款无非是争取中国的好感而已。南北战争后，美国的重点转向了国内的发展，西进运动的高潮到来，但劳动力的缺乏成为美国扩张的障碍，而蒲安臣的移民条款无疑是雪中送炭，这为加利福尼亚州矿藏资源的开发提供了大量的廉价劳动力。

---

① 马士．中华帝国对外关系史（第二卷）［M］．上海书店出版社，2000：209.

② 王铁崖．中外旧约章汇编［M］．北京：生活·读书·新知三联书店，1957：261.

6.2　美国商人在中国的经济行为

自1784年“中国皇后”号访华，美国商人便与中国商人结下了不解之缘，初来中国的“新人”凭借着谦逊的姿态得到了中国商人的友好接待。中美通商之时，正值广州一口通商，行商统一负责管理对外贸易，在政府与美商之间，行商起着上通下达的作用，提供担保并管理在华商人所有事宜。在华经营的美国洋行发展迅速，1792年，美国就超过了其他欧洲国家跃居中国对外贸易的第二位，这与两国商人间紧密的合作关系分不开。鸦片战争后，广州“十三行”制退出历史舞台，美商在中国各港口越加活跃，上海港成为美商对华贸易的集中地。

6.2.1　早期广州的美商与洋行

1784年美国商人与中国通商时，中国对外贸易口岸已经限定为广州一口通商，面对闭关锁国的中国，面对清政府对夷商严格管束政策，美国商人曾忐忑不安，但“中国皇后”号在广州停留四个月后，满怀欣喜的美国人将内心的惶恐一扫而空，因为他们发觉与中国人的交易并非难事。

所有来到中国的外国人被限制在三个地方——澳门、黄埔与广州商行。澳门在对外贸易中有三个作用：第一，它是葡萄牙人进行商业活动的基地，也是一些外国商人不分彼此、共同参加的大部分走私活动的基地。第二，它是中国政府的前哨，每一艘通往广州的船舶必须在澳门获得通行证。第三，澳门具有原料补给与休憩的作用。清政府不允许外国商人在广州城内居住，交易期后，当休船期与夏季月份来临时，外商便离开广州去澳门找个歇脚的地方。同时清政府也不允许外国商人携女眷进入广州，到中国来的外国妇女只准居住在澳门。黄埔，这是外国船应停泊的口岸，是去广州的第二道关卡。在旺季时，几千名各国水手居住在黄埔港的船上或是在离岸附近形成居留区。外国船舶所需的原料补给及修缮也都在黄埔备置。在贸易景气时节，黄埔港彩旗飘扬，喧嚷热闹的场景不亚于欧洲集市。

商业活动的第一个阶段自然始自黄埔。首先船舶要缴纳港口捐税。对于美国商船来说，“这笔税捐通常是4 000元上下，对于比较小的船舶来说，这是一个不胜其负担的数目，因为400吨以下的船舶在港口捐税上不分等级。”①通事和买办可以在澳门找妥，以备向黄埔引路，若未找妥，就务必在黄埔聘定。商船到达广州，必须找到经办业务的行商作为担保及行销一切事宜。行商负责将货物转载至小船运到广州出售或交换回程货载。所有进出口一切应缴各项税目都由行商负责，船主到此所剩下的唯一责任就是看管好他的船和管理好船员们。商务总管跟随货物会同行商到广州，选购回程商品，以慎防被骗。很多美商在感慨：“与中国贸易，真是最简单轻松莫过的事”。② 首先，中国官吏爱钱，只要拿到了陋规，对于贸易是绝不会有半点阻拦；其次，当美商来华贸易时，广州一口通过已经近三十年，“十三行”垄断着对外贸易的经营权。但在与行商交往的过程中，他们相信这些人具有较高的商业素养与道德规范。《广州番鬼录》与《旧中国杂记》的作者亨特曾在书中对行商大加赞赏：“作为一个商人团体，我们觉得他们遵守合同又慷慨大方，行商在所有交易中是笃守信用、忠实可靠的。”③ 多数美商都与怡和行打过交道，对于怡和行的伍浩官，亨特竟然称其为自己的“假教父”，从中可知美国商人对行商信誉的推崇度有多高。

美国在广州的贸易一般是由船货管理员进行，山茂召就是“中国皇后”号的船货管理员，1786年成为首任美国驻广州的领事。美国领事没有行政职权，虽为政府派驻，但身份仍旧是商人。1824年之前，驻华的美国领事都是清一色的商人兼职，在《望厦条约》签署前，即1845年之前，美国没有真正的外交官派驻中国，美国的领事无司法审判权，其存在的商业价值要高于政治目标。随着商业往来的频繁，在商业组织方面的重要变革就是创立常设的行号来经营代理买卖业务，或是直接代表美国的公司在广州设立商行。1786年，山茂召与好友兰达尔在广州创办了首家代理机构，专门从事代办买卖的业务以及他们各自的单帮买卖，但这家行号不久就因山茂召的逝世而倒闭。继山茂召担任领事的普罗维登斯的撒缪尔·士那（Samuel Snow），在1800年前后以常驻代办商的身份在广州开业，他曾经在“安·霍普”号船上担当船货管理员。19世纪初，在广州的美国代理商行数超过了40个。1815年以后，美国船上的船货管理员逐渐绝迹，他们的工作都由常驻代办商经办了。

为了方便进行货物的买卖，很多美国人在广州建立洋行，替到中国的美商

① 泰勒·丹涅特．美国人在东亚［M］．北京：商务印书馆，1962：43.
② 李定一．中美早期外交史［M］．北京：北京大学出版社，1997：32.
③ ［美］亨特．广州番鬼录　旧中国杂记［M］．广州：广东人民出版社，2009：49.

购销货物，从中收取佣金，佣金率一般为7%左右。1818年，剌素洋行（Samuel Russell and Co.）在广州成立，商行资本是2万美元，由加林顿公司（Edward Carrington & Co.）、霍平公司（B. & T. C. Hoppin）及塞勒斯·巴特勒（Cyrus Butler）三方共同出资。另一股东是康涅狄格州商人剌素（Samuel Russell），他无须提供资金，但在5年的合同期内担任此行号的广州代表。合同期满时，商行的利润或损失由卡灵顿公司、霍平公司、巴特勒和剌素四方平分。在此之前，加林顿已从事广州贸易多年，1805～1813年，曾担任过美国驻广州领事，与当时美商在广州最大的代理商行柏金斯商行关系密切。他还是第一个与广州行商建立起良好私人关系的美国商人。剌素洋行的保商是丽泉行行商潘长耀，同时，他也与怡和行行商伍秉鉴（Houqua，浩官）、天宝行行商梁经国（Kingqua，经官）、西成行行商黎光远（Pacqua，伯官）建立了贸易关系。就在剌素洋行成立两年后，美国经济进入萧条期。1820年，美国国内有多家企业与银行倒闭，对外商品流通也陷入停滞。贸易状况的恶化，使中美贸易额迅速下降。1819年尚有39艘美国商船来华，但到1820年减少到20艘。[①] 1820年中美贸易总额为555万元，仅是1819年的1/2。贸易的不景气让商行的股东们无法在国内筹措足够的西班牙银元作为采购的经费。由于缺乏现金，行商在萧条时期又通常拒绝赊销，剌素商行的经营陷入困境。1824年，在普金斯洋行的帮助下，剌素洋行改组为旗昌洋行。与其他洋行不同，旗昌主要做代理业务，而没有自己的投资，这样既可以减少风险，又可以避免与委托人之间的竞争。新股东阿米顿（Phillip Ammidon）的加入，为旗昌注入了活力，阿米顿是布朗—艾弗斯公司（Brown & Ives）——普罗维登斯最大的对华贸易商行驻广州的代理商，他的加入，为旗昌带来了该公司在广州的所有代理业务。很快，旗昌的代理业务扩展到世界各地，成为波士顿、纽约、费城、巴尔的摩、伦敦等地商人在广州的代理商。阿米顿还到印度积极招揽输入广州的印度棉布和鸦片的代理业务，鸦片很快成为旗昌洋行经营的主要商品。到了1827年，旗昌已经成为美国在华最大的鸦片走私商。

如果说美国对华贸易有两家商行最引人注目，其一是旗昌洋行，其二就应该是普金斯洋行。这两家洋行有着千丝万缕的联系，旗昌洋行的发展离不开普金斯洋行。普金斯洋行于1792年创办于波士顿，创办者是詹姆斯·威尔科克

① 马士《东印度公司对华贸易编年史》第三卷368页记录1820年美国商船数为25艘，但只有20艘船有运货记录。

（James Wilcock）和托马斯·威尔科克（Thomas Wilcock）兄弟，前者后来适逢时机，成了美国驻广州第三任领事。1806 年，普金斯洋行在广州设立分行，主要从事委托代办贸易。威尔科克的侄子约翰·顾盛从 16 岁就开始到广州在普金斯洋行工作，因精明能干，很快就打开了局面，成为该公司在中国的负责人。从普金斯洋行建立至与旗昌合并，普金斯一直是美国在广州的最大代理商，中美贸易有一半的业务是由普金斯洋行代理。在 1828 年顾盛返美之后，其外甥福布斯家族的汤姆士（Thomas Forbes）受命管理普金斯洋行，但汤姆士在 1829 年溺死在澳门外海，留有遗书，希望将普金斯洋行的业务，交由旗昌掌理。1830 年 8 月，顾盛提议以旗昌洋行为波士顿行号的单一代理行，并把普金斯并入旗昌。至此，美国在广州的两大最有影响的商行合二为一。之后，旗昌兼并了一些小的行号，成了美国在广州最大的代理机构，其实力堪与英国东印度公司相抗衡。

与经营鸦片而出名的旗昌洋行不同，奥利芬洋行因反对鸦片贸易而成为美国在华洋商中鲜有的经营正当贸易的行号。1828 年，做过船货管理员和代理人的奥利芬在托马斯·史密斯行的基础上组建了同名商行，这家行号逐渐发展成为仅次于旗昌洋行的地位。由于奥利芬在鸦片走私贸易中的坚定立场及对传教工作的支持，使他赢得了行商与本国传教士的尊重。除这三家美国商行外，旗昌洋行的股东之一的奥古斯丁·赫尔德后来离开旗昌，另创办了一家以他名字命名的洋行，还有一家美商洋行就是卫特摩洋行。在美商进入广州几十年中，往来的商行几经更替，只有旗昌、奥利芬、赫尔德和卫特摩这几家行号在激烈的竞争中生存下来。有些商人回国投资，比如旗昌行的合伙人之一约翰·默里·福布斯（John Murray Forbes）在 1845 年撤出中国，回美国兴建中西部横贯铁路，也有的破产倒闭。

在中国开设洋行的商人，或者本人就很有钱财，或是资力雄厚的美国大商行的亲信代表。当时中国没有银行，交易常须一两年时间，因此需准备巨额资金，同时不仅在华外商与其在伦敦、利物浦、纽约、波士顿的往来商行之间，而且在与世界金融中心之间，都必须保持一种高度的信用关系。这样一来，只有有条件的人才能过得了这些关。在中国的美国商人必须是普通商界之上的一个特殊阶级，不仅大洋行的股东和经理如此，他们的助手也是精明强干的。早期来华的美国商人都是些年轻人，平均年龄不过三十岁，一个四十岁的人就是老头了。然而在对华贸易的各个发展阶段中，他们都保持着年轻人特有激情与希望的勇气。厄运从来吓不倒他们，他们很早就已经习惯商业盛衰所带来的挑战。对他们来说，这一季度的失败是下一季度赚钱的预兆，连续几年的倒霉使他们相信大利必将到来。他们的这种职业胸怀使他们在大进大出的大宗交易中充满了商业大王的气势。

6.2.2 美商与行商的关系

广州一口通商之时，也是行商制度最完善、中外贸易最繁荣之时。行商作为清政府管理对外贸易的中间机构，最重要的作用是管理对外贸易及在华商人的行为。他们垄断经营对外贸易，同时又代表清政府与外商交涉，对外商进行严格的管制，成为亦官亦商的特权商人。

由于行商制度是在特定历史条件下的特殊制度模式，代表政府行使权利，却没有独立的行政权。行商往往具有双重身份，被称为“官商”，但“官”是象征性的，官位是花银子捐出来的，在政府中没有实际权利，仅代表政府管理贸易，而“商”则是外商在广州经营活动的管理者，国外商品进入中国必须要经过行商监督，缴纳关税后方能在中国销售，同样在中国采购商品也必须经由行商，行商统一采购后从中抽取一部分佣金，然后以行商的名义报关，这批商品就可以出口。既像官员一样的去参与管理，又像商人一样采办，并负责在清政府和商人之间的上通下达，这就使行商与政府、外商之间具有错综复杂的关系。

美商在到达广州之时，正值广州行商独揽贸易之际。与行商交好可以保障在华的商人利益，因此聪明的美国商人与行商交往密切，特别是美国在华最大的旗昌洋行与怡和行伍家的关系。1939 年入伙旗昌洋行的福布斯先生曾这样说：“行商是一个遵守信用的团体，在交易过程中遵守合约、忠实可靠，慷慨大方的……我从未在任何国家看到有如同在此地一般的诚信无欺之高度的商业道德。”① 多数美商与怡和商行的浩官做生意，怡和行的货价较高，但交货时货物的质量都能守信，怡和行在美国的信誉极佳，贴上该行的商标，在美国的售价一般都比其他同类的要高一些。

19 世纪二三十年代，怡和行凭借几代人的精明投资，积累了巨大财富，他的投资遍及美国、欧洲、印度和新加坡，被西方学者赞誉为“天下第一大富翁”。据旗昌洋行的合伙人亨特描述，怡和行商伍秉鉴以拥有 2 600 万银两的

---

① ［美］亨特．广州番鬼录 旧中国杂记［M］．广州：广东人民出版社，2009：49.

资产而成为世界少有富豪之一，不但在广州有大量的房地产、店铺、茶山和巨款，还在美国投资铁路建筑、证券交易和保险业务，致使美国有一艘商船下水时竟以“伍浩官”命名。伍浩官的出名不仅仅是因为他获得的积累的财富，更得益于他的名声。他很愿意与广州口岸夷商中的新锐——美国商人以及港脚商人往来。在与外商的交往中，伍秉鉴非常注重信用，而且慷慨大方，他曾经亲手撕毁了一位美国商人欠他数万银元的借据。美国商人把他看成了行商中最可靠的人，尽管他生意太忙，收费较高，仍乐意同他交易，因为在时间和质量上都有保证。美国在广州的两大商号：柏金斯洋行（Perkins and Company）与旗昌洋行（Russell and Company），皆与伍秉鉴均有着密切的生意往来。而后者与伍家的关系特别亲密，因为它的建立是由伍秉鉴一手促成，他给了美国的义子福布斯50万银元，帮助他成为旗昌洋行的合伙人，同时通过福布斯，伍秉鉴在美国铁路股票上的投资近50万元，他的资金支持了福布斯在美国中西部铁路建设上的投机，使他成为有名的铁路大王。

权利与责任、义务是相一致，行商在巨额财富面前很难中饱私囊，政府对行商的管理制度及通过各种理由对行商的敲诈与勒索，足以让夹杂在中西方贸易之间的具有双重身份的行商腹背受敌而繁华尽去。

第一，成为行商后就要充当外国商人的“保商”。“外船驶入广东时，凡入口货税及出口货税均须经行商之手，并须由行商一保保证，是为‘保商制度’。”[①] 旗昌行亨特记载：“洋船或其代理商如违犯通商章程，均由行商负责。官方认为行商能够并应当管理驻广州商馆的洋人与泊在黄埔的船只。行商有‘保证’他们守法的责任。因此，和每只洋船一样，每一外侨自登岸之时起，必须有其‘保护人’，于是行商便成为‘保商’了。我们的保商是（伍）浩官，当然他还担保了别人。由于这种关系，我们戏称他为我们的‘教父’。”行商要监督与管理外商的商业行为是否合法，如商船携带了违规的商品或是船员寻衅滋事，行商都要受到牵连而被责罚、取消行商的头衔、弃军甚至有丢掉性命的危险。1728年，英联合公司（United Company）大班弋弗雷（Godfrey）未经过总督批准，就与各商人进行自由贸易，之后总督将担保的行商招来，斥责行商办理洋务不善，将保商henqua禁锢。[②] 1817年，美国一艘名为“沃巴什号”的货船停泊于澳门海面，几名中国人冒充买办来找船长，被允许上船后进行了突然袭击，五名美国水手被杀，船上的贵重物品被劫掠一空。事后，船

① 梁嘉彬．广东十三行考［M］．广州：广东人民出版社，1999：143.

② 梁嘉彬．广东十三行考［M］．广州：广东人民出版社，1999：375.

长甘特将事情经过及财物损失情况写成报告交给清政府，要求对被害者及船只进行赔偿。由于追捕的嫌疑犯坦言抢劫后被分到的是三包鸦片时，两广总督怀疑“沃巴什号”运载鸦片，所以拒绝作出被劫持财物的赔偿，并向行商发布谕令：“此事确系全属由于该外国商人运来违禁品鸦片而起，甘特咎由自取，如其他船只不运送鸦片，则彼等将无所疑惧。”[①] 与此同时，行商因美商的行为所产生的后果须承担连带的责任，浩官被罚了160 000两，其他三位商总被要求募捐一些给公共事业。这次袭击事件迫使行商处于绝望之境，经充分商量后，他们作出决定，“凡任何船只的船长如果不签具私运鸦片、纹银或白银的甘结，一律不予担保。[②] 保商不仅要保证外商在华通商的守法行为，同时还要对他们在华期间的生活行为也要负责监督。为了加强对外国人及外国贸易的管理，清政府多次制定各种章程派发到商馆，由行商宣读给外国人。其中包括如下条款：（1）兵船不得进入虎门；（2）妇女不得带入商馆；（3）行商不得向外国人欠债；（4）外商不得雇佣华籍仆役；（5）洋人不得乘轿；（6）洋人不能泛舟江上，每月有三天可以在通事护送下到对江的花园游览，通事对洋人在外行为负全责；（7）洋人不得呈递禀帖，如有陈述由行商传达；（8）居住在商馆的洋人，受行商的约束与管理，买卖由行商经手，不许自由出入，防止与私商来往；（9）通商期已过，洋人不得逗留广州，货物卖尽或购齐装船后回国或前往澳门。所有规章都在行商的监督下严格执行着，特别是有关妇人的条款。1830年，有三名外国女潜入英国商馆，中国官府威胁要中断贸易，并要惩处保商，这些妇人不得不离开去澳门。清政府之所以对妇人进入广州严格管理，主要还是担心外商在华乐不思蜀，长期定居在广州影响到社会安定，尤其穿着西洋服的女人们走在大街上对于保守的中国人来说也是无法接受的。

第二，公行是对外贸易的“吸金器”，但获得这项特权也意味着付出较大代价，首先加入行会，就要付出20万两银子，同时还要因为公益事业，如兴建水利、赈济灾区，行商每年需进贡数十万元甚至上百万元，其中大部分被政府官员贪污。最大的一笔支出是为粤海关每年采购官物所消费的金额，筹措贡品的资金与采购贡品的工作全由行商办理。紫檀、花梨、乌木、羽纱、洋金银线等，向来定有“官价”比市价少，实际上是由宫中派遣的侍从以较低的价值从洋商手中购得，其中的差价必然由行商来承担。此外，有些御用官物由行

① 马士. 东印度公司对华贸易编年史（1635～1834）第3卷［M］. 广州：中山大学出版社，1991：317.

② ［美］亨特. 广州番鬼录 旧中国杂记［M］. 广州：广东人民出版社，2009：46.

商共同购进，实为政府强迫行商以高价购买进奉皇上。1814 年，清政府因急需六百万两巨款，令广东官吏捐助多半。在上谕未到达广州前，就议定由广东的盐商出资四十万两，其中十六万由盐商负担，二十四万由行商负担。行商潘启官、叶仁官、伍沛官、卢茂官等都捐出了两万至五万不等。难怪有英国人记载“行商破产之一部分原因虽由于骄奢淫逸，无可避免债务之桎梏，然根本原因则在饱受政府大吏之苛敛勒索所致。”① 另外，各种货税、规礼、船钞等名目繁多的收费，大大增加了外商进口的成本。“船有‘船钞’，每船征收一千一百七八十两至一千三四百两，货有‘货税’……初有百分三之税，后又有百分四附加于正税外，其后又增至百分六。”② 除船钞与货税外，海关勒索更是层出不穷的，“其外洋番船进口，自官礼银起，至书吏、家人、通事、头役止，其规礼、火足、开舱、押船、丈量、贴写、小包等名色共三十条；又放关出口，书吏等验舱、放关、领牌、押船、贴写、小包等名色共三十八条。名目之多，不胜枚举。而又不分船只大小等次，一律于‘船钞’、‘货税’外完缴。”③ 资金的来源最终必然转嫁到外商们的身上，途径就是行商利用其垄断地位对商品进行统一定价，外商只能服从，这对崇尚资本主义市场经济的外国商人来说是极大的限制。1720 年，广州的商人组建了“公行”，专揽茶、丝及大宗货物，而扇、象牙、刺绣及其他小宗商品由公行以外的散商负责。“中国人正在成立的这种组织是要对他们售给欧洲人的货物，自行规定价格，以便不论是不是卖主，都能从上述货物上得到他们的一部分实际利润。”④ 1755 年，“保商制度”建立后，所有与洋船的交易限定由行商经营，而把那些似乎已逐渐参加贸易的小商人们全都排斥在外。围绕着外国商人的圈子越缩越紧。他们曾经一再抗议并以退出贸易恫吓，但都无济于事，唯一改变的就是清政府在加强对外贸易管理方面又向前进了一步。

第三，行商所遭勒索、行商与洋行的债务关系导致公行的连带危机。虽说行商是对外贸易的垄断机构，也有“五丝八丝广缎好，银钱堆满十三行”之说，但行商的巨富却隐藏着重重危机。行商除承担税收之外，铺张盛行、国用无度的清政府又以皇帝寿辰、国家战事、河工水利、征剿盗匪等各种名目向行商勒索摊派银两。再加上贪婪的宫廷和官府的榨取，仅 1773～1832 年的数十年中，洋行捐款就达 400 万两之巨。同时，行商自身奢侈的生活也使得资金变得更为紧张。此外，广州行商订购茶叶也要现银支付，所以资金周转成为行商

①②③ 梁嘉彬. 广东十三行考［M］. 广州：广东人民出版社. 1999：147，100，90.

④ 马士. 中华帝国对外关系史（第一卷）［M］. 上海：上海书店出版社，2000：62.

经营上的突出问题。18～19世纪广州口岸借贷的年利率高达20%～40%，而当时英国银行的利率水平仅有3%左右。每当贸易季结束时，外商离开广州之时为避免海上风险，都会将一笔闲钱留下来放贷。此后，放贷成为外商的一个获利来源，同时也是行商覆灭梦魇的开始。1780年，8家行商中，泰和行颜时瑛、裕源行张天球等4家欠外债380万元。他们原来借贷的实数仅为107万元，经利滚利竟然翻出3倍多。政府将颜时瑛、张天球革职充军伊犁外，还命令“所有泰和、裕源两行资财房屋交地方官悉行查明估变，除扣缴应完饷钞外，俱付英人收领，其余银两着落联名俱保商人潘文岩等分作十年清偿。”① 这是行商分摊商欠的开始，这种由行商共同承担经营风险的连带互保制度，从此成为官府治理行商的法宝，它实际是保甲制度在洋行经营中的应用。

对行商的管理是单方面的，外商对行商的欠款，清政府却没有任何的约束机制。1814年，丽泉行商人潘长耀愤然将拖欠自己货款100万元的纽约和费城的商人告到美国联邦最高法院。还曾致信美国总统麦迪逊，希望无拘无束的花旗商人在中国能够守信。越洋诉讼非常困难，虽然潘长耀最后胜诉，但到1824年丽泉行倒闭时，被告仍没有偿还欠款。1808年担任总商的同孚行潘有度以10万银两贿赂海关获准退商，并在遗言中告诫儿子：“宁为一只狗，不为洋商首。”到1814年，行商十之八九濒于破产。

6.2.3 条约制度下的美国洋商

洋商的称谓在鸦片战争前是指在广州专门经营对外贸易的外洋行商，也称“官商”、“行商”，即与外国打交道的中国商人而并非指在中国的外国商人。鸦片战争后，这一名称出现了变化，专指在中国各口岸经商的外国商人。在19世纪五六十年代至七八十年代，这一名称广泛地被使用。而此前，来中国的西方人一律被称为“夷人”，从事商业活动的人称为“夷商”。

1840年对于中国历史来说具有深远意义，从这一年开始，中国就被卷入马克思所说的“历史向世界历史转变”的潮流中去。中国人在政治、经济、文化各领域与世界融汇，“天朝上国”的荣耀之心被资本主义洪流淹没，独立的经济发展进程戛然而止。中国从东亚的中心大国变成世界体系的边缘，发展趋势由本位自然走向变为对外参照走向，商贸一度封闭排外，而之后由内聚转

---

① 梁嘉彬．广东十三行考［M］．广州：广东人民出版社，1999：146－147.

向开放，从而在屈辱与自强、困顿与自救、封闭与开放相互交错中走向了与西方全面接触的时代。开埠后的各通商口岸成为了各国商人贸易、居住的场所。根据《南京条约》，中国开放广州、福州、宁波、厦门、上海为通商口岸，允许英人在通商口岸租地建屋，永久居住等。东南沿海五地通商口岸的开设，为西方提供了由沿海推向内地的通道，而上海则在鸦片战争后成为西方目光的焦点。上海开埠后不久，即有英、美、日、西班牙、法国等商人纷至沓来建立商业组织。1843 年，第一批在上海开设的怡和、宝顺、仁记等五家洋行都是英商从广州分设过来的，1844 年，上海有洋行 11 家，1847 年增加到 24 家，1852 年为 41 家，其中英商为 27 家，美商 5 家，19 世纪后期上海洋行总数近 600 家，其中英商洋行占 60%左右，美商仅次于英商洋行。

五口通商后，外商为何偏爱上海，优越的地理位置与自由的商业环境让上海在所有通商口岸中脱颖而出。上海交通便利、自然气候适宜，天然的地理位置，有利于外商对华贸易以及向内陆延展。马士曾在《远东国际关系史》中指出：“上海的生活条件比广州要适意得多，有广大的空间足够愉快的生活，又没有商馆的限制，而且还有前往四乡去的自由，在这种情况下，贸易繁盛起来了，西方国家的商人终于进入了梦寐以求的取消垄断的那个遍地黄金的乐园了。”① 除了宽松的政治环境与稳定的社会环境、良好的文化氛围外，更让商人欢喜的是上海的交易成本远比广州要低。由上海直接运生丝出口比转运广州再出口，运费上至少省 35%～40%，商人在上海采购茶叶及其特产的价格也要比广州便宜 10%。基于以上原因，上海开埠后，原在广州的英、美洋行迅速到上海开设分支，各国的商船也直接始抵上海，在上海口岸的外国船舶总数中，不下 47% 是悬挂美国旗的。1852 年英国停泊在上海共 103 只船，计 38 420 吨；美国 66 只船，计 36 532 吨；其他各国 13 只船，计 3 213 吨。1858 年从上海口岸出口的外国船舶吨数中，英国占 50%，美国占 25%，其他国家占 25%。② 由于大批外商将商业活动向上海转移，上海开始与欧洲、美洲直接发生商务往来。

美国在《南京条约》之后派顾盛使团来华签署了《望厦条约》，即《中美五口通商章程》，除享受了《南京条约》的利益外，还扩大了条约范围，允许美国传教士在通商口岸传教及美国兵船可以到中国沿海各口岸“巡查贸易”。1846 年，美商旗昌洋行首先在上海开设分行。至 1850 年，美商已有旗昌、琼

① 马士，宓亨利．远东国际关系史（上册）［M］．北京：商务印书馆，1998：138.
② 马士．中华帝国对外关系史（一卷）［M］．上海：上海书店出版社，2000：304.

记、哗地玛、森和、同珍五家洋行。数量虽不多，却经营着巨额贸易。其中旗昌洋行的历史和在华的业绩都让其他洋行难以超越。旗昌最早以贩卖鸦片而“盛名”，后来发展成为美国在华最大的生丝出口商。19世纪30年代的旗昌洋行纯粹是一个代理商，它没有船只，自己也不做买卖，但它很幸运能代巴令洋行和中国的怡和洋行伍浩官经营了很多生意，后来由于福士与赫德这位航海家的加入，洋行迅速发展起来。旗昌洋行的知名度也与臭名昭著的鸦片贸易紧密联系在一起，在华所有的美国洋行中，旗昌洋行对鸦片的走私最为疯狂。1829年成为旗昌洋行股东之一的亨特在他的书中就详细描述了他在华十五年的鸦片贸易。“这种交易（鸦片贸易）的确是在广州的外国人最易做，也最惬意做的。他卖出是愉快的，收款是平和的。这项交易似乎也具有了这种麻醉品的特性……卖出的手续费是3%，盈利的手续费是1%，没有坏账！代理商每箱可赚20镑，年年如此。”① 1839年的禁烟运动中，在广州查出的鸦片数量，旗昌洋行名列第三。旗昌洋行在纽约、波士顿、伦敦以及中国的大部分口岸都设有分行。在任何地方，商业规模大于旗昌洋行是绝无仅有的。谨言慎行地在中国开设了67年，并获得了巨额利润。在社会声誉上，没有一家洋行能望其项背，像金能亨、福士及其他旗昌洋行合伙人的名字，与上海的历史都有不可分割的联系，社会人士对在上海和香港的该行的股东有极大的好感。19世纪50年代之前，美国的驻华领事几乎都出于旗昌洋行。1862年，旗昌投资40万元开设扬子保险公司，承接轮船、夹板船及货船的保险。1863年与宝顺等27家洋行合伙，组建上海苏州铁路公司，由旗昌主持。1879年又开设旗昌丝厂。除了投资制造行业、保险与铁路外，旗昌洋行还参与兴建第一个中外合办的轮船公司，即旗昌轮船公司，这是上海最早的外资专业轮船公司。1866~1872年，旗昌每年获利均在七八十万两左右，公司股本从1866年的100万两上升到225万两，轮船由2艘增至19艘。之后随着英商太古轮船公司的崛起，竞争的加剧让旗昌每况愈下。该公司在1877年为招商局所收买。1884年中法战争时，招商局的轮船改挂美国旗并划归旗昌洋行管理，之后又归还中国人管理。这许多事实说明旗昌行在当时的重要地位。

早期的洋行，正如旗昌洋行一样，逐渐由代理行向佣金商转变，洋行和客商签订合同代理购销商品、设备并收取佣金。实力雄厚的洋行一方面竭力增加进出口贸易量，一方面扩大经营范围，投资于航运、银行、保险等贸易相关领

① ［美］亨特. 广州番鬼录 旧中国杂记［M］. 广东人民出版社，2009：49.

域。1843～1894 年，有 11 个国家的洋商在上海直接投资达 289 万美元，英商占 47.7%，美商占 15.57%，日商占 15.92%。造船业与航运业一直是洋商投资的主要领域。1850～1859 年，洋商在华投资兴建的船舶企业有 18 家，1867 年，美商太平洋邮轮公司成立，率先开辟上海——旧金山之间航线，成为上海在太平洋上与西方国家沟通贸易的第一条航线。

6.3 传教士与中美文化、经济关系

相比 1784 年来华的“中国皇后”号美国商船，直到 1830 年才有美国第一批传教士来华，但这丝毫不影响美国传教士在中国产生的影响。传教士不仅是基督教与西方文化的传播者，同时也是美国东亚政策中不可分割的一部分。传教士在华通过办学、办报、建医院等方式致力于传播基督教义与西方文化的同时，在与中美贸易关系中也起着至关重要的影响。传教士与美国商人的关系，传教士鸦片贸易观念的分化及传教阵营与美国对华政策的关系等都将美国传教士的身份与作用多元化了，这对系统研究美国对华政策与中美贸易关系带来了新的切入点。

6.3.1 传教士与中美文化交流

《圣经》中对上帝的崇敬及拯救全人类的价值观使西方历史上基督教的传教活动屡见不鲜。18 世纪末至 19 世纪初开始的基督教向东方的布道活动与西方宗教史上历次传教活动不同，规模之大、涉及国家之多，持续时间之长、影响之深远都是史无前例的。最主要的原因是这一时期的传教不仅是宗教意义上的，这与西方资本主义的兴起与征服世界的力量有关。资本主义对世界征服的表现不仅体现在政治上的控制、经济上的掠夺，还有精神层面的渗透，即通过基督教将本国的宗教、文化、价值观强加于其他非宗教民族。美国就是这样一个将政治扩张与精神扩张相统一的代表。传教士、外交官、商人三者在美国的对华关系中呈现着相互依存、休戚与共的关系，而这种紧密的关系贯穿着美国对华传教过程的始终。

在鸦片战争前后，通商与传教构成了美国对华关系的主要特征。但美国的传教与美国的商业完全是两回事。在葡萄牙、西班牙以及法国与非基督教国家

交往时，传教士与商人通常是同行的，荷兰与英国的情况也几乎如此。基督教会不是和通商、征服或探险同时开始，就是被指派到已由通商、征服或探险指明道路的国家去，如在美洲、印度、菲律宾群岛和荷属东印度群岛。可是美国的都会在最初数十年间却找不到这样的关系。1784 年美国第一艘商船“中国皇后”号来华后，直到1830 年，美国才有第一批传教士来华，这期间整整 46 年的时间。

早期美国传教士肩负双重使命，一方面，他们来华后向中国社会传播西方知识和文化，不仅要想方设法使中国普通百姓认可他们的行为，而且最终目的是让中华大地皈依上帝。他们通过办报纸、办学校、建医院以及印发各种小册子宣传基督教，逐渐使中国人开始认识西方科学，接受西方人文思想中的进步因素。另一方面，美国传教士也不断地向国内传递着对中国的认知。他们编纂书籍、小册子等寄回国或是在有影响的刊物上发表，向国人展示一个真实的中国。这些人中包括 1830 年来华的美国传教士裨治文、雅裨理，1834 年来华的教会医生巴驾、郭雷枢等。

实际上，揭开西方基督教在中国传教事业序幕的并非是美国人，早在 1807 年，罗伯特·马礼逊就被英国“伦敦会”派往广州，由于英国东印度公司对传教士存在戒心，未同意搭载，马礼逊不得不取道美国。在美国期间，美国政府和基督教差会组织对马礼逊表达了欢迎之情，美国国务卿还亲笔写信给美国驻广州领事，指示他们对这位英国的传教士尽力提供帮助。马礼逊来到中国，最大的任务就是研究中文，撰写《华英字典》及翻译《圣经》，使这部洗涤灵魂的经典著作能够在中国广泛传播。因此，马礼逊在中国刻苦攻读中文，裨治文曾在文章中赞赏他“不分昼夜学习取得了很大成绩”。[①] 由于他在中文方面的杰出成就，英国东印度公司聘任他为公司译员，这一职务保证了马礼逊在中国从事《圣经》的翻译及编写辞典所必需的物质基础。马礼逊认为，传教士到中国的目的，不仅在于传教，更重要的是传播西方人对中华帝国政治、道德的评价与理解及对中华文化的态度。于是在 1812 年，他与另一名传教士在马六甲创办“英华书院”开展传教工作。马礼逊来到广州之时，清政府对基督教是采取严格的禁教政策，传教士的活动空间非常狭小。传教士对外传教也都是秘密进行，由于势单力薄，马礼逊多次呼吁美国教会派传教士来广州，并不断地与支持传教事业的美国商人保持联系，其中就有纽约商人、广州同孚

① Chinese Repository, Aug. 1834, 3: 181.

商行的经理奥立芬，在美国传教士在华传教期间，奥立芬慷慨解囊，帮助来华传教士解决旅费及住宿费用，在他的支持下，《华英字典》于1815～1823年分六卷陆续出齐，1828年他翻译完《新旧约全书》。

受马礼逊的影响，1830年，美国基督教会派出了第一位传教士裨治文，裨治文对到中国传教充满热情，他年轻时的志愿就是研究中国的宗教和社会问题。他来到中国的使命除了了解与研究中国，更重要的是要将中国人民的习俗、人文、风土人情等向教会报告。马礼逊来华后建立学校、翻译著作无疑为裨治文开启了一扇窗户，1830年，裨治文与马礼逊共同发起建立“广州基督教会”，目标是联合广州的传教士与商人齐心合力，共同支持在华的传教事业。而作为传播教会思想与精神的最好方式就是创办刊物，1832年，裨治文在奥立芬的资助下在广州创刊英文版《中国丛报》（*Chinese Repository*，1832～1851），按月报告中外关系，介绍中国的法律、政治、经济、文化、民俗等。裨治文与卫三畏是《中国丛报》的主编同时也是主要撰稿人。此刊物发行20年，成为中外学者研究鸦片战争前后中外关系的第一手珍贵的历史资料。1835年，在马礼逊逝世的第二年，传教士与英美商人出资成立了“马礼逊教育会”。教育会创办的宗旨是“通过建立与支持中国创办学校，让更多的青年受到教育，让他们学会讲英语，并以此为媒介，使他们接受西方文明。”[①] 他向英美知名高校发出信函，请求这些学校派教育传教士来中国帮助开展工作。勃郎夫妇就是在马礼逊教育会的邀请下前往中国的，在教育会的帮助下，勃朗夫妻在澳门创办了教育会的第一所学校“马礼逊学校”，其中中国著名的教育家、科学家家容闳就是马礼逊学校毕业的学生。办学过程中困难重重，如中国的家长不愿意让子女入外国人的学校，英中关系恶化伴随而来的是没有固定的老师，迁居也是时常发生的事，经费上的紧张等。自1839～1843年，马礼逊学校共招生42名，这些学生很多受到教育会的影响又继续在中国开展传教活动。1850年，勃朗夫妇因身体原因回国，马礼逊学校也暂停对外招生，虽然历经十年的办学，但教会学校产生的影响是史无前例的。他在客观上冲击着封建教育制度，对促进中国旧教育体制向近代化的方向转移具有推波助澜的作用。

除了开办学校、创刊物、传播教义外，裨治文也深深感到西方医学与文化的结合会使传教事业事半功倍，他建议美部会派遣医学传教士来华。1834年，

---

① Chinese Repository vol. 5 ［M］. Tokyo：Maruzen CO.，LTD.，1837：373－377.

教医巴驾来华并于第二年在广州开设了一家眼科医院。由于是免费治疗，患者从最开始的半信半疑到门庭若市，病房拥挤不堪。巴驾通过施药与免费救治等方式进行传教，其效果超过了直接传教。教医向他们传递西方医学与欧美的先进技术的同时宣扬上帝救世的福音，消除他们心中的疑虑，成为虔诚的教徒。巴驾的医术很快在当地得到了认可，下到布衣平民，上到达官贵人都曾受益于他。截至1850年，医院共收治病人36 000人，道光皇帝得知他治病行善，也长期允许他的医疗工作。裨治文等也对巴驾赞赏有加，称他“赢得了朋友，作为一个美国人而被人所知”。[①] 对于医疗事业在布教传道中所取得的成就，美国传教士通过医疗方式达到传教的信心增加。1838年，在裨治文、巴驾的努力下，“中国医学传教会”成立，目的是“鼓励医学界人士来华人中国人免费治病，该教会愿提供通常的医院设备及药物、护理。”[②]

传教士出版的书籍对于美国认识中国乃至引导美国政府对华策略方面起到了重要影响。1847年之前，美国公众对中国的了解还仅限于英国的著作，许多书籍在美国翻印。1847年卫三畏的《中国总论》发行，在书中作者详细描述了中国的社会、政治、经济、文化、艺术等各领域的发展，这形成了美国对中国作出判断的重要来源。在19世纪的大部分时间，美国人是通过传教士的眼睛来观察中国的。由于传教士对中国语言的精通，他们不仅可为本国人做翻译，同时还将本国的书籍翻译成中文在中国出版。裨治文在1838年出版了一版中文的《美国地理沿革史》，这对中国了解美国有重要的作用。

1830~1905年，美国基督教来华的差会共计35个，其中主要的差会组织有：美部会、美国圣公会、美国浸礼会、美国长老会等。成立最早也是影响最大的是1810年建立的美部会，1830年派裨治文来华，1833年和1834年分别派卫三畏和巴驾来华传教。美国早期传教士来到中国之时，正面临着行商制度的废除与多口岸的开放，这对传教士们是极大的鼓舞。传教的人数也在增加。1845年有10个英国人、2个美国人和1个德国人；1848年有19个英国人、44个美国人、2个瑞士人和2个德国人；1855年有24个英国人、46个美国人、2个瑞士人、3个德国人。[③] 1877年，在华的美国传教士人数为212人，美国传教士无疑是最大的阵营，几乎占中国所有教职人员的2/3以上。

早期来华的传教士，不管以何种身份来到中国，也不管用什么方式接近中

① 仇华飞. 早期中美关系（1784~1844）［M］. 北京：人民出版社，2005：178.
② 赖德烈. 早期中美关系史（1784~1844）［M］. 北京：商务印书馆，1962：96.
③ 马士. 中华帝国对外关系史第一卷［M］. 上海：上海书店出版社，2000：637.

国人，他都代表着基督教会组织，不代表政府。无论办报、建学校、建医院都是以传教作为根本目的进行的活动，他们将恩德施惠于中国人的同时，却要在精神上得以更多的回报。他们从中国人口中了解他们对传教士、商人的最直接看法，又将他们在中国的一切信息传递给美国。鸦片战争前的基督徒们秉承着较为纯洁的心灵传道布教，这与鸦片战争后的一些基督徒有着本质区别。但不管是英国或是美国基督教徒从来到中国，就与政治、经济相互影响。教徒的日常起居、交通费、传教品印刷费、建学校、医院无不需要资金上的支持，而美国的政府及国内外的商人都对在华的传教工作给予了支持与鼓励。传教士与政客、商人千丝万缕的联系也正为逐渐了解中国政治、经济、文化的中国通们奠定了良好基础，待时机成熟之时，这些深谙中国人情事理的教徒们就会成为操着英文与中国同台而坐、趾高气扬的美国政客的左膀右臂了。

6.3.2 传教士与中美贸易关系

美国传教士了解中国风土人情与语言，传教士将在华的所见所闻汇报给国内组织，形成了美国国内对中国的基本判断。教士不仅在西方文化、教育、出版等领域在华产生重要影响，同时对中美贸易协定、鸦片走私、美国对华政策等领域都产生了直接或间接的影响。美国是一个政教分离的国家，但没有哪个国家的传教士参与贸易与外交政策的制定具有美国传教士一样的深度。从产生的效果来说，美国传教士似乎比早期的其他国家来华的传教士更具有影响力。

6.3.2.1 传教士与商业扩张

1. 传教的商业基础

关于基督徒与西方商人的关系，一直以来都有两种声音。一种声音是传教士与英美商人坐在一条船上，传教士是贸易与商业的先锋。“传教士从没有公开谴责过毒害人民的鸦片贸易，相反地，他们乘坐着鸦片船到中国，还从贩运鸦片的商人手中获得资金支持。他们都说鸦片对中国人是无害的，就像酒对美国人是无害的一样。”① 基督徒还鼓吹通过战争来让中国人屈服，只有基督能拯救中国解脱鸦片，只有战争能开放中国给基督。另一种观点是传教士与商人

① 顾长声．传教士与近代中国［M］．上海：上海人民出版社，1980：48．

之间存在着根深蒂固的猜忌与敌视，两种不同的观点反映出商人与传教士关系的两面性，彼此独立却互相依赖。

基督徒来华之始并非带有商业目的，这是因为基督教义对唯利是图不屑一顾。《圣经》中曾记载耶稣对弟子的训诫："一个仆人不能侍奉两个主人，不是恶这个爱那个，就是重这个轻那个；他们不能既侍奉上帝又侍奉玛门（玛门是财富，钱的化身）。"[①] 同时，耶稣还形象地告诉门徒说："财主进天堂是难的，骆驼穿过针的眼比财主进上帝的国还容易呢！"[②] 耶稣的训诫并没有妨碍资本主义的扩张，对商人来说也没有约束力，但对于传播福音的教徒来说却是金科玉律，他们视玛门为罪恶之源。除个别传教士因生活所迫弃教从商外，很少有传教士涉足商业。然而传教士对商业的不屑并没有影响他们借助商人的力量来扩展传教业务。早期来华的传教士裨治文、卫三畏及英国传教士马礼逊都不同程度地受到过商人奥利芬的资助，奥利芬因其在传教事业上的贡献，在美国被誉为"对华传教之父"。商人这种支持不仅在国外，很多商业组织团体还向国内的母会捐款，甚至在教会中担当一定的职位。商人参与传教活中不仅使传教事业有了坚实的物质基础，同时由于有号召力的商人的加入，使美国在海外的传教活动更具声威，其影响与规模都超过其他西方国家。

虽然基督徒与商人来华的目的大相径庭，但却在迂回的斗争中保持了一致性的目标与相辅相成的作用。美国在华的商业活动是以西方的价值观为主导，它改变了中国的消费观念和对西方文明的认识，这对基督教的传播提供了有利的社会环境与文化环境。鸦片战争前后，中国对外贸易主要聚集在沿海通商口岸，通商口岸是外国商业活动发达的地方，同时也是中国开放最早的地方，而这里也是基督教徒最早登陆的地方。这些地方的商人与百姓对外国文化与生活方式的认可度极高，这对基督教的传播产生了铺垫的作用。事实上所谓的西方文明正是通过商务活动发达的通商口岸传播到中国的沿海与内陆，一般来说，商业兴盛的地区往往也是传教事业兴旺之地。

商人及商业活动为传教者带来的支持同时也换来了传教士的回报。基督教作为西方文明的一部分，它的传播改变了当地人们生活方式与思想观念，刺激了中国人对西方商品的消费与西方生活的向往，这为资本主义扩张奠定了有利条件。基督徒们本身作为西方人，在中国吃穿住用等消费习惯与生活方式无一例外地影响着当地居民对西方人的看法。有些中国人崇尚这种生活方式，自然

①② 巴克莱．新约圣经注释［M］．北京：中国基督教协会，2002：158，376.

会跟学基督徒的穿衣、饮食、居所等习惯，自然而然地在这方面的消费需求也会增加。相对于遥不可及的官员与商人，基督徒游走在普通人中间，这种亲和力与感染力更容易让有先进思想的人所接受。从生活上的简单模仿到精神上的忠诚依附，基督徒们完成了基督教国家推销员的工作，也为他前方的商人开辟了通向东方的通途。

2. 海外扩张

海外扩张往往与基督教事业的发展相辅相成，美国的触角伸向哪里，十字架也同样就挂在哪里。19 世纪 80 年代，美国西部开发已经完毕，工业革命推动了资本主义进一步发展，资产阶级将目光转向了海外市场的开拓。为适应海外扩张的需要，推动国家经济利益与传教利益相统一，传教组织也借此掀起了海外传教的新高潮。1886 年，基督教青年会举办“大学生暑期圣经学校”，鼓吹大学生积极投入到海外传教的事业中。很快在国内各地青年纷纷报名参加，圣经学校要求学生将海外传教事业作为“征服世界的战争”①。1894 年，在海外传教的学生志愿组织提出“用基督征服世界”的口号，这一口号是由美国康奈尔大学毕业生穆德发起的“学生志愿国外传教运动”最早提出来的，而此时，美国正准备从西班牙手中夺得菲律宾。1898 年美西战争爆发时，“学生志愿国外传教运动”又提出“用基督教去刷新异教徒的所有生活观念，将异教徒变成耶稣基督的新人。”② 19 世纪末至一战前，美国海外传教事业达到高潮，在海外传教的人数达到近万人，在华传教人数也近 2 500 人。到了 1918 年，在中国活动的基督教各差会已经超出了 100 个，势力最大的是内地会、美国长老会、圣公会、监理会、美以美会。这也就解释了为何在 20 世纪最初二十年美国基督教在华迅速膨胀的原因。

6.3.2.2 传教士的鸦片观

长期以来，我国史学界的学者一直认为美国传教士是不反对鸦片贸易的，有些甚至为鸦片商为伍，充当鸦片商的帮凶。这一观点最早出于美国学者 S. E. 莫里森。事实上，美国在中国的传教事业是在中美商业关系之后开始的，传教工作并未得到美国政府的授权与财政支持。早期的传教士多数乘坐着鸦片商的船只到中国，也从鸦片商手中得到资助在华传教。同时在鸦片战争的看法上，个别极端的传教士不断鼓吹通过武力让中国屈服。《中国丛报》的主编裨

①② 顾长声．传教士与近代中国［M］．上海：上海人民出版社，1980：257，258.

治文曾肯定英国通过战争手段强迫中国走上了一条与各国的利益和她的义务更为一致的路线上来。美国第一位女传教士夏克夫人说："在中英之间的纠纷曾使我欣喜若狂，因为我相信英国人会被激怒，这样上帝就会以其力量打破阻止基督福音进入中国的障碍。"① 对于这些事实与看法也仅是一个方面，更多的传教士的言论是反对鸦片贸易的，因为鸦片贸易不利于传教士的最终目标——基督教征服中国的实现。传教士来华的目的是通过传播基督教和用美国的文化观、价值观征服中国，他们达到这一目的的途径是通过文化传播的方式，他们不是军人与政客，也不是商人，他们关心的是美国的整体利益，而不是鸦片商人的利益。当商人的利益与传教士们所追求的利益发生冲突时，他们当然要选择后者。

一位居住在上海名字为麦都思的美国传教士曾这样描述鸦片对中国人民的毒害："那些没见过鸦片对中国产生影响的人，很难理解鸦片的吸食对人健康的影响，它是对精神与生命的双重摧残。经过几年的吸食后，身体羸弱，寿命缩短。鸦片商们很少知道在他做这种败坏道德和具有破坏性的交易中给人们带来了多大的害处……在鸦片输入中国以前，中国人口的增加率为每年3/100，在鸦片输入以后则为1/100。如果这是真实的话，鸦片商们最好想一想，人口增加率的降低是否在一定程度上由鸦片烟造成的，而其罪过则应加在作为输入鸦片烟的媒介的那些人身上。"② 贸易鸦片不仅损害了中国人的身体，同时引起中国人民对西方社会的普遍反感与痛恨，这样的敌对情绪是不利于传教士传播福音的。很多传教士对这种敌视情绪也深有感触：鸦片战争让中国人对传教士更加厌恶。战争的破坏作用抵销了基督教对中国所做的所有的贡献，这种贸易已造成中国人对传教士和福音的一种强烈的偏见，他们无法理解为什么这群人一边带给我们救世的福音，一边又把毒药放在眼前呢？身着伪道士服的我们还是否有资格向他们传播西方的文明与美好？他们会相信吗？虽然身为传教士与鸦片战争并无直接的关系，但有谁能分辨出传教士与其他西方商人有何不同，他们必然会质疑鸦片贸易不就是基督教的产物吗？这种担忧是普遍存在的，鸦片战争后这种尴尬的关系也困扰着许多传教士。

此外，鸦片贸易也违反了基督教道德观念。我们固然不能仅从道德角度分析传教士对鸦片贸易的态度，但是吸食鸦片导致吸食者精神萎靡、身心俱损，

---

① 王立新．美国传教士与晚清中国现代化［M］．天津人民出版社，1997：63.

② R. M. Martin. China，Polical，Commercial and Social，Vol. I［M］. British Library，1847：177－178.

毕竟与基督教道德和传教士宣传时所说教的内容是不相符的。传教组织是不允许吸食鸦片的人加入教会。一些稍具良知的传教士都将鸦片走私看作是西方文明的耻辱，传教士杨格历数鸦片给中国带来的危害：它破坏了中国的法律，摧毁了健康与家庭，并逐渐使整个民族的道德沦陷。传教士谢卫楼也承认中国和西方物质文化的接触大大加剧了无节制的罪恶，社会上不道德行为更加普遍和无耻。鸦片充斥中国大地带来了悲惨与痛苦，这种不幸是基督教国家的人造成的。美国传教士对鸦片贸易的反对尽管是苍白的，而且在批评英国鸦片贩子的言论中受到嘲讽，但这并不影响传教士对正义的表达。

鸦片贸易阻碍了福音的传播，对美国的长远利益和整体利益也是不利的。在鸦片战争前的广州，美国商人在市场中所占的份额较少，而鸦片走私破坏了正常的贸易秩序，损害了中国人的购买力和消费力。美商奥利芬与金查理也反对鸦片贸易，称这种短期的眼前利益只会破坏市场的稳定，减少美国在中国的贸易份额，不利于美国的长远利益。

传教将中国吸食鸦片的情况反馈到美国国内，这形成了美国政府不支持鸦片贸易的主要依据。在1834～1860年间，在中国的基督教传教士，美国人多于英国，比例约为2∶1。他们向国内各团体提出的报告在美国人民的宗教意识上产生了重大的影响。在旅居中国的美国商人中，有些是尽其所能大肆贩卖鸦片，而大部分美国商人及传教士却纯粹凭着良心不赞成参加鸦片贸易，传教士一遇到机会就对鸦片贸易的罪恶进行谴责。在《望厦条约》中，美国是明确禁止携带鸦片及违禁品到中国。但由于1854年之前，历届的美国领事都是从积极从事于鸦片贸易的旗昌洋行中选派，而美国领事又不具有行政权力，不能发布官方声明，对鸦片的管理自然也就听之任之。但从条款的内容却可以反映出美国统治集体已经认识到鸦片贸易是不符合美国的长远目标与利益，传教士的影响可见一斑。

6.3.2.3 传教士与美国对华政策

传教士与美国政府及美国对华政策的关系，一直以来都颇有争议。美国在与中国建立通商关系之初并未派传教士来华达到政治的目的，传教士也未受政府之派遣为政府效力与服务，但从传教士来华后的传教活动来看，这一活动符合美国的长远利益，与美国对外政策总目标一致。一个国家的对外政策总目标有三个层次：第一层次是创造有利于自身发展的国际环境；第二层目标是保障自身的安全与发展；第三层目标是寻求政治、经济、军事和文化相统一的利益。创造有利的国际环境对美国而言就是把美国的文化与生活方式推广到其他国家甚至全世界。在华传教运动与美国对外政策目标的一致主要表现在第一个层次上。建立美国主导下的和平。海外传教运动不仅传播了基督教教义，更重要的是推广美国等西方国家的生活方式、文化传统。占有基督徒较大比重的美国传教士通过建教堂、学校、医院、出版机构去影响与感染着中国的“教民”，他们像是一种特殊的媒体，连接中国与美国，通过这股力量，西方的意志与思想可以通过他们准确地到达中国。虽然这些组织与行为并非由美国政府领导，但潜移默化地服务于美国的对外政策。在中国的这些作为，彰显着美国的影响力。正如《纽约时报》所评论的那样：“传教士已经成为一种媒体，一股势力，通过他们，西方的意志与思想必定要对中国起作用。”①

传教士在美国对华政策中产生的影响主要体现在两次鸦片战争前后与中国签署的双边条约上。自1830年裨治文来华传教至第二次鸦片战争《天津条约》签署是美国传教士在中国的重要阶段，这个阶段美国的传教士规模在所有国家中位列第一，传教士在华的主要任务不仅体现在争取传教的合法性及普及教义，更重要的是与商人和外交官一起充当了美国对外贸易政策的践行者。早期来华的裨治文、巴驾、卫三畏等在第一次鸦片战争后，都不同程度地参与了《望厦条约》与《天津条约》的谈判与签订工作。条约的内容是美国对华政策的具体反映，而传教士的参与，对美国对华政策的实施产生了重要影响。

在鸦片战争爆发后，巴驾感到这是将传教事业推向高潮的最好时机，便通过各种方式将中国的情况汇报给差会及美国政府，以利于美国采取必要的措施。1840年，他离开广州到达纽约，在向美部会汇报完工作后就赶赴华盛顿，他要当面向政府汇报中国的形势。他会见美国国务卿韦伯斯特和其他政要，并提交了一份书面报告，表示：“为了改善目前我国政府与中国前所未有的危机，应毫不犹豫地派一位全权公使前往中国。”除了提交政府报告外，他还到国会发表演说，除大谈在中国的经历及中国的形势外，仍然不遗余力地鼓吹美国应派特使到中国。巴驾的游说并没有徒劳，美国决定派顾盛作为全权公使赴华谈判。巴驾被任命为使团的中文秘书。巴驾获得这一殊荣不仅仅是他懂得汉语是个不折不扣的中国通，更重要的是巴驾在中国开设医馆产生的影响力很广，很多政府的官员乃至林则徐都成为了他的病人，他个人的声望及与政府官员的关系将对使节团完成订约任务产生重要的推动力。在巴驾的日记中，他曾这样写

① 董丛林．龙与上帝［M］．北京：三联出版社，1992：141.

道："我对中国语言和清政府官员的熟悉使我获得了作为使团秘书的职务，值得注意的是，在最近的谈判中，只有一个中方官员我不认识，是翰林院的赵长龄，耆英是我的病人，广东布政使黄恩彤是我的朋友，潘仕成的父母曾是我的病人……他们对我的品格和我对中国人乐善好施的精神都很熟悉，因此对我表示明确的信任，这种情况对谈判是非常有利的。"① 而这样的判断很快在《望厦条约》中得到了验证。在巴驾参加的中美谈判中，由于他与中方代表的特殊关系使他轻而易举地从清政府手中获得了在通商口岸获得建立教堂的权利，而这些涉及传教士的部分条款也均出自巴驾之手。除了聘请巴驾作为使团秘书外，顾盛还增聘裨治文为官方牧师，后来卫三畏也帮忙做一些中文函札事宜。

1844 年订约后，不论新教或是天主教，不论美国或是英国等其他国家的传教士都可以援引《望厦条约》中允许到中国开放口岸传教，很多传教士不顾明文规定到处游历，甚至引起当地官员、民众、绅士的愤慨而产生激烈对抗。不论活动是否违反法律，他们都以领事裁判权为由拒绝受中国政府的管理。而这一切皆源于传教士在条约中对自身权利的扩张。

《望厦条约》并未让传教士在整个中国自由传教的心愿达成，他们不断地抱怨着清政府将传教的权利限制在五个通商口岸。他们将中国人对基督教的冷漠和拒绝归咎于政府的限制，在八国联军侵入中国之前，他们赤裸裸地叫嚣着将跟随联军通过武力让中国作出让步。在《天津条约》、《北京条约》的谈判中，卫三畏担任美国代表团的翻译兼秘书，在初步谈判中，他拟定的条款是："一切人等有信仰基督教的完全自由，允许美国传教士游历全国各地、租赁或购买房屋土地和携家眷居住。"② 这一条款很快得到了拒绝，理由是新教的传教士携有家眷，必须限定在通商口岸，很明显，允许怪模怪样的外国妇女在中国各地旅游会让中国人感到不安。但卫三畏却通过欺骗的手段，在措辞上做了调整，实际内容与之前的一样，在第二天送到钦差面前时没有进一步讨论就顺利通过了。之后卫三畏还庆幸自己用巧妙的手段获得的成功并为自己解释："既然基督教是所有国家获得上帝最伟大恩赐的唯一来源，那么，为了使福音让更多人听到并免遭一切质疑与阻止，有义务使用任何手段。"③《天津条约》中的传教宽容条款获得通过后，卫三畏还将四国《天津条约》中有关宗教宽容条款的内容向传教士们宣读，并号召他们尽量对条款作宽泛的解释。两年后

---

① 王立新．美国传教士与晚清中国现代化［M］．天津：天津人民出版社，1997：66.

② 泰勒·丹涅特．美国人在东亚［M］．北京：商务印书馆，1962：476.

③ 王立新．美国传教士与晚清中国现代化［M］．天津：天津人民出版社，1997：69.

的中法《北京条约》中规定："准许人民传习天主教，给滥行拘捕基督教徒的那些人应给予处分，将之前没收基督教的不动产，一体赔偿，允许教徒在各省租买土地、建造房屋。"① 经过这两个条约，传教士终于获得了在中国全境内自由传教的特权。

美国传教士之所以处心积虑一步步获取在华的传教权利是因为在华传教士所受的限制远比商人多，传教士更希望在美国政府庇护下沿着维护美国的根本利益、维护在华商业利益下获得自己的那份利益。在政教分离的美国，政府是不允许传教士参与政事，但在中国，在外交工作的最高领域，传教士发挥了重要作用，真正扮演了政府的左膀右臂的角色。正如 1858 年担任公使的列卫廉对传教士所做的评价："传教士和那些与传教事业有关的人们的学识，对于我国的利益是非常重要的，没有他们充任翻译人员，公事就无法办理。有了他们，一切困难与障碍都没有了。"而传教士们也对得起政府对他们的重视，在很多重要的谈判中，他们将美国对华政策的内容阐述得淋漓尽致，并利用天赐良机将传教条款塞进中美条约之中。

① 王铁崖．中国旧约章汇编第一册［M］．北京：生活·读书·新知三联书店，1957：147.

第 7 章

结　　语

7.1　中美贸易发展的三个阶段

本书研究中美贸易的时间跨度历经 110 年，依据这段时间中美贸易发展各个阶段的不同趋势和特点可分为三个时期。第一个时期是自 1784 ~ 1840 年，这一时期，中美之间是非条约下的民间平等通商关系。1783 年，美国摆脱殖民统治后，一批批具有冒险精神的水手与精明强干的商人往返于美国各港口与广州之间，将中国的茶叶、丝绸与瓷器源源不断地输入国内与欧洲国家。起初，美国还可勉强将西方产品如人参、皮毛、檀香木等运到中国销售冲抵部分购货款，但中国特产丰富，西方的商品的吸引力远不及中国商品对美国品的吸引力，到 1820 年前后，皮毛交易开始衰落，檀香木也达到了顶峰，而中国对美出口的传统商品依旧保持着旺盛的生命力，中美贸易逆差仅通过货物交易是很难平衡的，于是硬币与鸦片成为美国补偿中美逆差的主要手段。

第二个时期是 1841 ~ 1860 年。这一时期的重要事件是中美《望厦条约》的签署，此条约奠定了中美外交关系的基础，自此中美两国进入了正式的官方的条约交往时代。这一时期中国开放的口岸增加到五口，传统的中西方商品聚居地广州的地位随着新口岸的开放贸易份额在缩减，而上海地位及贸易额在增加。自 1841 ~1860 年，中美贸易额从 429 万美元上升到 2 246 万美元，美国出口额增长了 7 倍，进口额增长了 4 倍。进入 60 年代，美国对华出口的商品结构出现了较大的调整，除了棉制品、五金、金银等传统项目外保留外，其他商品已经由肉食、面粉、医药、煤、烟草等更多生活消费品所替代。它颠覆了前五十年中美贸易的传统结构，开创了美国本国商品对华出口的最大比例。这一商品结构也是未来五十年美国对华商品出口结构的过渡。从中国输入美国的商品类别比美国输往中国的商品种类变化要小得多。茶叶仍居首要地位，但受到日本茶叶的竞争，输入美国的茶叶比重在下降。

第三个时期是1861～1894年。在研究中美贸易的这一百多年中，没有哪个阶段比这个阶段中美贸易发展速度更为缓慢的了，原因是多方面的：第一，受到美国内战及美国航运事业衰退的影响，对华贸易在萎缩；第二，美国的工业化发展与西部的开发，使更多早期从事对华商业的资本撤出中国；第三，在茶叶与丝绸方面受到日本的激烈竞争及中美两国因为移民问题产生的反感情绪，从而使这一阶段美国从中国的进口额仅从1 350万美元上升到1 700万美元，而对华出口则从900万美元下降到600万美元。这一时期，中美商品结构发生了重要的变化，许多在今后成为双边贸易主要品种的商品出现在其中。茶与生丝作为传统商品依然在美国从中国进口的名单中出现，但茶叶的地位已经大不如前，数量与价值已经大大减少，而一些新的商品如帽子材料、化工产品、植物油、羊毛、糖等一个接一个进入到名单中。在美国向中国出口的名单中除了棉制品外，还增加了烟草与矿物油。中国的进出口商品日益由美国资本的需要来决定，中国逐渐成为美国商品的销售市场和原料供应地。

7.2 中美贸易发展的特点

自1784年第一艘商船驶华至1894年，中美贸易发展有几个明显的特点值得关注。

第一，中美贸易从纯粹的商业交往向有目的性的外交关系转移。以鸦片战争为界点，在这之前，两国的贸易是顺其自然的，更准确地说它适应了美国国内经济利益的基本需要，美国是主动来华寻求商贸往来，赚钱是商人们最单纯的想法，而中国也只不过是顺应了资本主义海外扩张的需要罢了。与中国建立关系的是具有敏锐商业意识与冒险精神的商人，而与美国商人直接发生关系的也是中国的行商，二者的利益是完全一致的。鸦片战争后，除了商人之外，基督教徒与美国驻华外交官让在华的美国人的站队更加完善，官员们利用条约扩大了在华商人的更多商业权利，同时也为基督教的传播奠定了合法的地位。《望厦条约》代表了美国在华要追求的政治与经济利益，是独立的而非跟随性的美国对华利益的宣言。自此，中美两国民间平等的商业关系向国家间不平等的外交关系转向。

第二，中美两国贸易的发展是互利互惠的。美国对外贸易的进一步发展很大程度上是依赖其在中国市场的扩张，因为中国作为具有丰富资源和大量人口的中国，是世界上最具有潜力的市场。特别是随着工业革命后，美国不仅需要一个适应生产、制造能力的市场，更需要一个能随其产量增加而扩大的市场。中国所需要的各种机器、钢铁制品、化工产品、药品是美国能够很好提供的，这些产品通常是规模化生产的产品；而美国所需要的生丝、毛皮、植物油、羊毛等也正是中国的优势产品，它们大多数是简单商品，是中国廉价劳动力下的简单工业品，这些商品可以成为美国再加工的原料。

第三，除个别年份，中美贸易的顺差多在中国方面。特别是在19世纪后四十年，年均顺差在1 500万美元上下。在鸦片战争前，产生顺差更多的原因在于从中国进口的传统商品远远高于美国的本土商品，美国不得不周旋于各地区通过三角贸易获得硬币去中国购买茶叶，仅茶叶一项交易就可抵美国对华的全部出口，通俗地说，中国并不太需要美国的商品。随着鸦片进入中国，白银外流就成为了中国与英国贸易逆差的最主要原因。中国利用对美国的顺差去补偿与其他国家的贸易逆差，缓解了中国受剥削的程度。虽然逆差在美国方面，但美国从中国进口的商品大多是美国无数工厂所需要的原料或半成品，当他们再以成品出售时，价值却在成倍增加。鸦片战争后，中美顺差依旧在中国方面并非因为中国出口具有竞争力，从对美出口商品种类中可知，美国大量输入的是工业原料与半成品，中国成为美国工业化发展不可或缺的原料供应地。美国形成了从中国进口原料而将成品出售给欧洲的贸易链条。

7.3 美国的殖民扩张与对华贸易关系

有这样一句话，每个殖民国家的背后都有被殖民的历史。换句话说，在经历了被殖民的历史后，新的殖民帝国也会开始属于他的殖民历程。随着美国资本主义的发展，美国北部的工商业集团与南部的种植园主都热衷于扩大市场。而国土面积的增加与海外的殖民掠夺是满足他们欲望的主要路径。而美国自东向西扩张，从西班牙、法国手中获得领地，并将触角从大西洋延伸到太平洋看到的是亚太市场的潜力。18世纪末，中美贸易带给美国的巨大利润让美国在19世纪驻足于亚洲地区，美国与亚洲国家，特别是与中国的贸易关系对美国的殖民扩张、美国的东亚政策有着深远的影响。

19世纪40~50年代，美国资本主义工业深入发展，与此同时，南部的奴隶制种植园经济也在以惊人的速度恶性膨胀，北部的工商业集团热衷于海外市场的扩大，特别是亚洲与拉美市场，南方的种植园主面临着经济单一化、市场缺乏、土地衰竭等一系列困境，他们寄希望于土地的扩张，增加棉花的种植面积及建立更多的蓄奴州。虽然北部资产主义与南部奴隶制两种社会制度存着在较大的矛盾，但在大陆扩张的问题上则是具有统一的利益。民主党人波尔克入主白宫，标志着美国进入疯狂的大陆扩张阶段，从1845~1853年，美国用移民、购买、武装侵略等手段获得了佛罗里达、俄勒冈、路易斯安那、德克萨斯、加利福尼亚等地区，从而使美国从大西洋沿岸扩展到太平洋沿岸。1848年，加利福尼亚发现金矿，继之而来的就是淘金热，大量劳动力从非洲与亚洲被贩运到那里开发金矿。同时加州的优良港口的获取为太平洋贸易创造了条件，而太平洋贸易又促使美国的对外政策面临新的转变。

与大陆扩张并行不悖的是海洋的扩张，二者相互依存，这些海洋扩张者着眼于太平洋与远东贸易，主张建立以太平洋为中心的世界性商业帝国。美国太平洋帝国的设计师是西沃德——1861年林肯政府时期的国务卿，在1851年与1853年演讲中，他强调当今世界重大的商业争夺战不在美洲、不在大西洋海岸、不在加勒比海、不在地中海，而在太平洋及其大陆。美国的使命是统治亚洲市场，这样美国才能成为最伟大的国家。由此可见，西沃德的海洋帝国的重心是太平洋及东亚。

日本自16世纪实行闭关锁国政策，除开放长崎一港与荷兰进行少量贸易外，禁止任何日本港口和日本臣民与外国进行贸易。1854年，美国的军舰叩开了日本的大门，迫使日本开放下田、函馆两港，规定美国拥有最惠国待遇权、治外法权、贸易权、领事权等。最开始，日本在美国设想的太平洋帝国中占据重要的地位，但当时市场的价值还并不突出。日本口岸的开放，成为美国对华贸易的中继站，但随着美国纺织工业的发展，中国和东亚很快就被看作是美国产品特别是棉制品未来的广大市场。① 打开日本门户是美国太平洋扩张的第一站。

内战打断了美国对外扩张的步伐，但国家的统一使美国经济迅猛发展。19世纪70年代，美国工业品产值比60年代增加了82%，80年代又比70年代增

① 杨生茂．美国外交政策史1775~1989［M］．北京：人民出版社，1991：206.

长了112%，同时农产品的产值也翻了一倍多。内战后修建的中央太平洋铁路的完成，电报、电话等一系列新技术的应用，将西海岸到东海岸的美国市场紧密联系在一起，经济发展与科技进步，国外市场显得更加重要，特别是美国的农产品，如棉花、小麦、土豆出口比例急剧增长。美国经济的发展并没有避免危机的产生，自1873～1897年，美国发生过三次经济危机，工人农民的社会运动此起彼伏，国内垄断资产阶级为了缓解社会矛盾，竭力推行海外扩张政策。亚洲与太平洋依旧是美国19世纪末海外扩张的重点，同时这一扩张也伴随着将欧洲国家赶出美洲的战略。1898年，美国宣布对西班牙战争，在战争尚未打响时，美国就存在着这样的扩张主义的声音："美西战争真正的战场是菲律宾，菲律宾是我们逻辑上的第一个目标。"① 这说明美国想以菲律宾为跳板染指中国，扩大与亚太地区的贸易。仅三个多月的时间，美国即在加勒比海从衰老帝国西班牙手中夺取了古巴，并将菲律宾从西班牙手中夺取变成了美国的一块远洋殖民地，美国海外扩张的矛头直插远东。

19世纪美国的外交政策是保持国家的独立性，在涉及国家利益时保持中立国政策与不干涉政策。这种中立政策是19世纪欧洲混战时期最好的明哲保身之计，不干涉政策排斥了欧洲对美洲的干预。通过中立与不干涉政策，美国在西方国家忙于欧洲之争时，将力量用于本国的经济发展与海外扩张。而经历两次鸦片战争后，美国的对华政策也形成了美国对东亚政策的基本范本。中美贸易关系对美国对亚洲政策的形成有着直接或间接的影响。

① 冯承柏．冯承柏文集［M］．上海：复旦大学出版社，2009：993.

参 考 文 献

[1] [美] J. H. Latane. 美国外交政策史 [M]. 北京：商务印书馆，1936.

[2] [美] 保罗·肯尼迪. 大国的兴衰 [M]. 北京：国际文化出版公司，2006.

[3] [美] 亨特. 广州番鬼录 旧中国杂记 [M]. 广州：广东人民出版社，2009.

[4] [美] 彭慕兰. 大分流——欧洲、中国及现代世界经济的发展 [M]. 南京：江苏人民出版社，2003.

[5] [日] 滨下武志. 中国近代经济史研究——清末海关财政与通商口岸市场圈 [M]. 南京：江苏人民出版社，2006.

[6] [日] 稻叶君山. 清朝全史（上、下册）[M]. 上海：上海社会科学出版社，2006.

[7] 汪熙. 中美关系史论丛 [C]. 上海：复旦大学出版社，1985.

[8] 巴克莱. 新约圣经注释 [M]. 上海：中国基督教协会. 2002.

[9] 晁中辰. 明代海禁与海外贸易 [M]. 北京：人民出版社，2005.

[10] 陈伯坚. 广州外贸两千年 [M]. 广州：广州文化出版社，1989.

[11] 陈才俊. 早期美国来华传教士与美国对华鸦片贸易政策 [J]. 世界宗教研究，2011（1）：120 - 131.

[12] 陈国栋. 东亚海域一千年——历史上的海洋中国与对外贸易 [M]. 济南：山东画报出版社，2006.

[13] 陈翰笙. 华工出国史料（第三辑）[M]. 中华书局，1982.

[14] 陈翰笙华工出国史料汇编（第四辑）[M]. 北京：中华书局，1981.

[15] 陈尚胜. 开放与闭关——中国封建晚期对外关系研究 [M]. 济南：山东人民出版社，1993.

[16] 陈为仁. 苦力贸易——拐骗掳掠华工的罪恶勾 [M]. 北京：中国华侨出版社，1992.

[17] 陈雨前. 中国陶瓷文化 [M]. 北京：中国建筑工业出版社，2004.

[18] 陈重民. 中国进口贸易 [M]. 北京：商务印书馆，1934.

[19] 仇华飞. 从对抗到妥协：中美望厦条约签约过程研究 [J]. 史学月刊，2009 (3)：66－74.

[20] 仇华飞. 早期美国对华贸易的几个特征 [J]. 学术月刊，1999 (11)：20－27.

[21] 仇华飞. 早期中美关系（1784～1844）[M]. 北京：人民出版社，2005.

[22] 董丛林. 龙与上帝 [M]. 北京：三联出版社，1992.

[23] 董小川. 关于美国对华门户开放政策的几个问题 [J]. 美国研究，1998 (4)：114－131.

[24] 杜廷绚. 美国对华商业 [M]. 北京：商务印书馆，1934.

[25] 方行，经君健，魏金玉. 中国经济通史（清代经济卷）[M]. 北京：中国社会科学出版社，2002.

[26] 菲利普·查德威克·富斯特·史密斯. 中国皇后号 [M]. 广州：广州出版社，2007.

[27] 费正清. 剑桥中国晚清史（上下卷）[M]. 北京：中国社会科学出版社，1985.

[28] 费正清. 美国与中国 [M]. 世界知识出版社，1999.

[29] 福克纳. 美国经济史（上卷）[M]. 北京：商务印书馆，1989.

[30] 福斯特. 杜勒斯. 早期中国贸易 [M]. 商务印书馆，1968.

[31] 甘开鹏. 美国来华传教士与晚清鸦片贸易 [J]. 美国研究，2007 (3)：103－114.

[32] 格林堡. 鸦片战争前中英通商史 [M]. 北京：商务印书馆，1964.

[33] 贡德·弗兰克. 白银资本 [M]. 北京：中央编译出版社，2000.

[34] 顾长声. 传教士与近代中国 [M]. 上海：上海人民出版社，1980.

[35] 郭卫东. 不平等条约与近代中国 [M]. 高等教育出版社，1993.

[36] 韩琦. 美洲白银与早期中国经济的发展 [J]. 历史教学问题，2005 (2)：17－24.

[37] 何大进. 略论早期美国赴华传教士的鸦片贸易观 [J]. 历史教学 1998 (4)：5－10.

[38] 何大进. 美国赴华传教士与《中美望厦条约》[J]. 广州大学学报

(综合版), 2001 (7): 22-25.

[39] 何大进. 晚清中美关系与社会变——晚清美国传教士在华活动的历史考察 [M]. 南昌: 江西人民出版社, 1998.

[40] 黄刚. 使领关系建制史 (1786~1994) [M]. 台北: 商务印书馆, 1995.

[41] 黄绍湘. 美国通史简编 [M]. 人民出版社, 1979.

[42] 黄绍湘. 美国早期发展史 (1492~1823) [M]. 人民出版社, 1979.

[43] 黄苇. 上海开埠初期对外贸易研究 [M]. 上海: 上海人民出版社, 1979.

[44] 加里·M·沃尔顿 (Gary M. Walton), 休·罗考夫(Hugh Rockoff). 美国经济史 (第十版) [M]. 北京: 中国人民大学出版社, 2011.

[45] 金卫星. 建国以来"门户开放"政策研究述评 [J]. 史学月刊, 1999 (4): 102-109.

[46] 赖德烈. 早期中美关系史 (1784~1844) [M]. 北京: 商务印书馆, 1962.

[47] 李长久, 施鲁佳. 中美关系二百年 [M]. 北京: 新华出版社, 1984.

[48] 李定一. 中美早期外交史 [M]. 北京: 北京大学出版社, 1997.

[49] 李庆余. 美国外交史——从独立战争至2004年 (修订版) [M]. 济南: 山东画报出版社, 2008.

[50] 李玉勤. 门户开放政策开端和起源研究观点述评 [J]. 史学集刊, 2007 (11): 70-73.

[51] 连心豪. 水客走水 [M]. 南昌: 江西高校出版社, 2005.

[52] 梁柏力. 被误解的中国——看明清时代和今天 [M]. 北京: 中信出版社, 2010.

[53] 梁碧莹. 第一次鸦片战争时期的美国对华政策 [J]. 中山大学学报 (社会科学版), 1991 (1): 103-111.

[54] 梁碧莹. 龙与鹰: 中美交往的历史考察 [M]. 广州: 广东人民出版社, 2004.

[55] 梁碧莹. 略论早期中美贸易的特点 [J]. 史学月刊, 1985 (5): 100-105.

[56] 梁碧莹. 美国与中国的"苦力"贸易——兼论19世纪中国旅美

“苦力”华工［J］．中山大学学报，1985（1）：77.

［57］梁碧莹．再现中美贸易肇始期的《山茂召日记》［J］．世界经济，2001（5）：105－108.

［58］梁方仲．梁方仲经济史论文集［M］．北京：中华书局，1989.

［59］梁嘉彬．广东十三行考［M］．广州：广东人民出版社，1999.

［60］梁廷枬．粤海关志（卷二十五）［M］．广州：广东人民出版社，2002.

［61］廖乐柏．中国通商口岸——贸易与最早的条约港［M］．东方出版中心．2010.

［62］林坚．中美贸易二百年（1784～1999）［M］．厦门：厦门大学出版社，2003.

［63］列宁．帝国主义是资本主义的最高阶段［M］．列宁选集第2卷，人民出版社，1960.

［64］刘大年．美国侵华史［M］．北京：人民出版社，1951.

［65］刘吕红．试论“韦伯斯特训令”与《望厦条约》的关系［J］．贵州师范大学学报（社会科学版），1995（4）：18－27.

［66］马克思，恩格斯．马克思恩格斯全集（第2卷）［M］．北京：人民出版社，1972.

［67］马克思，恩格斯．马克思恩格斯全集（第9卷）［M］．北京：人民出版社，1977.

［68］马士，宓亨利．远东国际关系史（上、下册）［M］．商务印书馆，1975.

［69］马士．东印度公司对华贸易编年史（1635～1834）第1～5卷［M］．广州：中山大学出版社，1991.

［70］马士．中华帝国对外关系史（一、二、三卷）［M］．上海：上海书店出版社，2000.

［71］潘序伦．美国对华贸易史（1784～1923）［M］．上海：立信会计出版社，2013.

［72］彭泽益．清代广东洋行制度的起源［J］．历史研究，1957（2）：1－24.

［73］彭泽益．中国近代手工业史资料（1840～1949）第二卷［C］．北京：生活·读书·新知三联书店，1957.

［74］齐文颖．中国皇后号首航成功的原因初步分析［C］．中美关系史论

文集．重庆：重庆出版社，1988.

[75] 乔明顺．中美关系第一页——1844 年《望厦条约》签订的前前后后［M］．北京：社会科学出版社，1991.

[76] 乔纳森·斯潘塞．改变中国［M］．三联书店，1990.

[77] 钦本立．美国经济侵华史［M］．北京：世界知识社，1954.

[78] 卿汝楫．美国侵略史（第一卷）［M］．北京：人民出版社．1962.

[79] 绍溪．19 世纪美国对华鸦片侵略［M］．北京：三联书店出版社，1952.

[80] 沈云龙．筹办夷务始末（咸丰朝）第 21 卷［M］．台北：文海出版社，1966.

[81] 沈云龙．筹办夷务始末（咸丰朝）第 9 卷［M］．台北：文海出版社，1966.

[82] 沈云龙．近代中国史料丛刊续编（第十九辑）［M］．台北：文海出版社，1966.

[83] 斯坦利·L·恩格尔曼．剑桥美国经济史［M］．北京：中国人民大学出版社，2008.

[84] 孙玉琴．中国对外贸易史教程［M］．北京：对外经济贸易大学出版社，2005.

[85] 泰勒·丹涅特．美国人在东亚［M］．北京：商务印书馆，1962.

[86] 谭元亨．国门十三行——从开放到限关的逆转［M］．华南理工大学出版社，2011.

[87] 汤姆逊．美国在东亚的经验［M］．北京：商务印书馆，1981.

[88] 陶文钊，何兴强．中美关系史［M］．北京：中国社会科学出版社，2009.

[89] 陶文钊．中美关系史话［M］．北京：社会科学文献出版社，2000.

[90] 汪敬虞．19 世纪西方资本主义对中国的经济侵略［M］．北京：人民出版社，1983.

[91] 汪熙，邹明德．鸦片战争前的中美贸易［C］．中美关系史论丛．上海：复旦大学出版社，1985.

[92] 王垂芳．洋商史——上海 1843 ~ 1956［M］．上海：上海社会科学院出版社，2007.

[93] 王春遗．美国侵华史话［M］．北京：工人出版社，1951.

[94] 王尔敏．五口通商变局［M］．广西：广西师范大学出版社，2006.

[95] 王立新．美国传教士与晚清中国现代化［M］．天津：天津人民出版社，1997.

[96] 王立新．美国传教士与鸦片战争后的“开眼看世界”思潮［J］．美国研究，1997（2）：27－30.

[97] 王立新．试论美国人中国观的转变［J］．世界历史，1998（01）：12－19.

[98] 王铁崖．中国旧约章汇编［M］．北京：生活·读书·新知三联书店，1957.

[99] 王询，许晓冬．清代广州通商及其十三行制度［J］．东北财经大学学报，2013（6）：5.

[100] 卫斐列．卫三畏生平及书信［M］．广西师范大学出版社，2004.

[101] 卫三畏．中国总论［M］．上海：上海古籍出版社，2005.

[102] 文庆等编．筹办夷务始末（道光朝）第5卷［M］．北京：中华书局，1964.

[103] 文庆等编．筹办夷务始末（道光朝）第69卷［M］．北京：中华书局，1964.

[104] 乌克斯．茶叶全书［M］．北京：中国茶叶研究社，1949.

[105] 吴双全．评美国的“门户开放”政策［J］．兰州大学学报（社会科学版），1997（4）：126－132.

[106] 吴义雄．基督教道德与商业利益的较量——1830年代来华传教士与英商关于鸦片贸易的辩论［J］．学术研究，2005（12）：99－105.

[107] 吴兆莘．中国税制史［M］．上海：商务印书馆，1937.

[108] 伍玉西．明清之际来华西方传教士对中国人的评介［J］．广州社会主义学院学报，2009（2）：35－38.

[109] 武堉干．中国国际贸易史［M］．商务印书馆，1934.

[110] 夏秀瑞，孙玉琴．中国对外贸易史（第一册）［M］．对外经济贸易大学出版社，2001.

[111] 夏秀瑞等．中国对外贸易史［M］．北京：对外经济贸易大学出版社，2001.

[112] 项立岭．论早期中美贸易［J］．北京师院学报（社会科学版），1983（8）：41－45.

[113] 项立岭．中美关系史全编［M］．上海：华东师范大学出版社，2002.

[114] 萧致治，杨卫东．鸦片战争前中西关系纪事［M］．武汉：湖北人民出版社，1986.

[115] 熊志勇，王珞．最初百年中美关系研究［M］．合肥：安徽大学出版社，1996.

[116] 熊志勇．中国与美国：迈向新世纪的回顾［M］．郑州：河南人民出版社，1995.

[117] 休斯．两洋通广州：早期中美贸易史话［M］．纽约出版社，1944.

[118] 徐中约．中国近代史1600～2000中国的奋斗（第6版）［M］．北京：世界图书出版社，2008.

[119] 严中平．中国近代经济史（1840～1894）［M］．北京：人民出版社，1989.

[120] 严中平．中国近代经济史统计资料选辑［M］．北京：中国社会科学出版社，1955.

[121] 严中平．中国棉纺织史稿［M］．北京：科学出版社，1955.

[122] 杨国桢，陈支平．明史新编［M］．北京：人民出版社，1993.

[123] 杨生茂．美国外交政策史1775～1989［M］．北京：人民出版社，1991.

[124] 杨天宏．晚清均势外交与门户开放［J］．社会科学研究，2008（6）：146－151.

[125] 姚梅琳．中国海关史话［M］．北京：中国海关出版社，2005.

[126] 姚贤镐．中国近代对外贸易史资料（1840～1895）［M］．北京：中华书局，1962.

[127] 尤季华．中国出口贸易［M］．北京：商务印书馆，1934.

[128] 张晓宁．天子南库——清前期广州制度下的中西贸易［M］．南昌：江西高校出版社，1999.

[129] 张馨保．林钦差与鸦片战争［M］．福州：福建人民出版社，1989.

[130] 张友伦．美国通史——美国的独立和初步繁荣（1775～1860）［M］．人民出版社，2002

[131] 赵冈．中国经济制度史论［M］．北京：新星出版社，2006.

[132] 郑观应．盛世危言［M］．北京：华夏出版社，2002.

［133］郑曦原．帝国的回忆［M］．北京：当代中国出版社，2007.

［134］中美关系史丛书编辑委员会主编．中美关系史论文集（第 1 辑）［C］．重庆：重庆出版社，1985.

［135］中美关系史丛书编辑委员会主编．中美关系史论文集［C］．重庆：重庆出版社，1985.

［136］仲为民．茶叶与鸦片——19 世纪经济全球化中的中国［M］．北京：生活·读书·新知三联书店，2010.

［137］仲伟民．茶叶、鸦片贸易对 19 世纪中国经济的影响［J］．社会经济史研究，2008（2）：100－105.

［138］周宁．鸦片帝国［M］．北京：学苑出版社，2004.

［139］朱士嘉．19 世纪美国侵华档案史料选辑［M］．中华书局，1959.

［140］庄国土．16～18 世纪白银流入中国数量估算［J］．中国钱币，1995（3）：392－395.

［141］庄国土．茶叶、白银和鸦片：1750～1840 年中西贸易结构［J］．中国经济史研究，1995（3）：64－68.

［142］庄国土．茶叶、白银和鸦片：1750～1840 年中西贸易结构［J］．中国经济史研究，1995（3）：71.

［143］S. F. 比米斯．美国外交史［M］．北京：商务印书馆，1987.

［144］阿瑟·怀特克．美国和拉丁美洲独立：1800～1830［M］．巴尔的摩：约翰·霍普金斯大学出版社，1941：236.

［145］Perry E. Gianakos and Albert Karson，ed. American Diplomacy and the Sense of Destiny，Wadsworth Press，1966：34.

［146］Alan Macfarlane，Iris Macfarlane. Green Tea：The Empire of Tea［M］. London Ebury Press，2003.

［147］Alexander Wylie. Memorials of Protestant Missionaries to the Chinese［M］. Shanghai：American Presbyterian Mission Press，2012.

［148］Alexander Wylie. Memorials of Protestant Missionaries to the Chinese［M］. Shanghai：American Presbyterian Mission Press，1867.

［149］Chinese Repository vol. 15［M］. Tokyo：Maruzen CO.，LTD.，1846.

［150］Chinese Repository vol. 4［M］. Tokyo：Maruzen CO.，LTD.，1836.

［151］Chinese Repository vol. 6［M］. Japan：Kraus Reprint LTD. VADUZ，Sept. 1838.

[152] E. R. Johnson et al. History of Domestic and Foreign Commerce of the United States [M]. Washington D. C. : Carnegie Institution of Washington, 1915.

[153] E. R. Johnson et al. , History of Domestic and Foreign Commerce of the United States [M]. Washington D. C. : Carnegie Institution of Washington, 1915.

[154] Elizabeth Sinn Preparing Opium for America: HongKong and Cultural Consumption in the Chinese Diaspora [J]. Journal of Chinese Overseas, 2005, 1 (1): 21 –221.

[155] Ernest R. May and James C. Thomson Jr. American East Asian Relations: A Surwey [M]. Cambridge Mass: Harvard Univeristy press, 1972.

[156] Foster R. Dulles. The Old China Trade [M]. Boston and NewYork, 1930.

[157] Foster Rhea Dulles. Thc Old China Trade [M]. Boston: Houghton Mifflin, 1930.

[158] Foster Rhea Dulles. China and America: the Story of Their Relations since 1784 [J]. American Historical Review, 1947 (52): 2.

[159] George B. Stevens. The Life, Letters, and Journals of PeterParker, Missionary, Physician and Diplomatist, the Father of Medical Missions and Founder of the Ophthalmia Hospital in Canton [M]. Boston and Chicago: The Congregational Sunday-School and Publishing Society, 1896.

[160] H. B. Morse. the Chronicles of the East India Company Trading to China 1635 –1834 [M]. Oxford: The Clarendon Press, 1926.

[161] John M. Faragher. etc. ed. Out of Many: A History of American People [M]. Prentice Hall Inc. 1994.

[162] Josiah Quincy. the Journals of Major Samuel Shaw, the first American consult at canton [M]. Boston: Wm. Crosby and H. P. Nichols, 1847.

[163] Julius W. Pratt. The Ideoloty of American Expansion, Avery Q. Craven ed. Essays in Honor of William E. Dodd [M]. the University of Chicago Press, 1935.

[164] L. H. Battistrie. The Rise of American Influence in Asia and Pacific [M]. NewYork: NewYork University Press, 1996.

[165] M. D. Petterson and L. W. Levy. Major Crisis in American History [M]. Documentary Problem, Harcourt, Bruce and World, Inc. 1962.

[166] Max Weber. The Protestant Ethic and the Spirit of Capitalism [M]. Talcott Parsons translated, Shanghai: Shanghai Foreign Languages Education Press, 1999.

[167] Michael C. Lazich. American Missionaries and the Opium Trade in Nineteenth-Century China [J]. Journal of World History, Vol. 2, June, 2006, pp. 198 – 220.

[168] Mintz, Sidney W. Sweetness and Power: Place of Sugar in Modern History [M]. New York: Penguin, 1985.

[169] Philip L. Groisser. Mastering American History [M]. Sadlier-Oxford A Division of William, Inc. 1989.

[170] R. M. Martin: China, Polical, Commercial and Social, Vol. I, [M]. British Library, 1847.

[171] Richard H. Miller. American Imperialicm in 1898, The Quest For National Fulfillment [M]. New York: John Wiley and Sons, Inc. , 1970.

[172] Richard Pares. Yankees and Creoles [M]. Cambridge, Mass. : Hardvard University Press, 1956.

[173] Robert Fortune. Three Years' Wanderings in the Northern Provinces of China [M]. London: John Murray. 1847.

[174] Samuel Warren. The Opium Question [M]. London: James Ridgway, 1840.

[175] Stone, Lawrence. The Past and the Present [M]. Boston: Routledge and Kegan Paul, 1981.

[176] Ward Fay, eter. The Opium War: 1840 – 1842 [M]. The University of North Carolina Press, Chapel Hill, 1975.

[177] William Tyndale. New Testament [M]. Wordsworth Editions Ltd, 2002.

[178] Zhang, Hisn-bao. Commissioner Lin and Opium War [M]. New York: the Norton Library, 1970.

[179] William S. Robertson, Hispanic-American Relations with the United States [M]. New York, 1923.

[180] W. C. Ford. John Quiney Adans and the Monroe Doctrine [J]. 美国历史评论. 1902, 8 (1).

[181] John B. Henderson, Jr. American Diplomatic Questions [M]. New York, 1901.

[182] Henry Nash Smith. Virgin Land: the American West as Symbol and Myth [M]. Harvard University: 1981.

[183] Norman A. Graebner. Ideas and Diplomacy [M]. New York: Oxford University Express, 1964.